中国隧道及地下工程修建关键技术研究书系

CONSTRUCTION TECHNOLOGY
OF BADALING UNDERGROUND SATION
OF BEIJING ZHANGJIAKOU HIGH SPEED RAILWAY

京张高铁八达岭地下车站修建技术

张民庆　吕　刚　刘建友　罗都颢　孙国庆　著

人民交通出版社股份有限公司

北　京

内 容 提 要

本书系统总结了京张高铁八达岭地下车站修建技术。首先简要介绍了京张高铁八达岭地下车站的工程特点，以及八达岭地下车站的工程地质及水文地质状况，并详细介绍了依托该工程开发并采用的新材料、新技术、新方法，具体包括：隧道掌子面数码成像智能解译超前地质预报新技术，大断面隧道围岩"承载拱"新理念和计算方法以及基于"承载拱"理念提出的以"一喷双锚"为主的支护结构体系设计新方法，超大断面隧道"品"字形开挖新方法，超大断面隧道"总变形量和分步变形量"控制标准，高性能快速张拉预应力锚索新技术，长寿命（300年）混凝土新材料，超大断面隧道变断面衬砌模板台车，三洞分离式隧道施工方案、近邻隧道爆破施工振动速度控制标准以及中洞施工控制爆破方案，复杂洞室群施工通风技术。最后介绍了八达岭地下车站修建中的中国汉字元素。

本书内容丰富，创新点多，理论性和实践性强，可供相关工程技术人员与高等院校师生参考使用。

图书在版编目（CIP）数据

京张高铁八达岭地下车站修建技术／张民庆等著
. —北京：人民交通出版社股份有限公司，2021.3
ISBN 978-7-114-17034-8

Ⅰ.①京… Ⅱ.①张… Ⅲ.①八达岭—高速铁路—地下车站—修建 Ⅳ.①U238

中国版本图书馆 CIP 数据核字（2021）第 018352 号

Jingzhang Gaotie Badaling Dixia Chezhan Xiujian Jishu

书　　名：	京张高铁八达岭地下车站修建技术
著 作 者：	张民庆　吕　刚　刘建友　罗都颢　孙国庆
责任编辑：	李　娜
责任校对：	孙国靖　宋佳时
责任印制：	张　凯
出版发行：	人民交通出版社股份有限公司
地　　址：	（100011）北京市朝阳区安定门外外馆斜街3号
网　　址：	http://www.ccpcl.com.cn
销售电话：	（010）59757973
总 经 销：	人民交通出版社股份有限公司发行部
经　　销：	各地新华书店
印　　刷：	北京市密东印刷有限公司
开　　本：	787×1092　1/16
印　　张：	17.5
字　　数：	418 千
版　　次：	2021年3月　第1版
印　　次：	2021年3月　第1次印刷
书　　号：	ISBN 978-7-114-17034-8
定　　价：	128.00 元

（有印刷、装订质量问题的图书由本公司负责调换）

前言

100多年前，中国人独立自主修建了京张铁路，打破了外国人垄断修建中国铁路的局面，拉开了中国铁路建造的序幕。100多年后的今天，京张高铁建成通车，标志着中国铁路修建技术水平已处于世界领先地位。

京张高铁，全长174km，是我国京包兰快速客运通道的重要组成部分，是北京承办2022年冬奥会的一项重要交通配套设施，也是京津冀一体化的一条重要交通动脉。

八达岭地下车站是京张高铁线路上的一座重要大型车站，它位于我国著名的八达岭风景区滚天沟停车场下方，设置在京张高铁新八达岭隧道内，车站建成通车后，从北京到八达岭风景区仅需20min左右，将成为国内外游客游览八达岭长城的最便捷通道。

八达岭地下车站地下建筑面积3.6万m^2，距离地面102.55m，两端大跨过渡段隧道最大开挖跨度32.7m、最大开挖断面面积494.4m^2；车站由站台层、进站层、出站层共三层地下结构组成，站内大小洞室78个、断面形式88种、交贯面63处，洞室间最小净距2.27m，是目前世界上"建设规模最大、埋深最大、开挖跨度和断面面积最大、建筑结构最复杂"的地下工程。

本书系统总结了京张高铁八达岭地下车站修建技术。全书共分12章：第1章介绍了京张铁路修建史以及京张高铁八达岭地下车站的工程特点；第2章介绍了八达岭地下车站的工程地质及水文地质状况；第3章介绍了依托该工程开发的隧道掌子面数码成像智能解译超前地质预报新技术；第4章详细介绍了超大断面隧道围岩"承载拱"新理念和计算方法，以及基于"承载拱"理念提出的以"一喷双锚"为主的支护结构体系设计新方法；第5章介绍了超大断面隧道"品"字形开挖新方法；第6章研究了超大断面隧道"总变形量和分步变形量"控制标准；第7章介绍了高性能快速张拉预应力锚索新技术；第8章介绍了基于该工程研究的长寿命（300年）混凝土新材料；第9章介绍了基于该工程研发的超大断面隧道变断面衬砌模板台车；第10章详细研究了三洞分离式隧道施工方案、近邻隧道爆破施工振动速度控制标准以及中洞施工控制爆破方案；第11章介绍了复杂洞室群施工通风技术；第12章介绍了八达岭地下车站修建中的中国汉字元素。

本书是超大断面隧道和复杂洞室群修建技术的最新研究成果，内容丰富，创新点多,理论性和实践性强,可供相关工程技术人员与高等院校师生参考使用。

本书是《京张高铁八达岭地下车站施工关键技术研究》(2017G007-A)科研课题组的共同成果,对参加课题研究的中国铁路总公司工程管理中心李志义、朱旭、肖广智、上官涛、焦云洲、吴川、任诚敏、任金良、刘俊成、游旭、温新亮,京张城际铁路有限公司马侃彦、余泽西、洪怡平、王效有、于进江、刘树红、王建功、卓越、王久军、陈亚东、沈智、张秀文、楚军占,中铁工程设计咨询集团有限公司蒋伟平、陈学峰、马福东、岳岭、刘方、张斌、张宇宁、赵琳、王杨、彭斌、于鹤然、杨帆、钱国玉、潘瑞林、周志新、蔡双乐、许周、张健、祝振华、段俊彪、谢猛、张世杰、饶增、黄新文,中铁五局集团有限公司陈德斌、陈斌、谭光宗、夏真荣、肖承倚、董盛国、董显苇、蒋思、周海华、傅强、李坤、龚志文、代龙震、刘爱兵、许琪、石鑫、刘臻武、王斌、周凌,北京中铁诚业监理公司郑晓辉、亢超刚、李常青,中国铁道科学研究院孟海利、薛里、蔡德钧、康永全、孙崔源、郭云龙、杨年华、谢永江、李享涛,西南交通大学仇文革、王海彦、李聘聘,成都天佑智隧科技有限公司李涛、刘毅、李斌、白衡斌,北京工业大学李鹏飞,北京瑞威铁道工程技术有限公司彭峰、单红雨等3年来的精心合作表示衷心致谢!课题组得到了中国铁路总公司各部门领导的大力支持,在此表示感谢!课题研究过程中,得到了轩辕啸文、严金秀、刘培硕、李国良、朱永全、张顶立、王明年、徐向东、何振宁、胡清波、蒋良文、李响、杨国柱、宋仪、李汶京、苏新民、祝安龙、杨建民、孟庆文、黄鸿健、张金夫、刘招伟、刘松、赖涤全、李秋林、陆懋成、高保斌、毕海权、杨立新、顾毅成、刘在政、张宁川、肖龙鸽、仲新华、陈跃龙、林纯鹏、储小钊、胡建忠、袁平顺、王钟锦、高荫桐、傅洪贤、周家汉、高文学、肖于太、张世殊、韩进奇、张奇等多位专家的指导与帮助,中国铁路总公司工程管理中心杨彦海同志对本书进行了校核,在此表示感谢!

由于作者水平和能力有限,书中难免有疏漏和不妥之处,敬请读者批评指正。

联系地址:张民庆,中国国家铁路集团有限公司工程管理中心,电子信箱:zskzmq888@163.com,联系电话:13121648118。

作 者

2020年6月

目录

第1章 概述 ··· 1
  1.1 引言 ··· 1
  1.2 京张铁路修建史 ·· 3
  1.3 京张高铁八达岭地下车站 ·· 6

第2章 工程地质及水文地质 ··· 12
  2.1 工程地质 ··· 12
  2.2 水文地质 ··· 15

第3章 成像解译法超前地质预报技术 ····································· 17
  3.1 国内外研究现状 ··· 17
  3.2 工作原理 ··· 19
  3.3 信息化功能 ··· 26
  3.4 信息化平台 ··· 29
  3.5 工程应用 ··· 32
  3.6 设备集成开发 ·· 36

第4章 超大断面隧道"承载拱"理论和支护结构设计 ················· 41
  4.1 隧道开挖跨度分级 ··· 41
  4.2 基于传统方法的超大断面隧道支护结构设计 ······················· 42
  4.3 隧道围岩"承载拱"理论和计算方法 ··································· 46
  4.4 基于隧道围岩"承载拱"理论的支护结构设计 ······················· 52
  4.5 大跨段隧道支护参数 ·· 62
  4.6 结论与体会 ··· 64

第5章 超大断面隧道"品"字形开挖工法 ································· 66
  5.1 国内外研究现状 ··· 66
  5.2 "品"字形开挖工法 ·· 67

5.3	模拟计算分析	68
5.4	工程应用	80

第6章　超大断面隧道变形控制标准与监控量测成果分析　81
- 6.1　超大断面隧道变形机理　83
- 6.2　超大断面隧道总变形量控制标准　87
- 6.3　超大断面隧道分步变形量控制标准　94
- 6.4　变形控制分级管理　102
- 6.5　监控量测成果分析　103

第7章　高性能快速张拉预应力锚索新技术　113
- 7.1　预应力锚索设计　114
- 7.2　预应力锚索现场试验　116
- 7.3　高性能快速张拉预应力锚索新技术研究　116
- 7.4　结论与体会　119

第8章　隧道衬砌长寿命混凝土新材料　120
- 8.1　国内外研究现状　120
- 8.2　原材料和配合比设计要求　122
- 8.3　性能指标要求　123
- 8.4　生产方式　124
- 8.5　生产质量控制　126
- 8.6　养护　127
- 8.7　性能检测和长期监测　128

第9章　超大断面隧道变断面衬砌模板台车　130
- 9.1　国内外研究现状　130
- 9.2　工作原理和结构组成　131
- 9.3　各断面衬砌模板台车结构设计　134
- 9.4　拼装与变断面调节　135
- 9.5　数值模拟分析　138
- 9.6　安全监测与评价　145

第10章　复杂洞室群控制爆破技术　152
- 10.1　国内外研究现状　152
- 10.2　三洞分离式隧道群总体施工方案　157
- 10.3　近邻爆破振动速度控制标准　180

10.4	雷管爆破试验	190
10.5	中洞施工爆破方案	202

第11章 复杂洞室群施工通风技术 228

11.1	国内外研究现状	228
11.2	施工通风方案	234
11.3	通风方案数值模拟计算	237
11.4	施工通风方案优化	254
11.5	施工通风效果监测	260

第12章 八达岭地下车站修建中的中国汉字元素 264

12.1	"中""国"设计艺术	264
12.2	"人""品"施工风格	265
12.3	结论与体会	267

参考文献 268

第1章
概述

长城、奥运会是人类历史文明的象征,高铁是当代人们聪明智慧的结晶,三者似乎不太相关,但一个工程的修建,使它们之间产生了联系,这就是2016年开工建设、2019年建成通车的京张高铁——八达岭地下车站。

1.1 引言

长城(The Great Wall)又称万里长城(图1-1),是我国也是世界上修建时间最长、工程量最大的古代军事防御工程。长城的修筑历史可以追溯到西周时期,延续不断修筑了2000多年。明朝是最后一个大修长城的朝代,明长城主要采用巨砖砌筑,今天人们所看到的长城大多数是此时修筑。长城之称始于春秋战国时期,《史记·楚世家》记载:"齐宣王乘山岭之上,筑长城,东至海,西至济州,千余里,以备楚。"根据文物和测绘部门的全国性长城资源调查结果,明长城长度为8851.8km,秦汉及早期长城长度超过1万km,总长度超过2.1万km。长城是世界中古七大奇迹之一,1961年被国务院列入第一批全国重点文物保护单位,1987年被联合国教科文组织定为世界文化遗产,1992年八达岭长城被评为"北京旅游世界之最"第一名,2007年八达岭长城经国家旅游局(现为中华人民共和国文化和旅游部)正式批准为国家5A级旅游景区。长城自构筑的那天起,就成为中华民族的象征。长城对中国人来说,是意志、勇气和力量的标志。1935年10月,毛泽东同志翻越六盘山时写下了一首咏怀之作《清平乐·六盘山》,词中写到"不到长城非好汉,屈指行程二万",抒发了毛泽东同志"长缨在手"定当"缚住苍龙"的革命豪情。今天,"不到长城非好汉"比喻追求梦想的人,不能克服困难达到目的就不是英雄豪杰。八达岭长城闻名世界,据统计,2000—2009年期间,共有500余名世界各国的国家元首、政府首脑或执政党领袖登上过八达岭长城。

奥运会(Olympic Games)是奥林匹克运动会的简称,是国际奥林匹克委员会主办的世界上规模最大的综合性运动会(图1-2),同时也是世界上影响力最大的体育盛会。奥运会每四年举办一届,会期不超过16天。奥运会发源于2000多年前的古希腊,因举办地在奥林匹亚而得名。罗马帝国统治希腊后,古奥运会走向衰落。公元2世纪后,基督教统治了包括希腊在内的整个欧洲,倡导禁欲主义,主张灵肉分开,反对体育运动,使欧洲处于一个黑暗时代,古奥运会也随之更加衰落。公元393年,罗马皇帝狄奥多西一世宣布基督教为国教,认为古奥运会有违基督教教旨,是异教徒活动,翌年宣布废止古奥运会。之后战争不断,加上强烈地震的影响,繁荣的奥林匹亚变成一片废墟,延续了1000余年的古奥运会不复存在。19世纪末,法国人顾拜旦(1863—1937年,出生于非常富有的贵族家族,著名的教育家、国际体育活动家、教育学家和历史学家)在古奥运会停办1500年之后重新提出了举办现代奥林匹克运动会的倡议。随后,1894年成立了奥委会,1896年举办了首届现代奥运会,1924年举办了首届冬奥会。1998年,著名的《生活》杂志刊载了历史学家精选的过去千年中最重要的1000个事件和人物,"1896年顾拜旦恢复奥运会"的壮举也跻身其中,被誉为千年盛事之一。奥林匹克运动是人类社会的一个罕见的杰作,它将体育运动的多种功能发挥得淋漓尽致,影响力远远超出了体育的范畴,在当代世界政治、经济、哲学、文化、艺术和新闻媒介等诸多方面产生了一系列不容忽视的影响。奥林匹克运动不仅构成了现代社会所特有的体育文化景观,还以其特有的文化魅力愉悦人心,更以其强烈的人文精神催人奋进,生生不已。奥运会的宗旨可高度概括为"和平、友谊、进步"。

图1-1　万里长城

图1-2　奥运会

高铁(High-Speed Railway)是高速铁路的简称(图1-3),是指基础设施设计速度标准高、可供火车在轨道上安全高速行驶的铁路(运营速度在250km/h及以上)。世界上第一条正式的高铁是1964年建成通车的日本东海道新干线,它连通了东京、名古屋和大阪所在的日本三大都市圈,促进了日本经济的高速发展。中国第一条公认的、没有争议的高铁是2008年开通的时速350km的京津城际铁路。人口稠密、城市密集、生活水准较高,以及较高的社会经济和科技基础,是适合高铁发展环境的两条基本原则。世界铁路历史发展证明,高铁是经济社会发展的必然趋势,也将会对经济再发展起到促进作用。目前中国高铁营运里程已居世界第一。中国高铁不仅以高速、便捷、舒适、安全赢得国人的赞誉,更令外国友人竖起了大拇指,并被评为中国"新四大发明"之首,成为响当当的"中国名片"。

图1-3 高速铁路

1.2 京张铁路修建史

1.2.1 百年梦想

100多年前,有一条铁路建成通车,在当时极大地振奋了民族精神,并对中国铁路的发展产生了广泛而深远的影响,这就是中国人自己设计、修建的第一条干线铁路——京张铁路。

京张铁路是由中国杰出的工程师詹天佑负责设计和修建。京张铁路起始自北京丰台柳村,经居庸关、八达岭、河北省的沙城、宣化至张家口,全长为201.2km。京张铁路现为京包线的京张段。

张家口自古便是从北京通往蒙古的必经之路。从蒙古运往我国的毛皮、驼绒,从我国运往蒙古乃至俄国的茶叶、丝绸、煤油、纸张、布匹等,大多途经张家口。据统计,当时从居庸关通往张家口方向的几条商道,每天大约有1万头骆驼等牲口往来驮运约1200t货物。当时,如在北京至张家口之间修建一条铁路,对于国防、政治等均有重大意义。

早在1899年之前,俄国就曾提出修筑由恰克图经库伦、张家口到北京的铁路,当时清廷未许。

清朝晚期,在洋务派的大力推进下,迎来了中国历史上铁路建设的一次高潮。但当时国力羸弱,并且有"技不如人,器不如人"的自卑,加之西方列强为扩大在华利益,中国铁路基本上是由外国人主持修建、负责运营,并且筑路所用的资金和技术均来自国外。

1903年,商人李明和、李春相继奏请召集股银承修京张铁路,但因股银有外国资本渗透之嫌疑被拒。又有商人张锡玉奏请商办,因其意不明被驳。自此,再无人提及京张铁路商办。此时,朝廷中开始出现官办的呼声。当时正值关内外铁路运营良好、盈利颇丰。时任直隶总督兼关内外铁路总办的袁世凯与会办胡燏棻提出,利用关内外铁路的营业收入来修筑京张铁路。

闻听中国欲修建京张铁路,西方列强群起而争,都企图控制京张铁路的贷款、修筑、运营等事务。其中,尤以英国、俄国的要求最为强烈。英俄两国均提出了向中国贷款、主持修建京张铁路的要求,并为此争执不下。列强的互不相让以及以詹天佑为代表的一些开明人士主张中国人自己修建铁路,促使清政府决定独立修建京张铁路。1905年2月成立了京张铁路局,负责该路的修建工作。铁路工程专家詹天佑担任总局的"会办"兼总工程师,主持京张铁路设计施工。

1.2.2 修建历程

1905年9月4日,京张铁路正式开工修建。京张铁路"中隔高山峻岭,石工最多,又有7000余尺桥梁,路险工艰为他处所未有。特别是居庸关、八达岭,层峦叠嶂,石峭弯多,遍考各省已修之路,以此为最难,即泰西诸书,亦视此等工程至为艰巨""由南口至八达岭,高低相距一百八十丈,每四十尺即须垫高一尺"。中国自办京张铁路的消息传出之后,外国人讽刺说建造这条铁路的中国工程师恐怕还未出世。

詹天佑亲率工程队勘测定线。由于清政府拨款有限,时间紧迫,詹天佑从勘测过的三条路线中选定由西直门经沙河、南口、居庸关、八达岭、怀来、鸡鸣驿、宣化至张家口,全程共分为三段。

第一段丰台至南口段于1906年9月30日建成通车。

第二段南口至青龙桥关沟段穿越军都山,最大坡度为3.3%,曲线半径182.5m,工程非常艰巨。修建第二段必须打通居庸关(图1-4)、五桂头、石佛寺、八达岭(图1-5)4座隧道。最长的八达岭隧道1092m,只能靠工人的双手修建,其困难程度可以想见。隧道修建时,从南北两头向中间凿进,同时在隧道中部开凿两个竖井(图1-6),利用竖井增加工作面分别向相反方向开凿。八达岭隧道是依靠人力建成的中国筑路史上的第一条长大隧道。京张铁路最为人所知的工程是为克服南口和八达岭的高度差而修建的青龙桥车站(图1-7)和"人"字形铁路。克服了重重困难,第二段工程于1908年9月完成。

图1-4 居庸关隧道

图1-5 八达岭隧道

图 1-6　八达岭隧道竖井

图 1-7　青龙桥车站

第三段工程的难度是架设由 7 根 100ft(1ft＝0.3408m)长的钢梁组成的怀来大桥,这是京张铁路上最长的一座桥。1909 年 4 月 2 日火车通到下花园。下花园到鸡鸣驿矿区岔道一段虽不长,工程极难,右临洋河,左傍石山,山上要开一条 6 丈宽的通道,山下要垫高 7 华里长的河床。1909 年 9 月 24 日通至张家口市。在詹天佑的正确指挥下,京张铁路及时建成。

1909 年 10 月 2 日,京张铁路南口站礼棚高扎、汽笛长鸣、彩旗飘飘、人头攒动、热闹非凡。达官贵人、各国使节、乡野农夫、筑路工人,熙熙攘攘、摩肩接踵,中外来宾上万人在这里参加了京张铁路通车典礼(当时称为茶会)。主持修建铁路的詹天佑在通车典礼上分别用中文和英文发表了演说和致辞。他在致辞中说:"此路的修筑,经历了四年。在这四年内,鄙人和同事诸君,饱有引人兴味的和令人忘却疲劳的工作。我们正是以修筑全由中国人自力完成的铁路而感到自豪……而现在,中国已经开始由中国工程师自己筑路了,并且已经建成了第一条全由中国人自力修筑的铁路。中国确实进步迟缓,但虽迟缓,却是确实地前进了。"

1.2.3　取得的成就

京张铁路从 1905 年 9 月 4 日正式开工,至 1909 年 10 月 2 日建成通车,仅用了 4 年时间,建设期比预定计划提前了 2 年。按当初预算,京张铁路施工以及购置机车、车辆的费用为白银 729 万两,实际用了约 700 万两。京张铁路在较短时间内,用最低的费用,顺利地完成了全线修建任务。京张铁路是完全由中国人独立自主修建的高质量一级干线铁路,从此打破了外国人垄断修建中国铁路的局面,拉开了中国人建造中国铁路的序幕。

京张铁路从南口北上穿过崇山峻岭,坡度很大,按照国际的一般设计施工方法,铁路每升高 1m,就要经过 100m 的斜坡,这样的坡道长达 10 多公里。为了缩短线路、降低费用,詹天佑大胆创新,设计了"人"字形铁路线路(图 1-8)。为了安全、平稳,北上的火车到了南口以后,就用两个火车头,一个前面拉,一个后边推,火车向东北方向前进;进入了"人"字形铁路线路的岔道后(青龙桥站),就倒过来,原先推的火车头改成拉,原先拉的火车头改成推,使火车向西北前进,这样一来,火车上山爬坡就容易多了。在 20 世纪初,如此大胆的设计,在中国铁路建筑史上是一个不小的创举。现在,"人"字形铁路附近的青龙桥车站已成为北京市的保护文物和纪念詹天佑先生的所在地。詹天佑所发明的"人"字形铁路已经成为一件举世瞩目的伟大工程。1922年在青龙桥火车站竖立了詹天佑铜像(图1-9),1987年在附近建成了詹天佑纪念馆。当时在此进入北京的客车均要停车半小时,参拜詹天佑铜像和纪念馆。

图1-8 "人"字形铁路　　　　　　　　图1-9 詹天佑像

京张铁路的修建,在技术方面主要采取了4项创造性措施:一是采用"之"字形展线。利用青龙桥东沟的天然地形,采用3.3%的坡度"之"字形展线;二是采用马莱(Mallet)复式机车。该机车较轻便(质量仅136t)、灵活(可以通过很小的曲线半径);三是采用竖井增加工作面。关沟段共有4座隧道,其中八达岭隧道最长,为1092m,开凿该隧道时采用中间竖井法加快成洞的速度;四是采用混凝土拱桥,就地取材,节省工费。在选线、设计方面,詹天佑不是单纯采取提高线路标准、增大工程量的办法,而是着眼于顺从自然,工、机配合的先进选线设计基本原则,一方面顺从展线定坡,另一方面借重机车,以补不足,使京张铁路成为在当时情况下经济合理的铁路线。

1.3　京张高铁八达岭地下车站

京张高铁是新建北京至张家口的高速铁路,全长174km。线路起自北京北站,沿途经清河站、昌平站、八达岭长城站、怀来站、下花园北站、宣化北站,至张家口南站。京张高铁是我国京包兰快速客运通道的重要组成部分,是北京承办2022年冬奥会的重要交通配套设施,是京津冀一体化的重要交通动脉。京张高铁设计行车速度结合实际情况因地制宜,涵盖了120～350km/h的全系列标准。京张高铁建成通车后,将实现北京至延庆30分钟、至张家口1小时的快速到达。

1.3.1　工程概况

新八达岭隧道是京张高铁最长的隧道,全长12.01km,起止里程为DK59+260～DK71+270。

京张高铁八达岭地下车站设置在新八达岭隧道内(图1-10),位于八达岭风景区滚天沟停车场下方102.55m处(图1-11),毗邻八达岭长城。车站建成通车后,将成为国内外游客游览八达岭长城的最便捷通道。

图1-10　八达岭地下车站位置示意图

图1-11　八达岭地下车站地面位置示意图

八达岭地下车站为四线车站,车站内有效长度470m,起止里程为DK67+815～DK68+285。车站两端各通过163m的大跨段与正线连通(图1-12),起止里程分别为DK67+652～DK67+815、DK68+285～DK68+448。

八达岭地下车站站台层由3条相对独立的隧道组成(图1-13),中间隧道列车直接通过,两边隧道为侧式车站,供旅客上、下车使用。车站总过站车辆近期为100对、远期为150对,其中停靠车辆近期为30对、远期为40对。

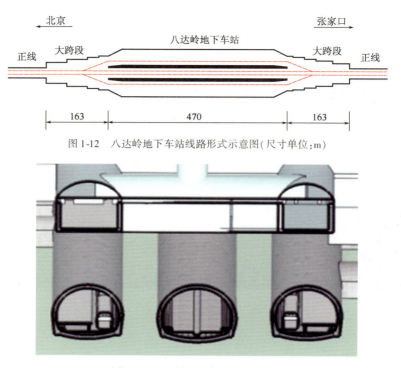

图 1-12　八达岭地下车站线路形式示意图(尺寸单位:m)

图 1-13　八达岭地下车站站台层剖面

1.3.2　工程特点

八达岭地下车站具有"三大一复杂"(建设规模最大、埋深最大、开挖跨度和断面面积最大、建筑结构最复杂)的工程特点。

1) 八达岭地下车站是目前世界上建设规模最大的暗挖地下车站

八达岭地下车站地下建筑面积约 3.6 万 m^2,修建车站共需要开挖土石方约 41.6 万 m^3,使用混凝土约 13.4 万 m^3,消耗钢材约 9000t,是目前世界上建设规模最大的暗挖地下车站。八达岭地下车站透视图如图 1-14 所示。

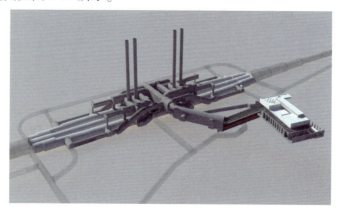

图 1-14　八达岭地下车站透视图

2）八达岭地下车站是目前世界上埋深最大的高铁地下车站

基于对八达岭长城和青龙桥车站的保护以及对八达岭长城风景区的充分利用，车站设置在地面以下102.55m处（图1-15），该埋置深度为高铁地下车站世界之最。

图1-15　八达岭地下车站埋深示意图

3）八达岭地下车站大跨段是目前世界上开挖跨度和开挖断面面积最大的交通隧道

八达岭地下车站两端各为163m的大跨过渡段，车站通过过渡段与正线隧道连通。过渡段采用单洞隧道暗挖设计，最大开挖跨度32.70m，开挖断面面积494.4m²，是目前世界上开挖跨度和开挖断面面积最大的交通隧道，施工难度极大，安全风险极高。八达岭地下车站大跨段最大开挖断面设计如图1-16所示。据不完全统计，国内外超大跨度、超大断面面积交通隧道排名见表1-1。

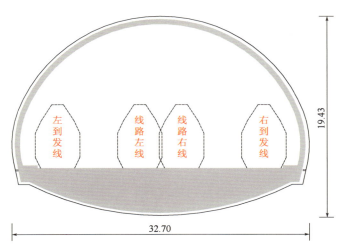

图1-16　八达岭地下车站大跨段隧道最大断面示意图（尺寸单位：m）

4）八达岭地下车站是目前世界上建筑结构最复杂的地下车站

八达岭地下车站为三层地下结构（图1-17），自下而上分别为站台层、进站层及出站层。车站内修建各类大小洞室78个，断面形式88种，洞室间交叉节点密集，最小水平间距2.27m，最小竖向间距4.45m，建筑结构极为复杂，是目前世界上建筑结构最复杂的地下车站。

国内外超大跨度、超大断面面积交通隧道排名统计　　　　　　表 1-1

序号	隧道名称	开挖跨度		开挖断面面积	
		最大跨度(m)	排名	最大断面面积(m^2)	排名
1	京张高铁八达岭地下车站	32.7	1	494.4	1
2	赣龙铁路新考塘隧道	30.9	2	411.0	5
3	米兰威尼斯地下车站	30.0	3	440.0	2
4	六沾复线乌蒙山二号隧道	28.4	4	354.3	7
5	重庆轻轨大坪地下车站	26.3	5	430.3	3
6	重庆地铁红土地下车站	25.9	6	375.8	6
7	重庆轨道临江门地下车站	21.8	7	421.0	4
8	兰渝铁路新城子隧道	21.5	8	350.0	8
9	港珠澳大桥拱北隧道	18.8	9	344.8	9

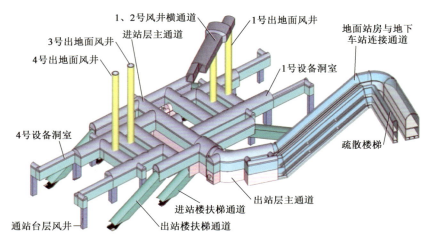

图 1-17　八达岭地下车站结构设计示意图

1.3.3　主要创新成果

为了安全、优质、按期建成京张高铁八达岭地下车站，中国铁路总公司高度重视，对该工程按重大课题进行科研立项研究。主要包括：超大跨度及复杂洞室群超前地质预报技术、超大断面隧道开挖支护及变形控制技术、超大断面隧道二次衬砌施工质量控制技术、小间距洞室群爆破技术、复杂洞室群施工通风技术。

历过三年科研攻关，京张高铁八达岭地下车站修建取得了以下主要创新成果：

(1)开发了隧道掌子面成像解译法超前地质预报新技术。

(2)提出了超大断面隧道"承载拱"理念和以"一喷双锚"为主的支护结构设计新方法。

(3)发明了超大断面隧道"品"字形开挖新工法。

(4)建立了超大断面隧道开挖施工"总变形量和分步变形量"控制标准。
(5)开发了高性能快速张拉预应力锚索新技术。
(6)研发了隧道长寿命(300年)混凝土新材料。
(7)研制了超大断面隧道变断面衬砌新型模板台车。
(8)确立了复杂洞室群近邻爆破开挖振动速度控制标准。
(9)提出了复杂洞室群"先边洞后中洞、中洞导洞先爆"的施工方法。
(10)建立了复杂洞室群施工通风阶段模式。

第 2 章 工程地质及水文地质

京张高铁八达岭地下车站位于北京市延庆区。站址区属军都山中低山区,地形起伏较大,冲沟发育,整体地形东北侧高,西南侧低。地面高程一般为 600~1030m,相对高差一般在 200~400m 之间,植被发育,主要为灌木。

站址区大的构造主要是燕山期构造。受太平洋板块强烈挤压作用,中国东部地区发生南北方向逆时针扭动,形成了以左旋为特征的燕山区北东和北北方向的构造体系,可分为 3 个褶皱幕和 6 个变形构造变形时代。站址区主要受燕山期第五世代(D5)影响,表现为伸展裂陷构造作用形成的岔道火山盆地。地壳伸展期盆地断陷形成,发育有大量火山喷发和喷溢物质,收缩期则表现为岩浆侵入。

2.1 工程地质

2.1.1 地层岩性

车站范围主要发育花岗岩杂岩,属于八达岭中型岩株,分布于岔道村—青龙桥地区,岩体出露面积约 25km^2。岩体北侧分别与髻髻山组和东岭台组火山岩接触,东侧主要与鹰窝梁流纹斑岩、上花园石英闪长岩接触,南侧与西侧分别与东老峪花岗岩、四桥子花岗岩和中生代火山岩相接触。八达岭花岗杂岩为弱风化层岩质,一般较坚硬,岩石饱和抗压强度在 39~60MPa 之间(表 2-1),属于硬质岩类。

岩石室内试验数据 表 2-1

岩 性		单轴抗压强度(MPa)	弹性模量(GPa)	泊松比	天然密度(g/cm^3)
弱风化斑状二长花岗岩、花岗岩	天然	60	26	0.24	2.63
	饱和	39	22	0.27	

岩体形态大致呈不规则的等轴状,北接触面产状大致为向北倾斜,倾角 50°,东北部岩体接触面产状为 60°∠54°,东部与上花园岩体接触面产状倾向北东东,倾角 78°。南部与东老峪花岗岩接触面产状为 190°∠83°,西南部与火山岩接触面产状为 360°∠67°。综上所述,岩体

南接触面陡直,北接触面向围岩呈 50°~60°倾斜,东接触面向东倾斜,呈一略微由北向南上侵的中型岩株。车站位置位于该岩体的西北部。

2.1.2 断裂构造

受燕山期侵入岩影响,区内断裂构造较为发育,以平行八达岭箱型背斜轴向的北东向断裂为骨干,伴有与之近于直交的北西向横张断裂,同时还发育有近东西向和近南北向扭裂面形成的正断层,以及北北西向扭性断裂带。站址区内的侵入岩受构造作用影响明显。

根据区域资料,站址范围内四桥子中细粒花岗岩和八达岭斑状二长花岗岩等花岗杂岩均受到四桥子—白羊城北北东向断裂的控制,同时还受到八达岭箱型背斜及居庸关断隆区内内部边缘的深层断裂控制,具体侵位在居庸关断块与北西侧岔道火山断陷盆地交界部位的盆地一侧。同时,由于受侵入岩影响,断裂带在表层显示并不明显。

综合物探资料、区域地质资料及调绘资料,站址区洞身穿越 F_2 断裂。该断裂与隧道相交于 DK68+260~DK68+300,与线路相交角度 35°。断裂产状为 236°∠80°,为一张扭性断裂,上盘为花岗岩,下盘为斑状二长花岗岩,断层带内为断层角砾。断层带宽度约 2m,影响带宽度约 15m。

2.1.3 岩脉

深层断裂产生的表层北北西向张扭裂隙带直接控制了大量岩脉的填充,因酸性和偏碱性多次脉动交替侵入,八达岭侵入岩体岩脉极为发育。岩脉走向多为北北西,多数东倾,倾角一般为 60°~70°,宽度一般为 2~5m。岩脉类型主要有石英斑岩脉、流纹斑岩脉、花岗斑岩脉、闪长玢岩脉、辉绿岩脉、辉长岩脉、正长斑岩脉、二长斑岩脉、煌斑岩脉、霏细岩脉等。其中正长斑岩脉和花岗斑岩脉形成最早,规模最大;稍晚的为流纹斑岩脉,插入前两者之中;更晚的为煌斑岩脉,它切断一切浅色岩脉;最晚的为辉绿岩脉,它切断了煌斑岩脉。

岩体的侵入、穿插、捕掳关系明显,界线清楚,大多具有明显的冷凝边,岩石结构均匀,各期侵入体具有不同程度的接触变质、矽卡岩化和特有的围岩蚀变及热液矿化。

2.1.4 结构面

岩体主要发育 3~4 组节理,J_1 产状为 0°~90°∠30°~85°,J_2 产状为 200°~345°∠20°~88°,J_3 产状为 110°~175°∠35°~84°,J_4 产状为 102°~195°∠30°~85°。节理间距一般为 0.1~0.5m,部分段落间距大于 0.5m,均为密闭节理,中间无充填物。岩体总体较完整~较破碎,各类花岗杂岩中差异风化带、岩脉接触带、岩体软弱带、节理发育密集带、蚀变带和风化深槽岩体较破碎~破碎。

2.1.5 隧道围岩分级

1)站台层、站厅层围岩分级

洞身主要穿越强~弱风化花岗岩、斑状二长花岗岩、岩脉以及岩性接触带,发育 3~4 组节理,岩体总体较完整~较破碎。由于燕山期(γ_5)酸性和偏碱性多次脉动交替侵入,八达岭侵入岩体岩脉极为发育,岩脉走向多为北北西,多数东倾,倾角一般为 60°~70°,宽度一般为 2~

5m。岩脉接触带、局部节理密集带、差异风化带、蚀变带,岩体破碎,围岩稳定性差,地下水较发育。各段围岩分级见表2-2、表2-3。

站台层围岩分级　　　　　　　　　　　　　　　　表2-2

序　号	里　程	围岩级别	围岩长度(m)
1	DK67+815～DK67+900	Ⅲ	85
2	DK67+900～DK68+000	Ⅴ	100
3	DK68+000～DK68+200	Ⅲ	200
4	DK68+200～DK68+285	Ⅴ	85

站厅层围岩分级　　　　　　　　　　　　　　　　表2-3

序　号	里　程	围岩级别	围岩长度(m)
1	DK67+875～DK67+900	Ⅲ	25
2	DK67+900～DK68+000	Ⅴ	100
3	DK68+000～DK68+200	Ⅲ	200
4	DK68+200～DK68+225	Ⅴ	25

2)电梯井、小里程风井、大里程风井围岩分级

电梯井穿越强风化～弱风化斑状二长花岗岩,岩体节理裂隙发育,地下水较发育。

小里程风井穿越强风化～弱风化斑状二长花岗岩,岩体主要发育3～4组节理,岩体总体较完整～较破碎。洞口位于强风化层,围岩稳定性差,地下水较发育。

大里程风井穿越断层破碎带、强风化～弱风化斑状二长花岗岩,岩体主要发育3～4组节理,岩体总体较完整～较破碎,断层及其影响带岩体破碎,洞口围岩稳定性差,地下水较发育。

各段围岩分级见表2-4。

电梯井、小里程风井、大里程风井围岩分级　　　　　　　表2-4

序号	起点里程	围岩级别	围岩长度(m)	备　注
1	DTJ0+000～DTJ0+052	Ⅴ	52	电梯井
2	XLFJ0+000～XLFJ0+020	Ⅴ	20	小里程风井
3	XLFJ0+020～XLFJ0+061	Ⅲ	41	小里程风井
4	DLFJ0+000～DLFJ0+076	Ⅴ	76	大里程风井

3)出站主通道、斜行电梯通道围岩分级

通道主要穿越全风化～弱风化斑状二长花岗岩、岩脉以及岩性接触带。斑状二长花岗岩岩质坚硬,块状构造,主要发育3～4组节理,岩脉主要发育3～4组节理,岩体总体上较完整～较破碎,但岩脉接触带、局部节理密集带、差异风化带、蚀变带的节理裂隙发育,岩体破碎,围岩稳定性差,地下水较发育。各段围岩分级见表2-5、表2-6。

出站主通道围岩分级　　　　　　　　　　　　　　　表2-5

序　号	里　程	围岩级别	围岩长度(m)
1	ZTDDK0+000～ZTDDK0+080	Ⅲ	80
2	ZTDDK0+080～ZTDDK0+135	Ⅳ	55

续上表

序　号	里　程	围岩级别	围岩长度(m)
3	ZTDDK0+135～ZTDDK0+210	Ⅴ	75
4	ZTDDK0+210～ZTDDK0+275	Ⅳ	65
5	ZTDDK0+275～ZTDDK0+384.86	Ⅴ	109.86

斜行电梯通道围岩分级　　　　表2-6

序　号	里　程	围岩级别	围岩长度(m)
1	ZTDDK0+000～ZTDDK0+080	Ⅲ	80
2	ZTDDK0+080～ZTDDK0+130	Ⅳ	50
3	ZTDDK0+130～ZTDDK0+195	Ⅴ	65
4	ZTDDK0+195～ZTDDK0+235	Ⅳ	40
5	ZTDDK0+235～ZTDDK0+361.69	Ⅴ	126.69

4）小里程端、大里程端大跨过渡段围岩分级

车站大跨过渡段围岩分级见表2-7。

大跨过渡段围岩分级　　　　表2-7

位置	里　程	长度(m)	开挖跨度(m)	开挖高度(m)	围岩级别
小里程端	DK67+652～DK67+706	54	20.0	14.3	Ⅱ
	DK67+706～DK67+760	54	26.2	16.8	Ⅱ
	DK67+760～DK67+790	30	30.0	18.4	Ⅲ
	DK67+790～DK67+815	25	32.7	19.3	Ⅳ
大里程端	DK68+285～DK68+300	15	32.7	19.5	Ⅴ
	DK68+300～DK68+330	30	31.1	18.8	Ⅳ
	DK68+330～DK68+360	30	27.7	17.5	Ⅳ
	DK68+360～DK68+404	44	24.4	16.1	Ⅲ
	DK68+404～DK68+448	44	19.3	14.1	Ⅲ

2.1.6　地应力

车站区域实测最大水平主应力为4.99MPa，最小水平主应力为3.82MPa，属中等应力水平。最大水平主应力方向（即破裂方位）为NE31°，即NEE向。最大主应力方向和地下车站走向夹角为48°。场区岩性主要为斑状二长花岗岩、花岗岩，单轴饱和抗压强度值为39～60MPa，岩体强度应力比为7.82～12.02。从宏观上看，八达岭地区岩体经过多次构造运动，岩体完整性较差，节理裂隙较发育，应力基本释放，发生岩爆的可能性不大。但因岩体较破碎，洞顶、洞壁岩体会有塌落和掉块现象发生。

2.2　水文地质

车站区域地下水类型为基岩裂隙水，主要受大气降水补给。勘察期间，地下水稳定水位埋

深为6.5~28.6m,随地形起伏较大。由于该区域岩体裂隙较发育,连通性相对较好,地下水类型主要表现为潜水型基岩裂隙水。

勘察期间选取 Z-4、Z-7 及 Z-8 孔进行了抽水试验,结合地区经验,地下水渗透系数为 0.014~0.43m/d。

结合水文地质测绘、物探资料和区域资料综合分析,采用大气降水入渗法及古德曼经验公式,综合预测车站区域正常涌水量为 2400m^3/d,最大涌水量为 7000m^3/d。

第3章
成像解译法超前地质预报技术

钻爆法是目前铁路隧道施工的主要方法,针对钻爆法隧道施工地质超前预报,人们研发了地质分析类(如工程地质调查、掌子面地质素描等)、超前钻探类(如超前钻孔、超前导坑、超前探洞等)、地震反射类(如负视速度法、TSP法、TRT法、极小偏移距地震波法等)、电磁类(如地质雷达、瞬变电磁等)、直流电法类(如激发极化法、电阻率法等)以及其他方法(如核磁共振法、红外探水法、温度探测法等)。每类探测方法都是以地质介质的某一性质差异作为物理基础,如弹性、导电性、导热性等,因此,各种方法都有其适用范围、敏感特性和优缺点。

钻爆法隧道超前地质预报技术已取得了显著的进步,定量化探测技术已得到了发展。所谓定量化超前地质预报,就是利用超前地质预报技术实现对不良地质体的空间位置、赋存形态和充填特性三大核心属性进行定性辨识和定量预报,具体表现为:①探明断层及其影响带的位置、规模及其性质,若充填地下水时应定量估算涌水量;②探明岩溶发育位置、规模,判断充填物性质,若充填地下水时应定量估算涌水量;③探测不同岩性间接触界面位置及其产状形态;④判断隧道围岩级别变化情况;⑤判断地质灾害可能发生的位置和规模。

3.1 国内外研究现状

工程地质调查法是隧道超前地质预报中使用最早的方法,主要分为地表地质体投射法和掌子面编录预测法。通过地表和隧道内的工程地质调查与分析,了解隧道所处地段的地质结构特征,推断前方的地质情况。调查内容主要包括地层的产状特征、断裂构造与节理的发育规律、岩溶带发育的部位、走向、形态等,预测隧道掌子面前方不良地质现象可能的类型、部位、规模,以便在隧道施工中采取合理的工艺与措施,避免事故发生。在隧道埋深较浅、构造不太复杂的情况下,这种预报方法有很高的准确性,但在构造比较复杂地区和深埋隧道的情况下,该方法工作难度较大,准确性难以保证。

地质分析法是隧道超前地质预报最基本的方法,包括工程地质分析法、超前导洞法及超前水平钻探法,其他预报方法的解释应用都是在地质资料分析判断基础上进行的。通过收集分析地质资料,地表详细调查,并结合隧道内地质编录、素描、数码照相、超前炮孔、涌水量预测等方法,了解隧道所处地段的地质条件,运用地质学理论,对比、论证、推断和预报隧道施工前方的工程地质和水文地质情况。通过地质分析法可对工程区域的地质情况进行判断，划分风险等级，辨识重点高风险区域，为超前地质预报方案的编制提供指导。

超前导洞法在隧道超前地质预报中也经常用到，由于其断面较大，可较全面地揭露正洞前方的地质情况，但耗时较长，经济代价较高。工程实践中，人们往往将并行的几条隧道中的某一条作为超前探洞，而不是专门开挖地质探洞，既节约了费用又实现了超前探测。

超前水平钻孔法与超前导洞法的原理基本相同，是利用钻探设备向掌子面前方钻探，直接揭露隧道掌子面前方地层岩性、构造、地下水、岩溶、软弱夹层等地质体，分析其性质、岩石(体)可钻性、岩体完整性等资料，还可获得岩石强度等指标，是最直接有效的超前地质预报方法之一，在工程实践中应用广泛，取得了较好效果，但超前钻探往往因"一孔之见"的问题会导致不良地质体的漏报漏探。

地震反射法是隧道超前地质预报应用最早、最广泛的地球物理方法，该方法对具有弹性差异的异常体有较敏感的响应，但难以辨识是否含水。隧道地震超前探测的主要观测方式包括直线测线观测方式、空间观测方式和极小偏移距地震观测方式。其中，瑞士安伯格公司研制的TSP和我国铁道系统研发的负视速度法均是直线测线观测方式。TSP在我国隧道工程领域的应用非常广泛，这类方法对规模较大的不良地质体，特别是与隧道轴线近似垂直的不连续体(如断层、破碎岩体等)界面探测效果较好，但从反射地震探测原理分析，直线测线布置方式难以获取掌子面前方的波速分布，从而会导致定位不准确、探测结果不可靠，这是许多TSP用户在工程实践中所遇到的主要问题。美国NSA(National Security Agency)研发的TRT技术和我国的TST(Tunnel Seismic Tomography)技术属于空间观测方式，从原理来讲，空间观测方式更有利于获得可靠的速度分布结果，可提高地质体的定位精度，但这种探测方式需要占用掌子面和两侧边墙，耗时较长。陆地声呐法属于极小偏移距地震波法，该方法在掌子面布置正交测线，震—检距很小，激发地震波在传播中转换波很少，能量较为集中，对中小规模的溶洞和与轴线小角度相交的异常体有较好的探测效果。近年来，利用地震波传播特性识别含水体成为一个新的研究热点，张霄等利用地震波在双相介质中的传播规律提出了大型水体的地震波响应特征和判别准则，并得到了工程的验证。利用地震波纵横波在双相介质中的传播特性差异来识别较小规模的水体具备理论上的可能性，是未来的一个研究重点，该问题的解决对于远距离识别含水体有极为重要的意义。

为了对含水体进行识别和定位，地质雷达法和瞬变电磁法被引入隧道超前地质预报领域。地质雷达法是一种常用的隧道超前地质预报方法，该方法对含水体响应较敏感，但其探测距离短，为20m左右，主要用于短距离探查。由于钻孔雷达具有高分辨率、高定位精度的优势，20世纪80年代初开始，国际上许多机构开始研究钻孔地质雷达探测技术。钻孔雷达的观测方式分为跨孔成像和单孔反射两类，其中跨孔雷达技术已比较成熟。目前我国拥有跨孔雷达仪器的单位仅有十余家，应用不多。

综上所述，在传统超前地质预报技术取得新进展的同时，一些新的预报技术也正在被提出，如激发极化技术、核磁共振技术、单孔定向雷达技术、地震波探水技术等，其中一部分已在研究和工程验证过程中，这对推动超前地质预报技术进步和提升其工程服务能力起到了重要作用。但超前地质预报技术还有一些关键问题需要解决，距离定量化探测的目标还有一定的差距，亟须针对具体问题开展研究和攻关，形成一系列实用性强、适应性强、可靠性强的定量化超前地质预报技术。

3.2 工作原理

以地质素描为核心的地质分析法是目前隧道超前地质预报中最常用、最适用的基本方法，但受其专业性强、劳动强度大、时效性要求高等因素影响，该项工作往往难以正常开展。因此，依托京张高铁八达岭地下车站，提出了隧道掌子面成像解译法超前地质预报新技术。

成像解译法超前地质预报技术是以地质工作为基础，以数学运算为核心，集成数码成像技术和计算机技术等，实现对地质图像的快速高效识别、对地质信息的智能解译，从而替代传统的人工地质素描和地质分析工作。

传统的数码成像技术往往受隧道施工现场环境影响，如光线、粉尘等，导致图像不清晰，二维图像缺失深度信息，图像识别准确率受限。因此，采用多图像立体重建技术、三维激光扫描技术，实景复制（真实记录）隧道开挖情况，从三维宏观把控大的地质构造、二维微观深度学习等两个方面来提高图像识别的准确率。同时，根据岩体质量指标（RQD）概念判识岩体完整程度，并结合其他指标进行围岩分级。最后，流程化、程序化开展掌子面地质工作。

成像解译法超前地质预报技术，研究开发了隧道掌子面地质信息系统（TK-FGIS），实现了自动三维地质重构、自动结构面参数提取、自动围岩分级、自动报表及三维成果展示等功能。该技术大大地降低了隧道地质专业工程师的劳动强度，提高了生产效率，解决了人工素描工作流于形式等问题。通过网络平台或手机程序实时推送隧道掌子面地质信息，让参建各方实时掌控，便于及时、有效地调整施工工艺（如支护参数、开挖工法等），以适应地质变化，确保隧道施工安全、有序进行，真正地实现隧道的信息化设计、信息化施工。

3.2.1 隧道掌子面多图像三维点云重构

结合照相设备、照明设备，对隧道掌子面及开挖部位进行拍摄，然后利用自行研发的点云重建算法进行合成，形成三维点云重构照片，如图3-1所示。

a) 掌子面照片　　　　　　　　　　　b) 掌子面三维点云重构图像

图3-1　隧道掌子面三维实景点云重构照片

1) 特征检测与匹配

通过设定特征点提取算法，如基于方向导数的方法、基于图像亮度对比关系的方法、基于数学形态学的方法等，快速准确地找出各张照片中的特征，如特征点、特征线和特征区域，然后进行两两匹配。

2）相机位稀疏重建

根据匹配结果，利用射影定理，计算得到相机位置等场景信息，然后将同一物理空间点在两幅不同图像中的成像点进行一一对应。因其点位比较稀疏，将这一步称为稀疏重建。

3）三维点云密集重建

将场景信息与原始照片结合在一起，得到照片中物体的三维点云。其图像处理精度通常都比较高，形成的点云密度更高，将这一步称为密集重建。

结合开源工具，如 VisualSFM + PMVS + MeshLab 等，进行算法研究，优化完善构建隧道掌子面多图像的三维立体重建点云算法。

3.2.2 隧道掌子面点云模型三维地质重构

基于"一个平面上所有节点的法向量基本一致"的事实，选取一点附近区域构成的点集，拟合平面求取该点所在平面的法向量，从而找出潜在的结构面，如图3-2所示。

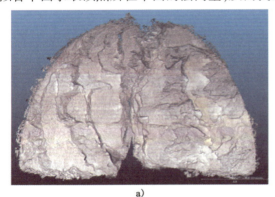 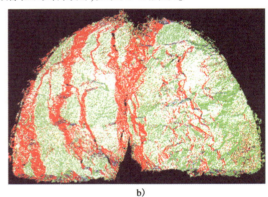

a)　　　　　　　　　　　　　　　　b)

图3-2　基于点的法向量自动寻找潜在结构面

对于一个立体，斜切时在前后、左右、上下均可能存在"被切"的痕迹，如图3-3中的红色部分。以此类推，可将当前隧道看成一个立体，掌子面类似于立体前面，临近上一掌子面类似于立体后面，开挖拱部类似于立体上部，开挖左、右边墙类似于立体左、右边，开挖底板类似于立体底部，据此可充分利用开挖周边信息约束结构面的延伸，实现隧道掌子面三维地质重构，如图3-4所示。

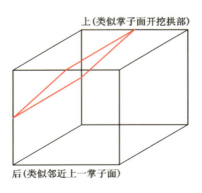 

图3-3　立体结构被切痕迹　　　　　图3-4　隧道掌子面三维地质重构

3.2.3 岩体结构面参数识别

1) 结构面间距

根据潜在结构面法向偏差大小进行聚类分组,然后以同类组的平均法向量(a,b,c)代表该组结构面的法向量,求取通过该组所有结构面的平面方程,从而可统计该组结构面的间距分布,如最大值、最小值、平均值、标准差等。

2) 结构面产状

根据隧道线路平面图的两个关键点坐标及图上的指北向,求取当前工程坐标体系下的 Y 轴与北向的角度 α_0,然后结合结构面的平均法向量(a,b,c)进行新坐标体系(Y 轴指向正北,X 轴指向正东,Z 轴向上)下的转换,形成新的法向量(a',b',c'),见下式:

$$\begin{pmatrix} a' \\ b' \\ c' \end{pmatrix} = \begin{bmatrix} \cos(\alpha_0) & \sin(\alpha_0) & 0 \\ -\sin(\alpha_0) & \cos(\alpha_0) & 0 \\ 0 & 0 & 1 \end{bmatrix} \begin{pmatrix} a \\ b \\ c \end{pmatrix} \quad (3-1)$$

依据新坐标体系下的法向量进行结构面产状参数(走向 α、倾角 β)计算,见表 3-1。

结构面产状参数计算公式　　　　　表 3-1

序号	结构面产状参数	计 算 公 式	备 注
1	倾角 β	$\beta = \arccos(c')$	
2	走向 α	$\alpha = \arcsin(a'/\sin\beta)$	$a' \geq 0, b' \geq 0$
		$\alpha = 360° + \arcsin(a'/\sin\beta)$	$a' < 0, b' > 0$
		$\alpha = 180° - \arcsin(a'/\sin\beta)$	$b' < 0$

3) 图像识别深度学习

通过三维地质重构宏观把控大的结构面,然后通过掌子面正射投影,降至二维进行微观调控,即图像识别。首先基于边缘检测算法提取边缘信息,其次基于聚类分析算法处理边缘数据,从而实现节理、裂隙等产状分布自动化识别。图 3-5、图 3-6 是人们生活中最常见的物件和空间图像识别效果,图 3-7 是隧道掌子面地质图像识别效果。

由于图像识别算法过度依赖照片质量,为了改善自动识别的准确率,借助深度学习(如卷积神经网络等),基于数据驱动不断更新图像识别模型,以提高图像识别的准确率。隧道掌子面图像识别深度学习与人工校核流程如图 3-8 所示。

a)

b)

图 3-5　图像识别效果(摩托车)

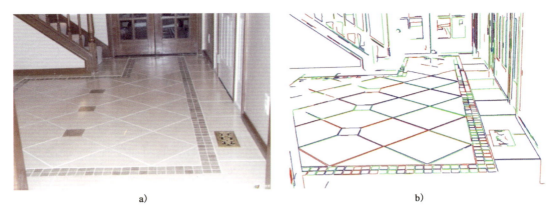

图 3-6 图像识别效果(地板)

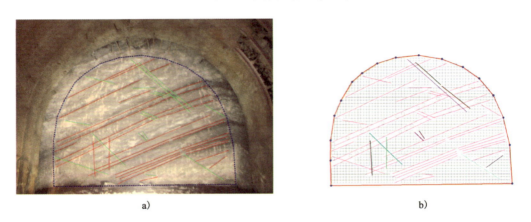

图 3-7 图像识别效果(隧道掌子面)

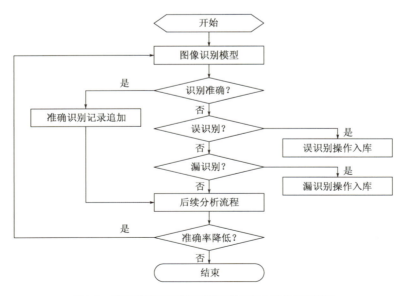

图 3-8 隧道掌子面图像识别深度学习与人工校核流程图

3.2.4 岩体完整程度自动定量化判识

传统人工地质素描工作需要结合现场情况进行定性判识岩体完整程度(表3-2),其准确性较低,严重受限于现场判识人员的经验性。是否可以实现自动定量化判识,可借鉴挪威 Q 法中岩石质量指标 RQD(Rock Quality Designation)的概念进行概率统计予以程序自动定量化解决。

岩体完整程度判识标准　　　　　表 3-2

完整程度	结构面发育程度			主要结构面结合程度	主要结构面类型	相应结构类型	岩体完整性指数	岩体体积节理数（条/m³）
	定性描述	组数（组）	平均间距（m）					
完整	不发育	1~2	>1.0	结合好或一般	节理、裂隙、层面	整体状或巨厚层状	0.75~1.0	0~3
较完整	较发育	2~3	1.0~0.4	结合差	节理、裂隙、层面	块状或厚层状	0.55~0.75	3~10
				结合好或一般		块状		
较破碎				结合差	节理、裂隙、劈理、层面、小断层	裂隙块状或中厚层状	0.35~0.50	10~20
				结合好		镶嵌碎裂		
破碎	发育	≥3	0.2~0.4	结合一般	各种类型结构面	薄层状	0.15~0.35	20~35
	很发育		≤0.2	结合一般或差		裂隙块状碎裂		
极破碎	—	—	—	结合很差		散体	0~0.15	≥35

岩石质量指标 RQD 是指采用 NX 标准钻头钻进,每一回次进尺中长度大于 10cm 的完整岩芯段所占的百分比。

$$RQD = \frac{\sum l}{L} \times 100\% \quad (3-2)$$

式中:RQD——岩石质量指标(%);
　　　l——完整岩芯长度大度 10cm 的单节长度(cm);
　　　L——钻孔长度(cm)。

假定沿图像横、竖两个方向,每隔 10cm 画一线条进行模拟钻孔,如图 3-9 所示。

统计掌子面图像的网格总数 n_0 及每一小网格中有节理裂隙通过的网格数 n_1,计算掌子面 RQD。

$$RQD = \frac{n_0 - n_1}{n_0} \times 100\% \quad (3-3)$$

根据 RQD 值查表 3-3 进行定量判识岩体完整程度。

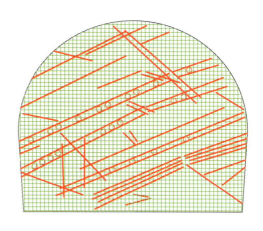

图 3-9　隧道掌子面 RQD 计算示意图

基于 RQD 的岩体完整程度划分标准　　　　　　　　表 3-3

岩体完整程度	完整	较完整	完整性差	较破碎	破碎
k_v	>0.75	0.55~0.75	0.35~0.55	0.15~0.35	≤0.15
RQD(%)	>90	75~90	50~75	25~50	≤25

3.2.5　基于规范标准的围岩等级自动判识

《铁路隧道设计规范》(TB 10003—2016)给出了定性与定量判识围岩级别标准,通过流程程序化后,实现自动化判识围岩级别。

1)定性判识围岩级别

根据岩石坚硬程度与岩体完整程度进行基本围岩分级,考虑地下水及地应力的修正,最终定性判识围岩级别。岩石坚硬程度判识标准见表 3-4,基本围岩分级标准见表 3-5,地下水状态修正围岩级别标准见表 3-6,地应力状态修正围岩级别标准见表 3-7。

岩石坚硬程度判识标准　　　　　　　　表 3-4

岩石类别		单轴饱和抗压强度(MPa)	定性鉴定	代表性岩石
硬质岩	极硬岩	>60	锤击声清脆,有回弹,震手,难击碎;浸水后大多无吸水反应	未风化~微风化的 A 类岩石
硬质岩	硬岩	30~60	锤击声清脆,有轻微回弹,稍震手,较难击碎;浸水后有轻微吸水反应	弱风化的 A 类岩石;未风化~微风化的 B、C 类岩石
软质岩	较软岩	15~30	锤击声不清脆,无回弹,较易击碎;浸水后指甲可刻出印痕	强风化的 A 类岩石;弱风化的 B、C 类岩石;未风化~微风化的 D 类岩石
软质岩	软岩	5~15	锤击声哑,无回弹,有凹痕,易击碎;浸水后手可掰开	强风化的 A 类岩石;弱风化~强风化的 B、C 类岩石;弱风化的 D 类岩石;未风化~微风化的 E 类岩石
软质岩	极软岩	≤5	锤击声哑,无回弹,有较深凹痕,手可捏碎;浸水后可捏成团	全风化的各类岩石和成岩作用差的岩石

基本围岩分级判识标准　　　　　　　　表 3-5

岩石坚硬程度	岩体完整程度				
	完整	较完整	较破碎	破碎	极破碎
极硬岩	Ⅰ	Ⅱ	Ⅲ	Ⅳ	Ⅴ
硬岩	Ⅱ	Ⅲ	Ⅳ	Ⅳ	Ⅴ
较软岩	Ⅲ	Ⅳ	Ⅳ	Ⅴ	Ⅴ
软岩	Ⅳ	Ⅳ	Ⅴ	Ⅴ	Ⅴ
极软岩	Ⅴ	Ⅴ	Ⅴ	Ⅴ	Ⅴ

地下水状态修正围岩分级标准　　　　　　　　表 3-6

地下水出水状态		Ⅲ		Ⅳ		Ⅴ	
		Ⅲ₁	Ⅲ₂	Ⅳ₁	Ⅳ₂	Ⅴ₁	Ⅴ₂
潮湿或点滴状出水	无水	Ⅲ₁	Ⅲ₂	Ⅳ₁	Ⅳ₂	Ⅴ₁	Ⅴ₂
	渗水	Ⅲ₁	Ⅲ₂	Ⅳ₁	Ⅳ₂	Ⅴ₁	Ⅴ₂

续上表

地下水出水状态		III		IV		V	
		III₁	III₂	IV₁	IV₂	V₁	V₂
淋雨状或线流状出水	整体湿润	III₂	IV₁	V₁	V₂	VI	VI
涌流状出水	涌出或喷水	IV₁	IV₂	V₁	V₂	VI	VI
	特别大	IV₂	V₁	V₁	V₂	VI	VI

地应力状态修正围岩分级标准　　表3-7

初始地应力状态	III		IV		V	
	III₁	III₂	IV₁	IV₂	V₁	V₂
一般地应力	III₁	III₂	IV₁	IV₂	V₁	V₂
高地应力	III₁	III₂	IV₁	IV₂	V₁	V₂
极高地应力	III₂	IV₁	V₁	V₂	VI	VI

2) 定量判识围岩级别

根据岩石单轴饱和抗压强度 R_c 及岩体完整性指标 K_v,计算围岩基本质量指标 BQ 值。

$$BQ = 100 + 3R_c + 250K_v \quad (3-4)$$

（1）当 $R_c > 90K_v + 30$ 时,以 $R_c = 90K_v + 30$ 和 K_v 代入计算 BQ 值。

（2）当 $K_v > 0.04R_c + 0.4$ 时,以 $K_v = 0.04R_c + 0.4$ 和 R_c 代入计算 BQ 值。

结合基本 BQ 值,根据地下水出水状态、主要结构面产状参数、初始地应力状态进行修正参数 K_1、K_2、K_3 取值,见表3-8～表3-10。

计算修正的 [BQ] 值,根据其大小确定围岩级别,见表3-11。

$$[BQ] = BQ - 100(K_1 + K_2 + K_3) \quad (3-5)$$

地下水影响修正系数 K_1 取值标准　　表3-8

地下水出水状态		BQ				
		>550	450~550	350~450	250~350	≤250
潮湿或点滴状出水	无水	0	0	0	0	0
	渗水	0	0	0~0.1	0.2~0.3	0.4~0.6
淋雨状或线流状出水	整体湿润	0~0.1	0.1~0.2	0.2~0.3	0.4~0.6	0.7~0.9
涌流状出水	涌出或喷水	0.1~0.2	0.2~0.3	0.4~0.6	0.7~0.9	1.0
	特别大	0.1~0.2	0.2~0.3	0.4~0.6	0.7~0.9	1.0

主要结构面产状影响修正系数 K_2 取值标准　　表3-9

结构面走向与洞轴线夹角<30°,结构面倾角30°~75°	结构面走向与洞轴线夹角>60°,结构面倾角>75°	其他组合
0.4~0.6	0~0.2	0.2~0.4

初始地应力状态影响修正系数 K_3 取值标准　　表3-10

初始地应力状态	BQ				
	>550	450~550	350~450	250~350	≤250
一般地应力	0	0	0	0	0
高地应力	0.5	0.5	0.5	0.5~1.0	0.5~1.0
极高地应力	1.0	1.0	1.0~1.5	1.0~1.5	1.0

基于[BQ]值的围岩分级标准　　　　表3-11

[BQ]	>550	451~550	391~450	351~390	311~350	251~310	211~250	≤210
围岩分级	Ⅰ	Ⅱ	Ⅲ$_1$	Ⅲ$_2$	Ⅳ$_1$	Ⅳ$_2$	Ⅴ$_1$	Ⅴ$_2$

3.3 信息化功能

成像解译法超前地质预报技术信息化功能主要包括:掌子面地质素描自动化报告,地质信息集成共享,地质异常预警处置,掌子面短距离超前地质预报,现场地质动态变更,掌子面地质后评估,隧道地质虚拟资产应用指导运营维护等。

3.3.1 掌子面地质素描自动化报告

根据掌子面填报参数及修正后的素描图及围岩等级,结合定制的报表模板,一键自动生成报表,仅需对其复核与确认即可。报表包含编号、施工围岩级别、地质风险等级、施工建议等。报表样式如图3-10所示。

掌子面地质素描报表

工程名称	×××隧道小里程方向	掌子面里程	DK68+888	填表日期	2018-08-18	编号	DK68+888
开挖方式	两台阶法	开挖部位	上台阶	图像填报时间	正常填报	图像质量	合格
循环进尺(m)	2	开挖宽度(m)	14.9	开挖高度(m)	7.35	开挖面积(m²)	65.3
岩石名称	泥岩夹砂岩	风化程度	弱风化	岩石单轴饱和抗压强度(MPa)	5~15(软岩)	岩石坚硬程度	软岩
结构面组数		结构面间距(m)		结构面宽度(mm)	1~3	结构面形态	部分张开
结构类型		结构面发育程度		结构面结合程度		地质构造影响程度	轻微
岩体完整性指标K_v		岩体完整程度	较完整	涌水量(L/min/10m)		地下状态	无水
埋深(m)	88	R_c/σ_{max}	>7	地应力状态	>7(一般地应力)		
毛开挖状态		随时间松弛掉块		掌子面状态		正面掉块	
设计围岩级别	Ⅳ	施工围岩级别	Ⅴ	规范判识	定性判识:Ⅳ	地质风险等级	黄色预警
现场图	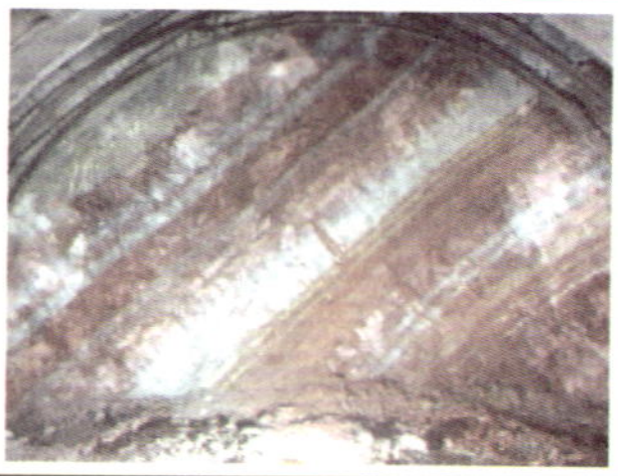			素描图	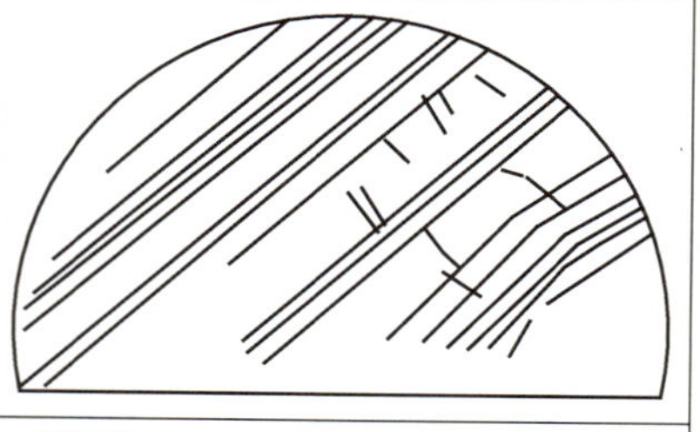		
掌子面描述				掌子面局部滴水,围岩节理一般发育			
施工建议				严格按照设计施工			

编制:×××　复核:×××　监理:×××

图3-10　掌子面地质素描自动化效果

3.3.2 地质信息集成共享

隧道掌子面地质信息系统 TK-FGIS 集数据填报、数据分析与报表工作网络一体化,相应的掌子面地质信息自动归集到数据库,结合给定的账号及密码,通过网络平台(www.tunnelkey.com)或手机 App(含苹果 IOS 及安卓 Android 两个版本),可快速了解隧道地质情况,含隧道勘察设计阶段的地勘资料,以及隧道施工阶段的超前地质预报及掌子面地质素描共计三阶段的地质成果,真正达到了对隧道地质信息了如指掌的效果,如图 3-11、图 3-12 所示。

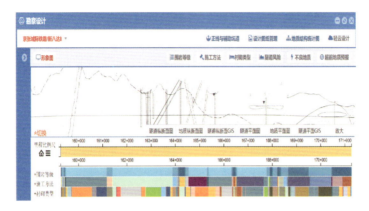

图 3-11 网络平台集成一体可视化展示掌子面地质信息

图 3-12 手机 APP 浏览掌子面地质信息

3.3.3 地质异常预警处置

当隧道开挖揭示的掌子面地质信息与设计地质不符时,需要判识变好或变坏程度,并进行红、黄、绿三色预警,预警标准见表 3-12。实时通过手机短信或手机 App 分级推送,使参建各方实时收到警情,并快速、有效处置,以实现"岩变我变"信息化施工目的。

掌子面地质信息预警标准　　　　　　　　　　　　　　　　　表 3-12

掌子面地质条件	预警条件	预警级别	预警处置措施
变好或一致	与勘察设计地质一致,或轻微变好	正常(绿色)	正常施工
	与勘察设计地质不一致,围岩普遍变好,围岩级别提升1级以上	预警二级(黄色)	反馈至各参建单位及时进行负变更
变差	与勘察设计地质一致或轻微变差	正常(绿色)	正常施工
	(1)与勘察设计地质不一致,围岩级别下降1级; (2)掌子面局部掉块、塌方、涌水	预警二级(黄色)	加强掌子面地质素描并及时反馈
	(1)与勘察设计地质严重不一致,围岩级别下降2级以上; (2)掌子面大面积掉块、塌方、涌水	预警一级(红色)	暂缓施工,加强地质预报综合研判,制定应急方案,后续施工时应加强掌子面地质素描并及时反馈

3.3.4　掌子面短距离超前地质预报

隧道开挖揭示地质突变的情况是很少的,一般有一个渐变过程,因此,对每一个开挖揭示的掌子面进行实时记录,根据当前掌子面后方连续几个掌子面的结构面产状分布,推测掌子面前方的地质发育情况,以实现短距离超前地质预报,如图 3-13、图 3-14 所示。

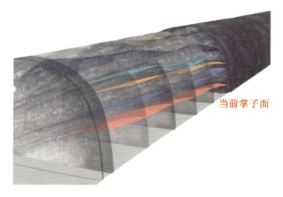 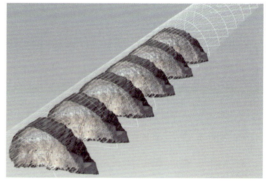

图 3-13　连续掌子面图像短距离超前地质预报　　　图 3-14　连续掌子面三维点云模型短距离超前地质预报

3.3.5　现场地质动态变更

当掌子面揭示的地质情况与设计不符时,应及时告知参建各方。设计单位可登录系统查看掌子面附近的地质情况(含地勘资料、预报资料及掌子面地质素描报告),特别是邻近掌子面的地质情况,判定设计参数是否适应地质变化,是否满足安全性与经济性要求,应及时决策以确保施工安全、快速、有序进行。

掌子面后方支护可能出现变形较大、开裂或塌方等事故,此时应根据掌子面自动素描形成的沿隧道里程的地质剖面图,分析事故段施工阶段的地质情况,便于快速形成针对性处置方案并处置,同时可为鉴定各方事故责任提供支持。

3.3.6 掌子面地质后评估

隧道开挖揭示的掌子面地质信息是最准确、最直观的,以此对勘察设计阶段地质、施工阶段超前预报地质进行后评估,统计不同预报方法在不同地质情况下的预报准确率,如图3-15所示。

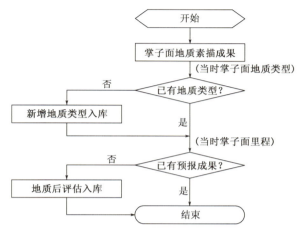

图 3-15 地质后评估的隧道超前地质预报准确率统计流程

随着数据不断累积,构建不同地质情况下各种预报方法的准确率数据库。在此基础上,对不同预报方法组合情况下的地质预报准确率进行统计与分析,通过数据不断迭代,重新生成新的规则,用于指导类似地质情况下预报方法的选择。

3.3.7 隧道地质虚拟资产应用指导运营维护

隧道开挖过程中每开挖一次实时记录一次,隧道贯通后就自动形成了沿隧道里程方向的若干地质剖面,从而形成了宝贵的虚拟资产(具有较高价值的第一手地质参考资料),可及时提供给运营单位。当隧道出现问题时,可实时查看隧道施工过程中的地质情况,避免二次勘探,大大地缩减了运维成本。

3.4 信息化平台

针对成像解译法超前地质预报技术,创建了 TK-FGIS 平台。平台包括参数填报界面、报表界面、统计界面、分析界面、地质后评估界面,以实现地质信息的智能化解译和应用。

TK-FGIS 系统需求分析如图 3-16 所示,包括以下内容:

(1)系统为开放的系统,支持外部接口 API,支持一键导入隧道三维地质重构模型至外部有限元分析软件中(如 FLAC、ANSYS 等)。

(2)系统核心功能是自动素描,含多图像立体重建、结构面自动识别、隧道地质三维重构、二维图像深度学习再识别及人工校核。

(3)为用户有更好的体验,支持其他参数填报、围岩自动分级及报表自动化功能。

(4)形象展示,含沿隧道里程方向的隧道开挖实景、掌子面图像、三维地质重构模型等切换展示。

（5）支持手机 App 或微信小程序进行快速查询、浏览。

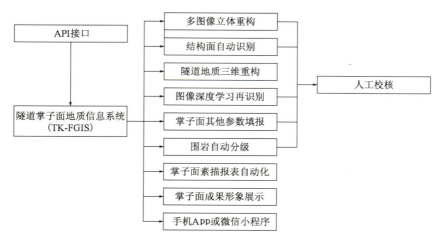

图 3-16　隧道掌子面地质信息系统 TK-FGIS 需求

采用 C＋＋语言作为开发环境，MongoDB 作为数据库，开发了 TK-FGIS 系统，主要相关界面如图 3-17～图 3-21 所示。

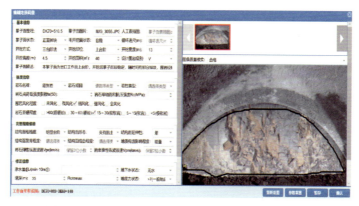

图 3-17　隧道掌子面地质信息系统 TK-FGIS 参数填报界面

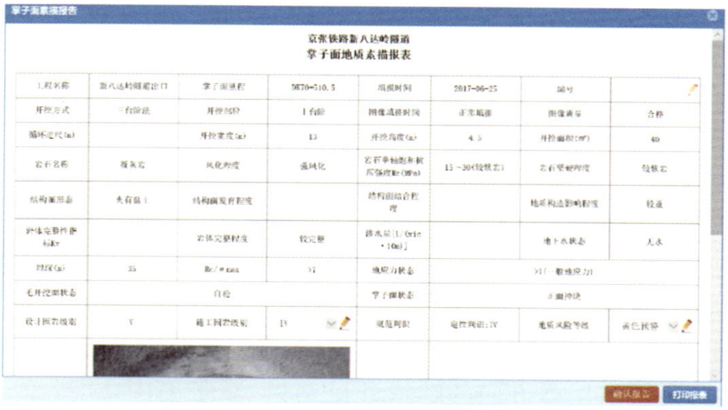

图 3-18　隧道掌子面地质信息系统 TK-FGIS 报表界面

第3章　成像解译法超前地质预报技术

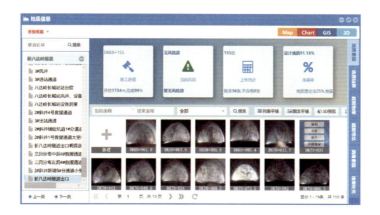

图 3-19　隧道掌子面地质信息系统 TK-FGIS 统计界面

图 3-20　隧道掌子面地质信息系统 TK-FGIS 分析界面

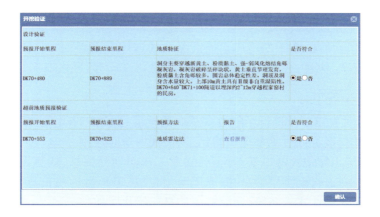

图 3-21　隧道掌子面地质信息系统 TK-FGIS 地质后评估界面

31

3.5 工程应用

3.5.1 相关制度保障

隧道掌子面地质信息系统 TK-FGIS 作为一种新的地质信息采集管理模式,必然对传统的掌子面人工地质素描工作造成冲击,需要参建各方积极协调与配合,共同推进科研创新工作的正常有序开展,相关参建各方工作图谱如图 3-22 所示。

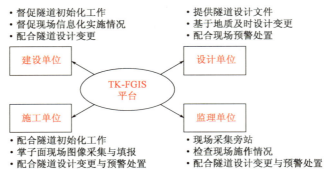

图 3-22　隧道掌子面地质信息系统 TK-FGIS 运行相关各方配合图谱

主要工作如下:

(1) 系统初始化工作、人员权限划分及账号分配、隧道勘察设计阶段信息初始化等。建设单位统筹落实,设计单位配合,施工单位根据设计文件统计,专业公司配合快速导入,完成初始化工作。

(2) 日常工作。施工单位安排专人按照规范要求及时进行掌子面图像拍摄并及时填报数据,施工单位隧道地质工程师进行复核,监理单位现场技术员进行确认;施工单位工程部部长或总工程师对异常地质(黄色或红色预警)进行及时有效处置。该项工作简单但重复性强,建设单位不定期检查与督促。

(3) 基于现场地质的动态变更工作。掌子面地质与设计地质不符时,施工单位或监理单位及时反馈至设计单位或建设单位,设计单位或建设单位及时核实掌子面地质情况(包含设计地质情况、预报地质情况、掌子面地质素描情况),通过综合判识,及时、快速、有效地处置不良地质,保证施工安全、快速、有序进行,真正达到信息化设计、信息化施工的目的。

3.5.2 系统初始化

2016 年 12 月,对参建单位进行了隧道掌子面地质信息系统 TK-FGIS 现场培训,主要涉及系统功能及操作介绍,接着进行了系统初始化,以便现场及时使用。

隧道信息初始化工作包含隧道基本信息、隧道工作面划分信息、隧道设计围岩级别信息、隧道施工方法信息、隧道衬砌类型信息、隧道风险信息、隧道不良地质信息等。施工单位根据设计文档进行统计,并快速导入系统,完成隧道信息初始化工作。

3.5.3 人员与设备配置

为保证隧道掌子面地质信息系统 TK-FGIS 工作正常展开,施工单位指定专人进行掌子面图像采集,负责实时上传掌子面图像相关数据,并指定隧道地质工程师进行复核,同时监理单位进行二次核实,以保证数据实时得到确认与报表查询。

隧道掌子面光线比较暗,为保证隧道掌子面地质信息系统 TK-FGIS 正常识别图像,需要提供高清图片,因此,应配置以下专业设备:

(1)一个工作面 1 台专用数码单反相机(像素大于 1600 万,需防水、防尘,若为瓦斯隧道,需防爆),不可另做他用。

(2)一个工作面 1 个专用相机三脚架。

(3)一个工作面配设不少于 2 个 LED 移动照明设备。

3.5.4 现场数据采集要求

因掌子面照相几乎不占用工时,一般 1～2min 完成,为保证掌子面地质连续性,要求每一开挖循环进行掌子面照相。照相时需满足以下要求,样板照片如图 3-23 所示。

图 3-23 掌子面照相样板照片

(1)照相时间:在放炮出渣完成后、架立拱架前的这段时间拍摄,以保证掌子面附近无遮挡物。

(2)照相光源:掌子面附近光线不足时,在掌子面两侧各放置 1 个移动照明设备,以保证掌子面光源充足且无阴影,使灯光均匀照在整个掌子面,不要集中照明,造成曝光过大。

(3)照相设置:为保证照相清晰度,需曝光一段时间。为防止照相时相机抖动,应把相机安设在三脚架上。

(4)相机参数设置应根据掌子面光线条件调整,建议采用快门优先,设置曝光时间为 8s 左右,ISO 设置应低于 400,降低照片噪点,然后根据曝光效果调整快门大小,避免曝光不足或者曝光过大。

(5)人站在掌子面中间距离掌子面一定距离,以镜头纳入掌子面开挖轮廓为宜,正面摄影。进行三维掌子面重构时,需要 3 张以上不同角度的掌子面照片,分别拍摄左侧、右侧、中间三个位置的掌子面照片。

(6)尽可能照全掌子面,若无法照全时,可分区域照射,提供小程序实现自动拼接。

(7)一段围岩需选作部分室内试验或炮孔波速测试,测试岩石强度指标。岩性变化较大时,需再次进行测试。

3.5.5 常见问题与改进

在隧道掌子面地质信息系统 TK-FGIS 应用过程中,存在掌子面图像不合格及拍摄时间掌控不好的问题,导致无法提供高清的掌子面图像,图像识别效果不佳,具体表现为:

(1)曝光时间短,照片不清晰,如图 3-24 所示。

(2)长时间曝光时,相机发生抖动,导致掌子面图像不清晰,如图 3-25 所示。

图 3-24　曝光时间不足导致图像不清晰图　　　　图 3-25　曝光时抖动导致掌子面图像不清晰

(3)照相没有完全覆盖整个掌子面,如图 3-26 所示。

(4)掌子面光线较暗,照片不清晰,如图 3-27 所示。

图 3-26　掌子面图像未覆盖整个掌子面图　　　　图 3-27　掌子面图像光线暗淡

(5)拍摄时间把控不好,灰尘浓度较大时掌子面图像不清晰,如图 3-28 所示。

为解决以上问题,根据实际情况采取以下改进措施:

(1)使用三脚架,增加曝光时间。

(2)使用投影灯,增加掌子面光照条件。

(3)定好相机位置,使照片能够覆盖整个掌子面。

(4)严格按照在放炮出渣完成后、架立拱架前的这段时间拍摄。

改进后效果照片如图 3-29 所示,满足隧道掌子面地质信息系统 TK-FGIS 对图像的要求。

图 3-28　灰尘浓度较大时掌子面图像不清晰　　　　图 3-29　改进后掌子面图像拍摄效果

3.5.6　系统填报与操作

根据分配的账号及密码登录官网 www.tunnelkey.com，进入智隧信息化平台。选择"地质信息"模块，如图 3-30 所示。双击进入"地质信息"模块，如图 3-31 所示。选择线路、隧道名称、工作面名称，点击"预报信息填报"，进入预报信息填报界面，如图 3-32 所示。此处可填报超前物探、地质钻探、地质素描、洞身素描、超前导坑、地质补充调查等地质信息，默认为掌子面地质素描填报。

图 3-30　地质信息模块

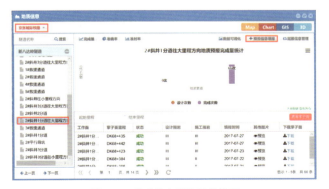

图 3-31　地质信息模块汇总界面

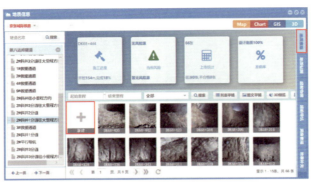

图 3-32　地质信息模块填报界面

点击"新建",可新增一条掌子面地质素描记录,并弹出新增界面,如图 3-33 所示。结合实际情况,按要求填报掌子面基本信息、强度信息、完整程度信息、修正信息(如地下水、地应力等)等,详见《地质信息帮助》文档。

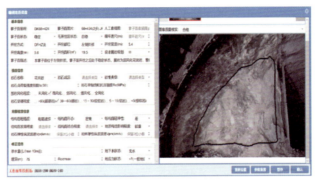

图 3-33　掌子面地质信息填报界面

3.6　设备集成开发

采集图像进行掌子面自动素描需要配置相机、脚架、Led 灯具、激光测距笔等工具(图 3-34)。图像采集时,需要摆放灯具,并移动相机进行多角度拍摄(图 3-35),过程烦琐,且现场不能实时出具素描报告,只能回驻地在系统上进行分析处理,时效性低。为改善以上问题,进行设备整合并系统集成,该集成简称 CameraPad(平板照相机)。

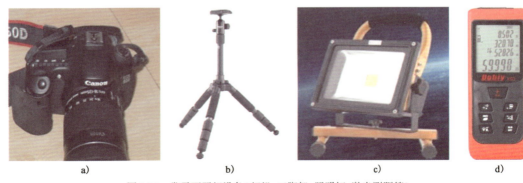

a)　　　　　　　　　　b)　　　　　　　　　　c)　　　　　　　　　　d)

图 3-34　掌子面照相设备(相机、三脚架、照明灯、激光测距笔)

a)　　　　　　　　　　　　　　b)

图 3-35　掌子面现场照相

3.6.1　CameraPad 模块功能

基于以上需求,按模块化思维进行设计,相关功能描述见表 3-13。

CameraPad 模块功能描述　　　　　　　　表 3-13

序号	模 块 名 称	对应功能描述
1	数据采集模块	(1) 有效像素≥2400W; (2) 可通过程序自动对焦; (3) 快门速度:1/4000 到 30s; (4) 曝光,白平衡等可利用程序自动调节
2	转动模块	(1) 水平旋转:360°; (2) 最大承受重量:2kg; (3) 转动精度:<1°; (4) 最高速度:水平 30°/s 以上
3	测距模块	(1) 测距控制在 20m 范围内; (2) 精度:1mm
4	照明模块	(1) 补光模块可通过手动方式改变照射角度; (2) 灯光的开关、亮度由控制板控制; (3) 灯光设计时务必考虑到散热问题; (4) 设备离掌子面距离 2~10m,需要均匀照亮掌子面范围(约 15m×15m)
5	控制模块	(1) 设备内部所有模块都集成在控制板进行控制; (2) 外部设备(PC,移动设备)远程(5G WIFI)进行控制以及数据传输
6	续航	(1) 正常工作 2h 以上,其中需要补光时间约 20min; (2) 待机时长大于 12h,使用可拆卸成品电池,可参考全站仪/相机电池方案
7	其他传感器	集成电子罗盘、环境光感应、陀螺仪/重力感应等传感器
8	外观与结构	(1) 3.5 寸液晶显示屏; (2) 补光灯建议采用外接套件,掀盖折叠、背部弹出等方式整合; (3) 设备体积控制在 18cm×12cm×8cm,最大不得超过 22cm×16cm×10cm
9	其他要求	(1) 设备自检电路; (2) 设备防护等级需要达到 IP65 级别,防水雾、尘污干扰; (3) 工作温度 -5~40℃

3.6.2 CameraPad 设备整型一体化

根据模块功能描述进行设备整合设计,硬件设备架构如图 3-36 所示。整合后的设备原型如图 3-37 所示。

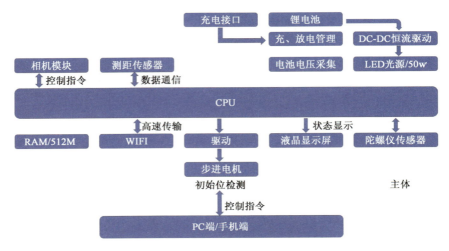

图 3-36 设备整型架构

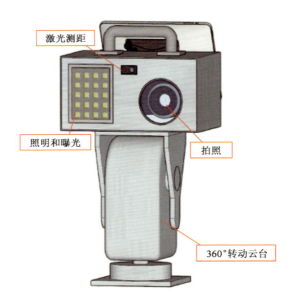

图 3-37 设备整型后 CameraPad 原型

3.6.3 CameraPad 控制系统

为解决出洞至驻地进行系统填报、分析并出具报表等时效性差的问题,将隧道掌子面地质信息系统 TK-FGIS 单机版化,预安装至 CameraPad 中,成为控制系统的重要组成部分。一方面现场控制设备进行多角度掌子面照相,另一方面现场进行掌子面自动素描并生成报表。若洞内有网络接入,可自动上传至网络平台,如铁路工程管理平台,减轻二次录入问题。若洞内无网络,则出洞后自动上传到网络平台。相关界面如图 3-38~图 3-43 所示。

图 3-38 CameraPad 控制系统登录界面

图 3-39 CameraPad 控制系统控制设备自动多角度拍摄图像界面

图 3-40 CameraPad 控制系统单掌子面三维点云重建界面

图 3-41　CameraPad 控制系统多掌子面三维点云浏览界面

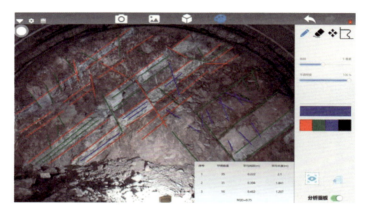

图 3-42　CameraPad 控制系统掌子面自动素描界面

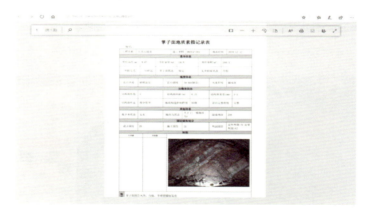

图 3-43　CameraPad 控制系统掌子面自动报表界面

第4章
超大断面隧道"承载拱"理论和支护结构设计

新奥法是目前我国隧道工程设计与施工所采用的主要方法之一,其核心是以喷射混凝土、锚杆作为初期支护与围岩共同承受隧道开挖后的应力,同时,施工中根据围岩监控量测结果及时调整支护参数和工程措施,以确保施工安全。挪威法是在新奥法的基础上,结合较好的地质条件,有效地利用围岩的自支护能力,取消了二次衬砌。20世纪80年代初,意大利Pietro Lunardi教授将隧道开挖过程中的变形效应通过三维空间进行分析,并辅以大量的理论研究和工程实践,提出了岩土工程控制变形施工工法(ADECO-RS),即新意法。我国学者在隧道设计方面也提出了大量的理论,如"轴变论"、联合支护理论、锚喷弧板支护理论、松动圈理论、主次承载区支护理论、软弱围岩工程力学支护理论等,但应用情况均不理想,具有一定的局限性。综合而言,目前隧道支护结构仍采用定性化经验法进行设计,这种设计方法是建立在大量的工程案例基础上,隧道跨度一般都小于20m,超大断面隧道工程案例较少。

京张高铁八达岭地下车站大跨过渡段隧道,最大开挖跨度32.7m,开挖断面面积494.4m²,是目前世界上开挖跨度和开挖断面面积最大的交通隧道,无类似工程经验可以借鉴,若按照传统设计理念,需要采取加强初期支护结构的方法进行设计,如提高喷射混凝土强度、增加喷射混凝土厚度、加大钢架型号、采用双层支护等,这种设计方法需要进一步加大隧道开挖断面面积,增加了工程风险;同时,支护工程量加大,质量控制困难,支护效果也越难以保证。因此,依托八达岭地下车站大跨段隧道,首次提出了隧道围岩"承载拱"理论和计算方法,并基于该理论,建立了超大断面隧道采用以"一喷双锚"为主要支护结构体系的设计方法。经工程实践,大跨段隧道拱顶最大累计沉降值仅为19.0mm,相对下沉量仅为0.1‰,完全能够满足工程的安全要求,也证明了该设计方法的正确性。

4.1 隧道开挖跨度分级

随着地下空间的开发与利用,为满足使用功能,越来越多的大跨度、大断面地下工程开始修建,特别是水电站地下厂房、轨道交通地下车站,以及多线铁路车站隧道工程等。由于隧道开挖跨度与工程的使用功能和修建技术水平有关,因此,目前各行业对于隧道开挖跨度和断面面积还没有形成统一的分级标准。

《铁路隧道设计规范》(TB 10003—2016)明确了铁路隧道跨度分级(表4-1),将开挖跨度大于14m、开挖断面面积大于140m²的隧道定义为特大跨度隧道,但对于超大跨度隧道并没有明确。一般情况下,三线铁路车站隧道最小开挖跨度将达到18m,设置单侧6m站台后将达到23m;四线铁路车站隧道跨度将达到24m,设置10m岛式或双侧6m侧式站台后最小开挖跨度将达到32m。

铁路隧道跨度分级   表4-1

跨度分级	小跨度	中等跨度	大跨度	特大跨度
开挖跨度(m)	5~8.5	8.5~12	12~14	>14
开挖断面面积(m²)	30~70	70~110	110~140	>140
适用范围	辅助坑道,120~160km/h单线隧道	120km/h双线隧道,200~350km/h单线隧道	160~200km/h双线隧道	250~350km/h双线隧道,三线及以上车站隧道

《公路隧道设计细则》(JTG/T D70—2010)明确了公路隧道跨度分类(表4-2),将开挖跨度大于18m的隧道定义为特大跨度隧道,也没有明确超大跨度隧道。一般情况下,四车道高速公路隧道最小开挖跨度将达到20m,六车道高速公路隧道最小开挖跨度将达到27m。

公路隧道跨度分级   表4-2

跨度分级	小跨度	中等跨度	大跨度	特大跨度
开挖跨度(m)	<9	9~14	14~18	≥18
适用范围	单车道公路隧道,服务隧道,人行横洞及车行横洞	双车道公路隧道,单车道公路隧道的错车带	三车道公路隧道,双车道公路隧道的紧急停车带	四车道公路隧道(单洞),连拱隧道

水电行业地下厂房洞室跨度一般较大,《水电站地下厂房设计导则》(Q/HYDROCHINA 009—2012)认为跨度大于20m的地下洞室为大跨度地下洞室。

综合各行业分级标准,均未定义超大跨度隧道,这主要是由于规范中规定的都是相对常用的跨度,超大跨度隧道属于特殊情况下使用的隧道,因此,可将三线及以上铁路车站隧道(不含站台)和四车道及以上高速公路隧道,即开挖跨度大于18m的隧道定义为超大跨度或超大断面隧道。

4.2 基于传统方法的超大断面隧道支护结构设计

传统的隧道设计方法是将围岩作为荷载,将二次衬砌作为结构,采用荷载结构模型对支护结构进行设计。

4.2.1 结构荷载确定方法

隧道荷载的确定方法主要有经验公式法和数值模拟法。

1)经验公式法

目前铁路隧道设计规范采用塌落拱理论,围岩压力按松散压力考虑,垂直压力按下式计算。

$$q = \gamma \cdot h \tag{4-1}$$

$$h = 0.45 \times 2^{s-1} \cdot \omega \tag{4-2}$$

$$\omega = 1 + i(B - 5) \tag{4-3}$$

式中：q——垂直压力（kPa）；

γ——围岩重度（kN/m³）；

h——塌落拱高度（m）；

s——围岩级别；

ω——隧道宽度影响系数；

B——隧道宽度（m）；

i——隧道宽度每增减 1m 时的围岩压力增减率，当 $B \leqslant 5m$ 时取 0.2，当 $B > 5m$ 时取 0.1。

水平匀布压力按表 4-3 确定。

围岩水平匀布压力　　　　　　表 4-3

围岩级别	Ⅰ、Ⅱ	Ⅲ	Ⅳ	Ⅴ	Ⅵ
水平匀布压力	0	<0.15q	(0.15~0.30)q	(0.30~0.50)q	(0.50~1.00)q

采用上述公式计算京张高铁八达岭地下车站大跨过渡段隧道的荷载见表 4-4。

塌落拱高度规范公式计算值　　　　　　表 4-4

围岩级别	隧道宽度（m）	i	ω	塌落拱高度（m）
Ⅲ	32.7	0.1	3.77	6.79
Ⅳ	32.7	0.1	3.77	13.57
Ⅴ	32.7	0.1	3.77	27.14

2）数值模拟法

根据八达岭地下车站大跨段隧道的开挖跨度和断面面积，采用有限差分程序 FLAC，建立三维数值计算模型，如图 4-1 所示。模拟隧道施工过程，分析隧道开挖后围岩的应力状态、变形及塑性区分布，如图 4-2 ~ 图 4-4 所示。

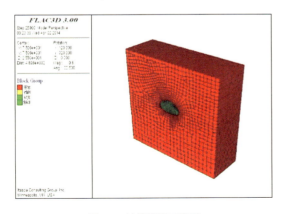

图 4-1　计算模型三维图

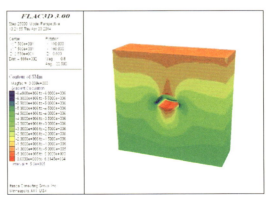

图 4-2　隧道开挖后围岩应力状态

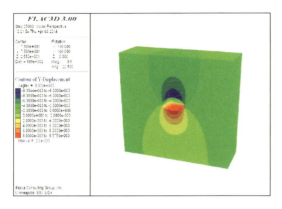 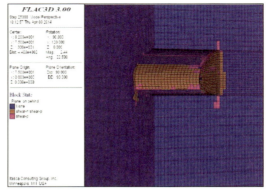

图 4-3 隧道开挖后围岩的变形　　　　　　　图 4-4 隧道开挖后围岩塑性区分布

通过数值模拟计算,可以得到大跨段不同围岩级别的变形、受力以及塑性区分布、围岩荷载,见表 4-5、表 4-6。

大跨段不同围岩级别的变形和受力　　表 4-5

围岩级别	拱顶沉降变形值（mm）	隧底隆起变形值（mm）	边墙水平变形值（mm）	最大压应力（MPa）	最大拉应力（MPa）
III_a	2.8	3.1	-0.6	7.34	0.37
III_b	4.3	4.6	-0.3	7.26	0.48
III_c	9.1	9.6	-0.6	6.50	0.40
IV_a	17.2	17.1	2.9	4.72	0.50
IV_b	94.1	60.2	44.2	4.76	0.86
V	不收敛	不收敛	不收敛	4.73	0.02

注:边墙水平变形正值表示围岩发生指向临空面方向变形,负值表示围岩发生指向围岩方向的变形。

大跨段不同围岩级别的塑性区分布规律、塌落拱高度和围岩荷载　　表 4-6

围岩级别	塑性区分布	塌落拱高度（m）	围岩荷载（kPa）
III_a	局部掉块	0	0
III_b	拱顶出现 1~2m 的塑性区,隧底出现 2~3m 的塑性区,边墙出现 1~2m 的塑性区	1~2	24~48
III_c	拱顶出现 3~4m 的塑性区,隧底出现 5~6m 的塑性区,边墙出现 2~3m 的塑性区,掌子面出现 3~5m 深的弧形塑性区	3~4	69~92
IV_a	拱顶出现 6~8m 的塑性区,隧底出现 8~9m 的塑性区,边墙出现 4~5m 的塑性区,掌子面出现 8~10m 深的弧形塑性区	6~8	129~172
IV_b	拱顶出现 20~30m 的塑性区,隧底出现 30~40m 的塑性区,边墙出现 10~12m 的塑性区	20~30	400~600
V	围岩持续变形,塑性区直至地面	30~90	555~1665

3)对比分析

对比经验公式和数值模拟两种方法所确定的围岩塌落拱高度,见表 4-7。当围岩较好时,经验公式法确定的塌落拱高度大于数值模拟法;而当围岩较差时,经验公式法确定的塌落拱高度小于数值模拟法。由于经验公式法是基于20世纪我国调查统计的塌方样本得到的,而这些塌方样本大多发生在我国20世纪建设的单线隧道和双线隧道中,其跨度一般小于14m。因此,大跨段结构荷载采用数值模拟法计算结果,见表4-8。

大跨段不同计算方法隧道围岩塌落拱高度对比表　　　　　表4-7

围岩级别	塌落拱高度(m)	
	经验公式法	数值模拟法
Ⅲ	6.79	0~4
Ⅳ	13.57	6~30
Ⅴ	27.14	30~90

大跨段各级围岩计算荷载　　　　　表4-8

围岩级别	塌落拱高度(m)	竖直荷载(kPa)	水平荷载(kPa)
Ⅲ$_a$	2	48	4.8
Ⅲ$_b$	4	92	13.8
Ⅳ$_a$	8	172	40
Ⅳ$_b$	30	600	180
Ⅴ	90	1800	720

4.2.2 支护结构设计

采用传统的隧道设计方法对锚杆、喷射混凝土等初期支护进行设计,二次衬砌采用荷载结构模型进行计算。二次衬砌的荷载分担比例按表4-9确定。

二次衬砌荷载分担比例　　　　　表4-9

围岩级别	二次衬砌荷载分担比例
Ⅲ	30%
Ⅳ	50%
Ⅴ	70%

确定二次衬砌荷载后,建立荷载结构模型,如图4-5所示。计算二次衬砌结构的各种荷载组合下的弯矩、剪力、轴力。Ⅴ级围岩二次衬砌弯矩、剪力、轴力如图4-6~图4-8所示。

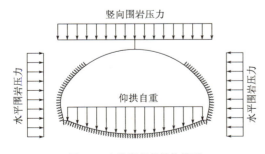

图4-5　大跨段荷载结构模型

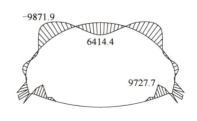

图4-6　Ⅴ级围岩二次衬砌弯矩图(单位:kN·m)

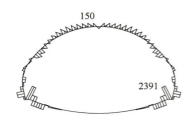
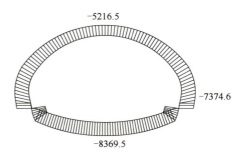

图 4-7　Ⅴ级围岩二次衬砌剪力图（单位:kN）　　　图 4-8　Ⅴ级围岩二次衬砌轴力图（单位:kN）

根据二次衬砌结构的弯矩、轴力,对二次衬砌结构进行配筋计算,见表 4-10。

大跨段二次衬砌内力提取及配筋计算　　　　　　　表 4-10

围岩级别	位置	截面尺寸（cm）	弯矩（kN·m）	轴力（kN）	计算配筋	实际配筋	裂缝宽度（mm）
Ⅲ$_a$	拱顶	50	112.7	-895.9	5φ18	22@200	0.06
	拱腰	50	-95.1	-1053	5φ18	22@200	0.06
	拱脚	60	203.5	-804.4	5φ18	22@200	0.12
Ⅲ$_b$	拱顶	50	206	-1547	5φ18	22@200	0.12
	拱腰	50	-172.7	-1825	5φ2	22@200	0.11
	拱脚	60	408.9	-1526	5φ18	22@200	0.24
Ⅳ$_a$	拱顶	55	417	-2743	5φ22	25@200	0.18
	拱腰	55	-348.7	-3233	5φ22	25@200	0.17
	拱脚	65	796.7	-2861	5φ22	25@100	0.13
Ⅳ$_b$	拱顶	60	1484	-9084	23φ32	超筋	
	拱腰	60	-1230	-10670	26φ32		
	拱脚	70	2767	-9833	42φ32		
Ⅴ	拱顶	200	6414.40	-7374.60	27φ32	超筋	
	拱腰	200	-9871.91	-8369.46	31φ32		
	拱脚	200	-9727.74	-5216.51	37φ32		

计算结果表明,对于 32.7m 的大跨隧道,Ⅳ$_b$ 级、Ⅴ级围岩二次衬砌结构计算配筋过大,结构受力不合理。特别是Ⅴ级围岩地段,即使二次衬砌厚度达到 2m,配筋也无法满足强度要求。可见,大跨度隧道采用传统的荷载结构计算方法设计出的二次衬砌结构不合理,无法满足稳定性要求。

4.3　隧道围岩"承载拱"理论和计算方法

新奥法、挪威法、新意法都认识到了围岩的自承载力,并提出了利用围岩自承载力的思想,但在具体的支护参数设计中,如何利用围岩的自承载力,都没有方法。这些支护理论还是主要依靠经验法或者围岩的变形监测,尤其是新奥法,将围岩监控量测作为支护结构动态设计的主要依据。

对于超大跨度(超大断面)隧道而言,围岩的变形具有一定的突变性,根据围岩变形监控量测动态调整支护参数的设计方法具有很强的灵活性和经济性,在煤矿巷道和水电地下厂房中得到了应用,但高速铁路隧道安全性和可靠性的要求很高,一旦出现变形增大,再增加支护措施的难度和成本将十分巨大,因此,需要研究新的设计理念和设计方法。

4.3.1 隧道围岩"承载拱"原理

围岩中的拱效应是隧道及地下工程区别于其他工程结构的主要特点。围岩中拱效应的产生与拱结构不一样,拱结构是拱形结构在荷载作用下即发挥能力承受压力。围岩的"承载拱"是随着开挖过程不断变化的,这是围岩自我调节的结果。隧道开挖后,洞壁岩体失去了原有岩体的支撑,破坏了原有的受力平衡状态和荷载传递路径,在重力和初始应力场的作用下,围岩发生新的变形,应力、应变和能量进行自发调整,并最终达到一个新的平衡状态,此时,由于围岩中各处变形的不均匀性,隧道周边一定范围内的围岩中将产生类似于拱结构切向压紧的作用,这就是隧道围岩"承载拱"效应。

隧道围岩"承载拱"的形成,改变了围岩中原有的荷载传递状态,能够把作用于拱体上方及拱体内部的压力传递到拱脚及周围稳定介质中去,并充分发挥岩土体材料良好的受压性能。

4.3.2 隧道围岩"承载拱"合理拱轴线形状

如图4-9所示,假设隧道围岩"承载拱"断面为三铰拱,竖向荷载为q,水平荷载为$k \cdot q$,k为水平应力与竖直应力之比。取拱顶O为原点,拱高为H,拱跨为L,$P(x,y)$为左半拱上任意一点,取OP为脱离体,假定承载拱为合理拱轴线,则OP上各力对于点P的力矩和为0,可得方程:

$$q \cdot x \cdot \frac{x}{2} + k \cdot q \cdot y \cdot \frac{y}{2} + R \cdot 0 + R_0 \cdot y = 0 \tag{4-4}$$

式中:R——任意一点P点的拱轴力;
R_0——顶点O点的拱轴力。
化简得:

$$\frac{x^2}{\left(\dfrac{R_0}{\sqrt{k \cdot q}}\right)^2} + \frac{\left(y - \dfrac{R_0}{k \cdot q}\right)^2}{\left(\dfrac{R_0}{k \cdot q}\right)^2} = 1 \tag{4-5}$$

从以上公式可以看出,在竖向荷载、水平荷载下,承载拱的合理拱轴线为椭圆。椭圆水平轴半径$a = \dfrac{R_0}{\sqrt{k \cdot q}}$、竖直轴半径$b = \dfrac{R_0}{k \cdot q}$,水平轴与竖直轴之比为$\sqrt{k}$。

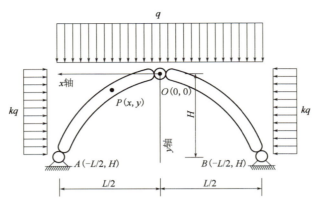

图 4-9 三铰拱受力模型

如图 4-10 所示,取拱脚 A 与拱顶 O 间的左半拱为脱离体,则拱上各力相对于点 A 的力矩和为 0,可得方程:

$$R_0 \cdot H - k \cdot q \cdot H \cdot \frac{H}{2} - q \cdot \frac{L}{2} \cdot \frac{L}{4} = 0 \tag{4-6}$$

计算得:

$$R_0 = \frac{q\left(\frac{k}{2} \cdot H^2 + \frac{L^2}{8}\right)}{H} \tag{4-7}$$

由竖直向力平衡得:

$$R_{AV} = q \cdot \frac{L}{2} \tag{4-8}$$

由水平向力平衡得:

$$R_{AH} = R_0 - k \cdot q \cdot H = \frac{q\left(\frac{L^2}{8} - \frac{k}{2} \cdot H^2\right)}{H} \tag{4-9}$$

如图 4-11 所示,对于 OP 脱离体,由水平和竖直向力的平衡得:

$$R = \sqrt{R_x^2 + R_y^2} \tag{4-10}$$

$$R_x = R_0 - k \cdot q \cdot y = \frac{q\left(\frac{k}{2} \cdot H^2 + \frac{L^2}{8}\right)}{H} - k \cdot q \cdot y \tag{4-11}$$

$$R_y = q \cdot x \tag{4-12}$$

计算得:

$$R = \sqrt{\left[\frac{q\left(\frac{k}{2} \cdot H^2 + \frac{L^2}{8}\right)}{H} - k \cdot q \cdot y\right]^2 + (q \cdot x)^2} \tag{4-13}$$

边墙拱轴力为:

$$R_{\text{边墙}} = \sqrt{\left(\frac{qL^2}{8H} - \frac{kqH}{2}\right)^2 + \left(\frac{qL}{2}\right)^2} \tag{4-14}$$

拱顶拱轴力为：

$$R_{拱顶} = \frac{kqH}{2} + \frac{qL^2}{8H} \quad (4-15)$$

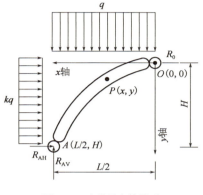

图 4-10 半拱脱离体模型

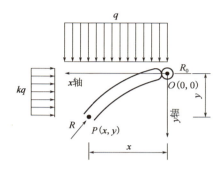

图 4-11 局部脱离体模型

4.3.3 隧道围岩"承载拱"形状

根据前面证明，隧道围岩"承载拱"为椭圆，因此可以进一步确定垂直隧道轴向平面内的竖向应力和水平应力，然后根据其比值确定椭圆"承载拱"形状。

当椭圆短轴方向与开挖断面一致时，"承载拱"的拱轴力最小，此时所形成的椭圆包络的面积最小；当椭圆顶部与开挖断面顶部相切时，该承载拱拱轴力最大，此时该椭圆包络的面积最大；当椭圆切开挖断面其他部位时，其拱轴力介于以上两者之间，其包络面积也介于以上两者之间。

竖向应力大时，"承载拱"为一竖向椭圆，其最大轴力出现在拱脚；水平应力大时，"承载拱"为一横向椭圆，最大应力出现在拱顶。如图 4-12 所示。

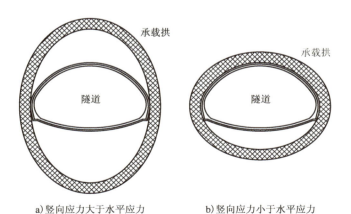

a) 竖向应力大于水平应力　　b) 竖向应力小于水平应力

图 4-12 不同应力场作用下的最优"承载拱"形状

综上所述，确定了椭圆长短轴之比后，最经济的"承载拱"应为包络开挖断面的最小椭圆。对于八达岭地下车站大跨段隧道，根据现场地应力测试结果，隧道开挖前围岩的竖直向应力为2.07~3.29MPa,平均值为2.57MPa;水平向应力为3.82~4.99MPa,平均值为4.46MPa。水平主应力大于竖直向主应力,侧压力系数为1.7,因此,大跨段隧道合理拱轴线应为一个平躺的椭圆,椭圆的水平轴长为16.35m,竖直轴长为12.54m,椭圆方程为:

$$\frac{x^2}{16.35^2} + \frac{(y-12.54)^2}{12.54^2} = 1 \tag{4-16}$$

通过上述计算可知,拟合出的包络椭圆与设计断面吻合度较好,如图4-13所示。

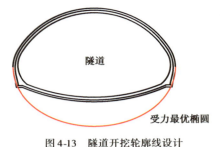

图4-13 隧道开挖轮廓线设计

4.3.4 隧道围岩"承载拱"厚度

根据"承载拱"拱顶、边墙处的拱轴力$R_{拱顶}$、$R_{边墙}$以及围岩抗压强度σ_c,可计算拱顶最小"承载拱"厚度$d_{拱顶}$为:

$$d_{拱顶} = \frac{R_{拱顶}}{\sigma_c} = \frac{kqH}{2\sigma_c} + \frac{qL^2}{8H\sigma_c} \tag{4-17}$$

隧道两侧边墙最小"承载拱"厚度$d_{边墙}$为:

$$d_{边墙} = \frac{R_{边墙}}{\sigma_c} = \frac{\sqrt{\left(\frac{qL^2}{8H} - \frac{kqH}{2}\right)^2 + \left(\frac{qL}{2}\right)^2}}{\sigma_c} \tag{4-18}$$

围岩"承载拱"厚度主要受岩体强度、隧道开挖跨度、支护措施提供的支护反力等因素影响。

八达岭地下车站大跨段隧道最大开挖跨度为32.7m、开挖高度为19.5m、覆盖层厚度为87.4m。结合现场地应力测试结果,采用以上公式,可得到大跨段不同围岩强度所需要的最小"承载拱"厚度,如表4-11和图4-14所示。

大跨段不同围岩强度所需要的最小"承载拱"厚度　　　表4-11

围岩强度（MPa）	拱顶"承载拱"厚度（m）	边墙"承载拱"厚度（m）	围岩强度（MPa）	拱顶"承载拱"厚度（m）	边墙"承载拱"厚度（m）
1	54.79	49.45	35	1.57	1.41
2	27.40	24.73	40	1.37	1.24
3	18.26	16.48	45	1.22	1.10
4	13.70	12.36	50	1.10	0.99
5	10.96	9.89	55	1.00	0.90
10	5.48	4.95	60	0.91	0.82
15	3.65	3.30	65	0.84	0.76
20	2.74	2.47	70	0.78	0.71
25	2.19	1.98	75	0.73	0.66
30	1.83	1.65	80	0.68	0.62

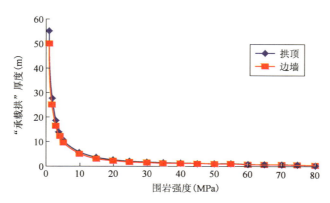

图 4-14　大跨段围岩强度与"承载拱"厚度之间的关系

从以上计算结果可以看出：当围岩强度小于 5MPa 时，大跨段拱顶所需要的最小"承载拱"厚度大于 10m。随着围岩强度提高，承载拱厚度逐渐减小。当围岩强度达到 10MPa 时，所需要的最小"承载拱"厚度为 4.95～5.48m。当围岩强度达到 20MPa 时，所需要的最小"承载拱"厚度为 2.47～2.74m。

根据《铁路隧道设计规范》(TB 10003—2016) 各级围岩的物理力学指标，可以估算出围岩的单轴抗压强度，见表 4-12，因此可计算得到各级围岩的"承载拱"厚度，见表 4-13。

各级围岩物理力学指标　　　　　　　　　　　　　　　　　　　　　　表 4-12

围岩级别	重度 (kN/m^3)	弹性反力系数 (MPa/m)	变形模量 (GPa)	泊 松 比	内摩擦角 (°)	黏聚力 (MPa)	计算摩擦角 (°)	围岩单轴抗压强度 (MPa)
Ⅰ	26～28	1800～2800	>33	<0.20	>60	>2.1	>78	>15.67
Ⅱ	25～27	1200～1800	20～33	0.20～0.25	50～60	1.5～2.1	70～78	8.24～15.67
Ⅲ	23～25	500～1200	6～20	0.25～0.30	39～50	0.7～1.5	60～70	2.94～8.24
Ⅳ	20～23	200～500	1.3～6	0.3～0.35	27～39	0.2～0.7	50～60	0.65～2.94
Ⅴ	17～20	100～200	1～2	0.35～0.45	20～27	0.05～0.2	40～50	0.14～0.65
Ⅵ	15～17	<100	<1	0.40～0.50	<22	<0.1	30～40	<0.30

大跨段各级围岩无支护时所需要的最小"承载拱"厚度　　　　　　　　　表 4-13

围岩级别	围岩单轴抗压强度(MPa)	拱顶"承载拱"厚度(m)	边墙"承载拱"厚度(m)
Ⅰ	>15.67	<3.50	<3.15
Ⅱ	8.24～15.67	3.50～6.65	3.15～6.00
Ⅲ	2.94～8.24	6.65～18.67	6.00～16.85
Ⅳ	0.65～2.94	18.67～83.94	16.85～75.76
Ⅴ	0.14～0.65	83.94～383.67	75.76～346.27
Ⅵ	<0.30	>182.65	>164.84

计算结果表明：Ⅰ级围岩"承载拱"厚度一般小于 3.5m，Ⅱ级围岩"承载拱"最小厚度为 3m，Ⅲ级围岩"承载拱"最小厚度为 6m，Ⅳ级围岩"承载拱"最小厚度为 16m，Ⅴ级围岩"承载拱"最小厚度为 75m。由此可见，Ⅰ级、Ⅱ级和部分Ⅲ级围岩，利用围岩自身的"承载拱"即可

保持稳定,而Ⅳ级、Ⅴ级围岩需要采用支护措施以提高围岩的抗压强度,从而得到合理的"承载拱"厚度。

对于大跨度隧道而言,由于跨度大,同一个断面不同位置围岩级别会存在较大差异,因此同一个断面不同部位"承载拱"厚度会随着围岩级别的差异而调整,如图4-15所示。

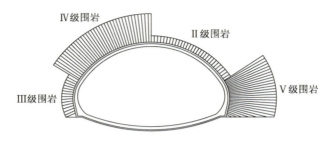

图4-15 "承载拱"厚度随围岩级别调整示意图

4.4 基于隧道围岩"承载拱"理论的支护结构设计

隧道围岩"承载拱"理论基本原理是将隧道周边一定范围内的围岩圈作为一个拱形结构进行强度、刚度和稳定性计算,从而对预应力锚杆、预应力锚索、喷射混凝土和二次衬砌等支护结构进行设计。

隧道围岩"承载拱"形状根据初始地应力场及隧道建筑限界确定,"承载拱"厚度根据围岩所承受的拱轴力及围岩自身的强度确定。

基于隧道围岩"承载拱"理论的支护结构设计流程如图4-16所示。首先确定"承载拱"厚度、预应力锚杆参数,然后确定喷射混凝土、预应力锚索参数,最后确定二次衬砌等其他支护结构参数。

4.4.1 预应力锚杆设计

预应力锚杆的作用是通过锚杆的锚固力挤密围岩,形成隧道围岩"承载拱",如图4-17所示。

1)设计原则

当仅考虑采用预应力锚杆支护时,Ⅱ级、Ⅲ级围岩安全系数应≥1,Ⅳ级围岩安全系数应≥0.4,Ⅴ级围岩安全系数应≥0.2,并以此确定"承载拱"厚度。

2)设计方法

假设锚杆长度为L_b,其中自由端为L_1,锚固段为L_2,则有$L_b = L_1 + L_2$。

锚杆形成的加固圈厚度,即"承载拱"厚度为:

$$d_b = L_1 - 0.5 \frac{r + L_1}{r} s_1 - 0.5 s_1 \tag{4-19}$$

式中:d_b——"承载拱"厚度(m);

　　　r——洞壁曲率半径(m);

　　　s_1——锚杆环向间距(m)。

第4章 超大断面隧道"承载拱"理论和支护结构设计

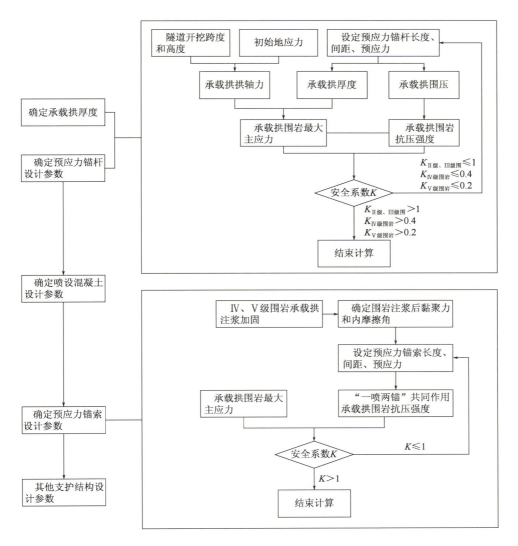

图 4-16 基于隧道围岩"承载拱"理论的支护结构设计流程

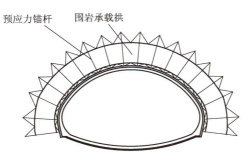

图 4-17 预应力锚杆"承载拱"加固范围

根据隧道开挖跨度和高度,以及初始地应力值,可以得到"承载拱"拱轴力,因此可计算出"承载拱"内岩体的主应力为:

$$\sigma_{\text{边墙}} = \frac{\sqrt{\left(\frac{qL^2}{8H} - \frac{kqH}{2}\right)^2 + \left(\frac{qL}{2}\right)^2}}{d_b} \quad (4\text{-}20)$$

$$\sigma_{\text{拱顶}} = \frac{4kqH^2 + qL^2}{8d_b H} \quad (4\text{-}21)$$

"承载拱"内围岩的应力均应小于围岩的抗压强度$[\sigma_c]$，即满足下式：

$$\sigma_{\text{边墙}} = \frac{\sqrt{\left(\frac{qL^2}{8H} - \frac{kqH}{2}\right)^2 + \left(\frac{qL}{2}\right)^2}}{d_b} < [\sigma_c] \quad (4\text{-}22)$$

$$\sigma_{\text{拱顶}} = \frac{4kqH^2 + qL^2}{8d_b H} < [\sigma_c] \quad (4\text{-}23)$$

则安全系数为：

$$K_{\text{边墙}} = \frac{d_b \cdot [\sigma_c]}{\sqrt{\left(\frac{qL^2}{8H} - \frac{kqH}{2}\right)^2 + \left(\frac{qL}{2}\right)^2}} \quad (4\text{-}24)$$

$$K_{\text{拱顶}} = \frac{8d_b H \cdot [\sigma_c]}{4kqH^2 + qL^2} \quad (4\text{-}25)$$

当不满足上述公式时，则应调整锚杆的长度和间距。

采用预应力锚杆，锚杆预应力作用在洞壁上，相当于给围岩提供围压σ_3，使"承载拱"内的围岩从单向受压状态转化为三向受压状态，从而提高"承载拱"内围岩的抗压强度$[\sigma_c]$。

假设锚杆预应力为F_b，锚杆的环向、纵向间距分别为s_1、s_2，则锚杆支护力为：

$$P_b = \frac{F_b}{s_1 \cdot s_2} \quad (4\text{-}26)$$

"承载拱"内围岩的抗压强度为：

$$[\sigma_c] = P_b \cdot \tan^2\left(45° + \frac{\varphi}{2}\right) + 2C \cdot \tan\left(45° + \frac{\varphi}{2}\right) \quad (4\text{-}27)$$

3）工程应用

京张高铁八达岭地下车站大跨段隧道预应力锚杆杆体采用Q420、37MnSi钢管轧制而成，外径32mm，壁厚6mm。根据《钢结构设计规范》(GB 50017—2014)，锚杆杆体抗拉和抗压强度设计值为355MPa，抗剪强度设计值为205MPa。

采用以上公式计算八达岭地下车站大跨段隧道预应力锚杆设计参数，见表4-14。

八达岭地下车站大跨段预应力锚杆设计参数　　　　表4-14

	围岩级别	Ⅱ	Ⅲ	Ⅳ	Ⅴ
φ32 预应力锚杆（张拉设计值100kN）	锚固段长度(m)	涨壳锚固头		φ22 HRB400 钢筋 3m	
	自由段长度(m)	5	6	7	8
	外露长度(m)	0.115			
	锚杆总长度(m)	5.115	6.115	10.115	11.115
	锚杆间距(环向×纵向)(m×m)	2.4×1.6		2.4×1.2	1.2×0.8
	设置部位	拱部	拱墙	拱墙	拱墙

续上表

	围岩级别	Ⅱ	Ⅲ	Ⅳ	Ⅴ
φ32 预应力锚杆（张拉设计值100kN）	"承载拱"厚度（m）	2.27	3.20	4.13	6.53
	拱顶应力（MPa）	7.50	5.32	4.12	2.61
	边墙应力（MPa）	11.61	8.23	6.38	4.04
	锚杆提供的支护力（kPa）	26.04	26.04	34.72	104.17
	围岩抗压强度（MPa）	16.04	8.44	3.09	0.93
	安全系数	1.38	1.02	0.48	0.23

计算结果表明：Ⅱ级、Ⅲ级围岩采用锚杆即可满足围岩稳定性要求，Ⅳ级、Ⅴ级围岩必须增加其他支护措施。

4.4.2 预应力锚索设计

对于大跨度隧道，预应力锚杆的作用是在隧道周边形成"承载拱"，承担围岩荷载，但在隧道开挖过程中，"承载拱"封闭之前，"承载拱"并不能承担荷载，尤其是Ⅳ级、Ⅴ级围岩中，岩体破碎、岩质软、抗压强度低，新开挖的临空面周边围岩的抗压强度不足以提供"承载拱"的拱轴力，此时，围岩的稳定需要依靠预应力锚索提供拉力。

预应力锚索的作用主要体现在三个方面：

（1）吊装作用。隧道开挖过程中，"承载拱"封闭成环之前，为"承载拱"各个分块提供拉力，保持各个分块的稳定。类似于盾构隧道管片安装过程中，对管片进行吊装。

（2）减跨作用。锚索锚固力可以理解为一个支座反力，一系列的锚索可以看作一系列的支座，将大跨度隧道的受力体系转化为多支座连续梁。

（3）围压作用。锚索的预应力作用在洞壁上，增大了"承载拱"的围压，从而提高"承载拱"内围岩的抗压强度，提高了安全系数。

锚索的自由端长度需大于围岩塑性区范围，围岩塑性区范围可采用数值模拟计算得到。

锚索的锚固力可采用三铰拱受力模型计算得到，即：

$$[\sigma_c] = P_a \cdot \tan^2\left(45° + \frac{\varphi}{2}\right) + 2C \cdot \tan\left(45° + \frac{\varphi}{2}\right) \quad (4-28)$$

式中：P_a——预应力锚索支护力（kPa）。

八达岭地下车站大跨段隧道预应力锚索设计参数见表4-15。预应力锚索拉力设计参数见表4-16。

八达岭地下车站大跨段预应力锚索支护参数　　　表4-15

	围岩级别	Ⅱ	Ⅲ	Ⅳ	Ⅴ
预应力锚索（1000kN 为 7-15.2mm，700kN 为 5-15.2mm）	锚固段长度（m）	—	5	5	5
	总长度（m）	—	15	20	25
	间距（环向×纵向）（m×m）	—	局部	3.6×3.2	2.4×2.4
	设置部位	—	局部	拱墙	拱墙

八达岭地下站大跨段隧道预应力锚索拉力设计参数 表4-16

锚索拉力设计	5芯锚索	7芯锚索	说　明
设计基准值(kN)	300	400	根据围岩稳定性控制的要求,锚索需要提供的最小拉力,小于本值时,需要补打锚索或者采取其他替代措施。锚索监测允许的最小值
设计张拉值(kN)	490	700	锚索张拉施工时的锁定值
设计目标值(kN)（拉力设计值）	700	1000	隧道全部开挖完成后,围岩变形稳定时锚索拉力的预计目标值,根据围岩变形量、锚索受力特点确定。锚索检测时,检测标准取本值的1.2倍
设计极限值(kN)	1040	1450	锚索设计采用的锚索极限拉力值,取值为锚索抗拔力的80%。锚索监测允许的最大值
锚索抗拔强度(kN)	1302	1822	锚索能提供的最大拉力值,取钢绞线与注浆体之间的握裹力、注浆体与围岩之间的黏聚力、钢绞线抗拉强度三者的最小值

注:1. 锚索检测时,检测标准取锚索拉力设计目标值的1.2倍。
　　2. 锚索监测时,锚索拉力实测值应大于设计基准值,小于设计极限值。

4.4.3 喷射混凝土设计

喷射混凝土的作用主要包括:①保护表层围岩,尤其是锚杆拉力形成的"承载拱"内侧围岩的稳定;②提高围压,增大围岩的抗压强度,形成承载板,使锚索的预应力作用在洞壁喷射混凝土上,增大了"承载拱"厚度。

假设锚杆的环向、纵向间距分别为 s_1 和 s_2,锚杆头部压力呈45°向围岩内扩散,则"承载拱"内侧表层围岩的厚度约为锚杆间距的一半,即:

$$d_t = 0.5 \cdot \max(s_1, s_2) \tag{4-29}$$

喷射混凝土提供的支护力为:

$$P_s \geqslant \rho g d_t \tag{4-30}$$

式中:P_s——喷射混凝土支护力(kPa);
　　　ρ——围岩密度(kg/m³)。

喷射混凝土厚度为:

$$d_s = \frac{s_1 s_2 \rho g d_t}{2(s_1 + s_2)\sigma_t} \tag{4-31}$$

式中:d_s——喷射混凝土厚度(m);
　　　σ_t——喷射混凝土抗剪强度(MPa)。

对于大跨段隧道,锚杆间距最大为2.4m×1.6m,喷射混凝土C30的抗剪强度为2.1MPa,计算得喷射混凝土最小厚度为6.7mm。大跨段隧道喷射混凝土设计参数见表4-17。

八达岭地下车站大跨段隧道喷射混凝土设计参数 表4-17

围岩级别		Ⅱ	Ⅲ	Ⅳ	Ⅴ
喷射C30钢纤维混凝土	部位	拱墙			
	厚度(cm)	15	35	35	35
喷射C30混凝土	部位	仰拱			
	厚度(cm)	10		25	

4.4.4 超前注浆设计

对于稳定性较差的 V 级围岩,如大跨段隧道 F_2 断层,断层带内围岩呈泥质,抗压强度很小,仅采用预应力锚杆、喷射混凝土等支护形式提供的围压,仍不能满足"承载拱"要求,必须采用注浆等超前支护对"承载拱"内围岩进行改良,提高围岩的黏聚力和内摩擦角。假设注浆后围岩的黏聚力和内摩擦角分别为 C_g 和 φ_g,则"承载拱"内围岩的抗压强度为:

$$[\sigma_c] = \sigma_3 \cdot \tan^2\left(45° + \frac{\varphi_g}{2}\right) + 2C_g \cdot \tan\left(45° + \frac{\varphi_g}{2}\right) \tag{4-32}$$

式中:σ_3——预应力锚杆、预应力锚索、喷射混凝土作用下的围压强度(kPa)。

采取注浆后的安全系数为:

$$K_{边墙} = \frac{d_b \cdot \sigma_3 \cdot \tan^2\left(45° + \frac{\varphi_g}{2}\right) + 2C_g \cdot \tan\left(45° + \frac{\varphi_g}{2}\right)}{\sqrt{\left(\frac{qL^2}{8H} - \frac{kqH}{2}\right)^2 + \left(\frac{qL}{2}\right)^2}} \tag{4-33}$$

$$K_{拱顶} = \frac{8d_b H \cdot \sigma_3 \cdot \tan^2\left(45° + \frac{\varphi_g}{2}\right) + 2C_g \cdot \tan\left(45° + \frac{\varphi_g}{2}\right)}{4kqH^2 + qL^2} \tag{4-34}$$

4.4.5 预应力锚杆、预应力锚索和喷射混凝土共同作用

在预应力锚杆、预应力锚索和喷射混凝土共同作用下,围压强度公式为:

$$\sigma_3 = P_b + P_a + P_s \tag{4-35}$$

式中:P_b——预应力锚杆支护力(kPa);

P_a——预应力锚索支护力(kPa);

P_s——喷射混凝土支护力(kPa)。

"承载拱"内岩体的抗压强度为:

$$[\sigma_c] = (P_b + P_a + P_s) \cdot \tan^2\left(45° + \frac{\varphi_g}{2}\right) + 2C_g \cdot \tan\left(45° + \frac{\varphi_g}{2}\right) \tag{4-36}$$

预应力锚杆、预应力锚索和喷射混凝土共同作用下的安全系数为:

$$K_{边墙} = \frac{d_b \cdot (P_b + P_a + P_s) \cdot \tan^2\left(45° + \frac{\varphi_g}{2}\right) + 2C_g \cdot \tan\left(45° + \frac{\varphi_g}{2}\right)}{\sqrt{\left(\frac{qL^2}{8H} - \frac{kqH}{2}\right)^2 + \left(\frac{qL}{2}\right)^2}} \tag{4-37}$$

$$K_{拱顶} = \frac{8d_b H \cdot (P_b + P_a + P_s) \cdot \tan^2\left(45° + \frac{\varphi_g}{2}\right) + 2C_g \cdot \tan\left(45° + \frac{\varphi_g}{2}\right)}{4kqH^2 + qL^2} \tag{4-38}$$

式中：$K_{边墙}$——边墙安全系数；
$K_{拱顶}$——拱顶安全系数；
C_g——中硬岩或软岩注浆改良后的黏聚力(kPa)；
φ_g——中硬岩或软岩注浆改良后的内摩擦角(°)；
H——隧道开挖高度(m)；
L——隧道开挖宽度(跨度)(m)；
q——竖向荷载(kPa)；
k——侧压力系数。

考虑到预应力锚索可能会发生锚固力衰减，分别按设计值的100%、80%、60%进行安全系数检算，计算结果见表4-18~表4-20。

预应力锚杆、预应力锚索和喷射混凝土共同作用下围岩"承载拱"安全系数　　表4-18
（锚索预应力为设计值的100%）

围岩级别	II	III	IV	V
预应力锚杆支护力(kPa)	26.04	26.04	34.72	104.17
预应力锚索支护力(kPa)	0	0	115.74	173.61
喷射混凝土支护力(kPa)	137.61	321.1	321.1	321.1
围压合力(kPa)	163.65	347.14	471.56	598.88
围岩内摩擦角(°)	60	50	42	27
黏聚力(MPa)	2.2	1.6	0.9	0.9
围岩强度(MPa)	18.70	11.41	6.42	4.53
拱顶应力(MPa)	4.91	3.87	3.19	2.39
边墙应力(MPa)	7.59	5.99	4.94	3.7
安全系数	2.46	1.91	1.30	1.22

预应力锚杆、预应力锚索和喷射混凝土共同作用下围岩"承载拱"安全系数　　表4-19
（锚索预应力为设计值的80%）

围岩级别	II	III	IV	V
预应力锚杆支护力(kPa)	26.04	26.04	34.72	104.17
预应力锚索支护力(kPa)	0	0	92.592	138.888
喷射混凝土支护力(kPa)	137.61	321.1	321.1	321.1
围压合力(kPa)	163.65	347.14	448.412	564.158
围岩内摩擦角(°)	60	50	42	27
黏聚力(MPa)	2.2	1.6	0.9	0.9
围岩强度(MPa)	18.70	11.41	6.30	4.44
拱顶应力(MPa)	4.91	3.87	3.19	2.39
边墙应力(MPa)	7.59	5.99	4.94	3.7
安全系数	2.46	1.91	1.28	1.20

预应力锚杆、预应力锚索和喷射混凝土共同作用下围岩"承载拱"安全系数　　　表 4-20
（锚索预应力为设计值的 60%）

围岩级别	Ⅱ	Ⅲ	Ⅳ	Ⅴ
预应力锚杆支护力(kPa)	26.04	26.04	34.72	104.17
预应力锚索支护力(kPa)	0	0	69.44	104.17
喷射混凝土支护力(kPa)	137.61	321.1	321.1	321.1
围压合力(kPa)	163.65	347.14	425.26	529.44
围岩内摩擦角(°)	60	50	42	27
黏聚力(MPa)	2.2	1.6	0.9	0.9
围岩强度(MPa)	18.70	11.41	6.19	4.35
拱顶应力(MPa)	4.91	3.87	3.19	2.39
边墙应力(MPa)	7.59	5.99	4.94	3.7
安全系数	2.46	1.91	1.25	1.17

重点针对Ⅴ级围岩，考虑后期预应力锚索长期使用后的应力衰减，对支护结构安全系数进行检算，计算结果见表 4-21。绘制安全系数曲线，如图 4-18 所示。

锚索预应力衰减时大跨隧道Ⅴ级围岩段初期支护结构安全系数　　　表 4-21

锚索预应力(kN)	安　全　系　数	锚索预应力(kN)	安　全　系　数
1000	1.22	400	1.15
900	1.21	300	1.14
800	1.20	200	1.12
700	1.19	100	1.11
600	1.17	0	1.10
500	1.16		

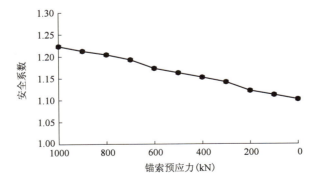

图 4-18　预应力锚索不同应力下初期支护结构安全系数曲线

根据结算结果,取安全系数1.15作为临界值,即锚索预应力衰减至400kN时,初期支护结构的安全系数为1.15,此时锚索预应力400kN为锚索检测的最小预应力。因此,在实际施工中,当锚索预应力小于400kN时,需要采取其他工程措施,弥补锚索预应力的损失。当锚索预应力大于400kN时,可认为锚索结构有效,不予考虑增加其他工程措施。锚索预应力设计参数见表4-22。

锚索预应力设计参数   表4-22

锚索预应力	预应力值(kN)	安 全 系 数
最低值	400	1.15
张拉锁定值	700	1.19
设计值	1000	1.22

4.4.6 二次衬砌设计

1) 设计原则

(1) 施工期间围岩荷载全部由预应力锚杆、预应力锚索、喷射混凝土及超前预支护及围岩共同组成的"承载拱"承担,二次衬砌仅作为安全储备。

(2) 运营期间按设计使用年限300年考虑,此时不再考虑锚杆和锚索的预应力,也不考虑二次衬砌中钢筋的受力,二次衬砌按素混凝土结构计算受力。

2) 设计方法

根据二次衬砌设计原则,不考虑锚杆、锚索的预应力,围岩"承载拱"围压为:

$$\sigma_3 = P_s + P_c \tag{4-39}$$

式中:P_s——喷射混凝土支护力(kPa);

P_c——二次衬砌支护力(kPa)。

"承载拱"内岩体的抗压强度为:

$$[\sigma_c] = (P_s + P_c) \cdot \tan^2\left(45° + \frac{\varphi_g}{2}\right) + 2C_g \cdot \tan\left(45° + \frac{\varphi_g}{2}\right) \tag{4-40}$$

喷射混凝土和二次衬砌共同作用下的安全系数为:

$$K_{边墙} = \frac{d_b \cdot (P_s + P_c) \cdot \tan^2\left(45° + \frac{\varphi_g}{2}\right) + 2C_g \cdot \tan\left(45° + \frac{\varphi_g}{2}\right)}{\sqrt{\left(\frac{qL^2}{8H} - \frac{kqH}{2}\right)^2 + \left(\frac{qL}{2}\right)^2}} \tag{4-41}$$

$$K_{拱顶} = \frac{8d_b H \cdot (P_s + P_c) \cdot \tan^2\left(45° + \frac{\varphi_g}{2}\right) + 2C_g \cdot \tan\left(45° + \frac{\varphi_g}{2}\right)}{4kqH^2 + qL^2} \tag{4-42}$$

当二次衬砌拱墙采用厚度为60cm的C35混凝土时,根据荷载结构模型可计算出二次衬砌能提供的最大支护力为612.84kPa。

根据以上公式，可计算得到二次衬砌施工前后支护结构的安全系数，见表 4-23、表 4-24。当考虑锚杆、锚索的耐久性时，假设锚杆、锚索的预应力全部失效，支护结构的安全系数见表 4-25。

二次衬砌施工前围岩"承载拱"的安全系数　　　　　　　　　　表 4-23

围岩级别	II	III	IV	V
喷射混凝土支护力(kPa)	137.61	321.1	321.1	321.1
预应力锚杆支护力(kPa)	26.04	26.04	34.72	104.17
预应力锚索支护力(kPa)	0	0	115.74	173.61
二次衬砌支护力(kPa)	0	0	0	0
支护力合计(kPa)	163.65	347.14	471.56	598.88
围岩内摩擦角(°)	60	50	42	27
围岩黏聚力(MPa)	2.2	1.6	0.9	0.9
围岩抗压强度(MPa)	18.70	11.41	6.42	4.53
拱顶拱轴力(MPa)	4.91	3.87	3.19	2.39
边墙拱轴力(MPa)	7.59	5.99	4.94	3.7
安全系数	2.46	1.91	1.30	1.22

二次衬砌施工后围岩"承载拱"的安全系数　　　　　　　　　　表 4-24

围岩级别	II	III	IV	V
喷射混凝土支护力(kPa)	137.61	321.1	321.1	321.1
预应力锚杆支护力(kPa)	26.04	26.04	34.72	104.17
预应力锚索支护力(kPa)	0	0	115.74	173.61
二次衬砌支护力(kPa)	612.84	612.84	612.84	612.84
支护力合计(kPa)	776.49	959.98	1084.40	1211.72
围岩内摩擦角(°)	60	50	42	27
围岩黏聚力(MPa)	2.2	1.6	0.9	0.9
围岩抗压强度(MPa)	27.24	16.04	9.51	6.16
拱顶拱轴力(MPa)	4.91	3.87	3.19	2.39
边墙拱轴力(MPa)	7.59	5.99	4.94	3.7
安全系数	3.59	2.68	1.93	1.67

预应力锚杆和预应力锚索失效时围岩"承载拱"的安全系数　　　　　　　　　　表 4-25

围岩级别	II	III	IV	V
喷射混凝土支护力(kPa)	137.61	321.1	321.1	321.1
预应力锚杆支护力(kPa)	0	0	0	0
预应力锚索支护力(kPa)	0	0	0	0
二次衬砌支护力(kPa)	612.84	612.84	612.84	612.84

续上表

围岩级别	Ⅱ	Ⅲ	Ⅳ	Ⅴ
支护力合计(kPa)	750.45	933.94	933.94	933.94
围岩内摩擦角(°)	60	50	42	27
围岩黏聚力(MPa)	2.2	1.6	0.9	0.9
围岩抗压强度(MPa)	26.87	15.84	8.75	5.42
拱顶拱轴力(MPa)	4.91	3.87	3.19	2.39
边墙拱轴力(MPa)	7.59	5.99	4.94	3.7
安全系数	3.54	2.64	1.77	1.47

汇总不同工况下隧道支护结构的安全系数,见表4-26。

不同工况下隧道支护结构安全系数 表4-26

工况	安全系数			
	Ⅱ级围岩	Ⅲ级围岩	Ⅳ级围岩	Ⅴ级围岩
二次衬砌施工前	2.46	1.91	1.30	1.22
二次衬砌施工后	3.59	2.68	1.93	1.67
考虑预应力失效	3.54	2.64	1.77	1.47

绘制不同工况下隧道支护结构安全系数状况,如图4-19所示。

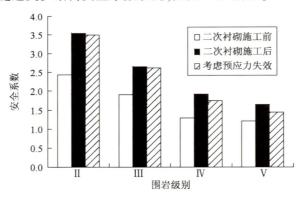

图4-19 不同工况下隧道支护结构安全系数

从不同工况下隧道支护结构安全系数状况来看,大跨段隧道支护结构在各阶段都是安全的,二次衬砌完成后即使预应力锚杆和预应力锚索失效,大跨段隧道也是安全的。

4.5 大跨段隧道支护参数

基于隧道围岩"承载拱"理论和设计方法,八达岭地下车站大跨段隧道支护参数见表4-27、表4-28。

大跨段隧道支护参数表(跨度大于20m)　　　　　表4-27

围岩级别		Ⅱ	Ⅲ	Ⅳ	Ⅴ
预留变形量(cm)		6	12	15	20
喷射C30钢纤维混凝土	部位	拱墙			
	厚度(cm)	15	35	35	
喷射C30混凝土	部位	仰拱			
	厚度(cm)	10		25	
φ32预应力锚杆 (张拉设计值100kN)	锚固段长度(m)	涨壳锚固头		φ32中空锚杆3m	
	自由段长度(m)	5	6	7	8
	外露长度(m)	0.115			
	总长度(m)	5.115	6.115	10.115	11.115
	间距(环向×纵向)(m×m)	2.4×1.6		2.4×1.2	1.2×0.8
	设置部位	拱部	拱墙		
预应力锚索 (1000kN为7-15.2mm; 700kN为5-15.2mm)	锚固段长度(m)	—	5	6	6
	总长度(m)	—	15	20	25
	间距(环向×纵向)(m×m)	—	局部	3.6×2.4	2.4×2.4
	设置部位	—	局部	拱墙	
钢架	主钢筋中心距(宽×高)(mm×mm)	φ22格栅钢架150×160			
	间距(m)	—	1.6	1.2	0.8
	设置部位	—	拱墙	全环	全环
超前支护		—	φ42超前小导管		超前大管棚、必要时超前预注浆
锁脚锚杆		—	上台阶4φ89钢管L=5m,中下台阶4φ42钢管L=5m		
二次衬砌	拱墙(cm)	60			
	仰拱(cm)	70			
	主筋(每延米)	8φ28			

大跨段隧道支护参数表(跨度小于20m)　　　　　表4-28

围岩级别		Ⅱ	Ⅲ	Ⅳ	Ⅴ
预留变形量(cm)		6	12	15	20
喷射C30钢纤维混凝土	部位	拱墙			
	厚度(cm)	15	35		
喷射C30混凝土	部位	仰拱			
	厚度(cm)	10		25	

续上表

围岩级别		Ⅱ	Ⅲ	Ⅳ	Ⅴ
φ32 预应力锚杆（张拉设计值 100kN）	锚固段长度(m)		涨壳锚固头	φ32 中空锚杆 3m	
	自由段长度(m)	4	5	6	7
	外露长度(m)		0.115		
	总长度(m)	4.115	5.115	9.115	10.115
	间距(环向×纵向)(m×m)	2.4×1.6	2.4×1.2	1.2×0.8	
	设置部位	拱部		拱墙	
预应力锚索（1000kN 为 7-15.2mm；700kN 为 5-15.2mm）	锚固段长度(m)	—	5	6	6
	总长度(m)	—	15	20	25
	间距(环向×纵向)(m×m)	—	局部	3.6×2.4	2.4×2.4
	设置部位	—	局部	拱墙	拱墙
钢架	主钢筋中心距(宽×高)(mm×mm)	—	φ22 格栅钢架 150×160		
	间距(m)	—	1.6	1.2	0.8
	设置部位	—	拱墙	全环	全环
超前支护			φ42 超前小导管		超前大管棚、必要时超前预注浆
锁脚锚杆		—	上台阶中下台阶 4φ42 钢管 L=5m		
二次衬砌	拱墙(cm)		50		
	仰拱(cm)		60		
	主筋(每延米)		8φ28		

4.6 结论与体会

（1）通过对隧道围岩"承载拱"研究，得到了围岩受力最优的开挖轮廓线形状，提出了围岩支护结构体系构件化设计方法。"承载拱"理论的基本原理是将隧道周边一定范围内的围岩圈作为一个拱形结构进行强度、刚度和稳定性计算，从而对锚杆、锚索、喷射混凝土和二次衬砌等支护结构进行设计。

（2）隧道围岩"承载拱"形状根据初始地应力场及隧道建筑限界确定，"承载拱"厚度根据围岩所承受的拱轴力及围岩自身的强度确定。

（3）针对京张高铁八达岭地下车站大跨段隧道，最大开挖跨度达到 32.7m，最大开挖断面面积达到 494.4m²，采用传统设计方法，其支护结构的厚度将非常大，初步估算，按二次衬砌荷载承担比例 70% 设计时，二次衬砌厚度将达到 2m，隧道开挖跨度需要增大到 35.5m，开挖面积将增大到 623m²，二次衬砌混凝土用量将增大至 168m²。基于隧道围岩"承载拱"理论的设计方法，隧道围岩及初期支护形成的岩石拱是超大断面隧道的主承载结构，承担了全部的围岩荷载，二次衬砌作为安全储备，此时二次衬砌厚度仅为 60cm，大幅度降低了工程的土石方开挖量、混凝土用量，节约了工程投资。不同设计方法支护工程量及投资对比见表 4-29。从对比表可以看出,超大跨度、超大断面隧道采用基于"承载拱"理论的支护结构设计方法远比传统方法经济、合理。

不同设计方法支护工程量及投资对比 表4-29

项 目		衬砌厚度（m）	开挖跨度（m）	开挖面积（m^2）	混凝土用量（m^3）	工程投资（元/延米）
设计方法	传统方法	2.0	35.5	623	168	259210
	基于"承载拱"理论的方法	0.6	32.7	497	53	143669
	减少数量	1.4	2.8	126	115	115541
	减少比例	70%	8%	20%	68%	45%

第5章 超大断面隧道"品"字形开挖工法

隧道开挖工法是隧道施工成败的关键。如图5-1所示,京张高铁八达岭地下车站两端为大跨过渡段隧道,长度各为163m,其中北京端由4个断面组成,开挖宽度分别为19.82m、25.81m、29.45m、32.23m,围岩级别为Ⅱ级、Ⅲ级;张家口端由5个断面组成,开挖宽度分别为19.07m、23.96m、27.39m、30.82m、32.70m,围岩级别为Ⅲ级、Ⅳ级、Ⅴ级。因此,八达岭地下车站两端大跨段隧道具有"超大断面、变断面、变地质"的特点,这对隧道施工工法的选用提出了更大的挑战。

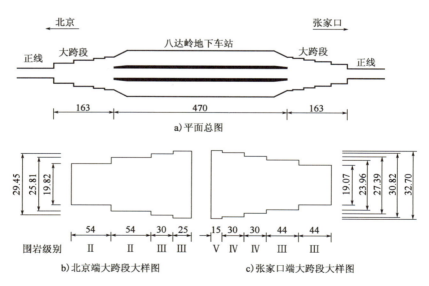

图5-1 八达岭地下车站平面示意图(尺寸单位:m)

5.1 国内外研究现状

调研国内外超大跨度、超大断面隧道施工工法,结果见表5-1。

国内外超大跨度、超大断面隧道施工工法　　　　　表 5-1

序号	隧道名称	地层岩性	围岩级别	最大开挖跨度(m)	最大开挖面积(m²)	开挖工法
1	赣龙铁路新考塘隧道	全风化花岗岩	V级	30.9	411.0	大墙脚双侧壁导坑法
2	米兰威尼斯地下车站	全新世无黏性土	V级	30.0	440.0	蜂窝拱法
3	六沾复线乌蒙山二号隧道	泥岩、页岩夹砂岩	Ⅳ、V级	28.4	354.3	双侧壁导坑法
4	重庆轻轨大坪地下车站	泥岩夹砂岩	Ⅲ级	26.3	430.3	上部侧壁导坑，下部拉中槽，先拱后墙分部衬砌法
5	重庆地铁红土地地下车站	中风化砂质泥岩夹薄层砂岩	Ⅳ级	25.9	375.8	双侧壁导坑，中部TBM通过，先拱后墙分部衬砌法
6	重庆轨道临江门地下车站	砂岩、泥岩	Ⅲ级	21.8	421.0	双侧壁导坑法
7	兰渝铁路新城子隧道	三叠系炭质板岩，高地应力，最大水平主应力21.2MPa	V级	21.5	350.0	双侧壁导坑法
8	港珠澳大桥拱北隧道	粉质黏土	V级	18.8	344.8	五台阶法

从调研结果来看，针对超大跨度、超大断面隧道，大多数采用双侧壁导坑法施工。部分隧道通过采取非常规的超前加固、超前支护措施后，采用了台阶法施工。如米兰威尼斯地下车站通过在隧道周边开挖了多个小导洞形成蜂窝拱后进行开挖，港珠澳大桥拱北隧道通过采取冷冻法加固地层、管幕法超前支护后进行开挖。

针对八达岭地下车站大跨段隧道开挖工法的选用，进行了多次专家论证，通过对安全性、高效性、经济性等多方面进行比选，并结合该隧道所采用的"承载拱"设计新理念，创新性提出并采用了新的开挖工法——"品"字法。

5.2 "品"字形开挖工法

"品"字形开挖工法简称"品"字法，工法设计理念为：顶洞超前、分层开挖、预留核心、重点锁定。如图 5-2 所示。

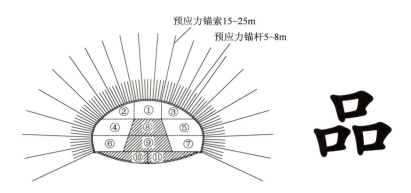

图 5-2 八达岭地下车站大跨段隧道"品"字形开挖工法示意图

"品"字形开挖工法具有以下 4 个特点:

(1) 方法简洁清晰。"品"字形开挖工法按照"横向、竖向基本均匀"原则,将大断面隧道划分为 3 层 11 步,形如"品"字,方法简洁清晰。

(2) 结构安全可靠。施工过程中,首先开挖顶洞(图 5-2 中①),以超前探明地质并采取必要的加固措施;然后按照"预留核心、自上而下、先两边后中间"的方式进行分层、分步开挖(图 5-2 中②、③、④、⑤、⑥、⑦);最后逐步开挖核心土及仰拱(图 5-2 中⑧、⑨、⑩、⑪),形成封闭的支护体系。该方法支护体系由超前导管或管棚、格栅钢架、喷射混凝土、预应力锚杆及锚索组成,承担全部围岩荷载。施工中每开挖一部,及时完成支护,确保施工安全。

(3) 机械化程度高。隧道每步开挖宽度为 8~12m,开挖高度为 5~6m,适合大型机械设备施工。

(4) 施工效率高。隧道开挖及锚杆、锚索施工是该工程的关键,大断面开挖适合多台设备同时作业,可以大大地提高施工工效。

5.3 模拟计算分析

为了研究工法的安全性,针对八达岭地下车站大跨段隧道,对"品"字法、双侧壁导坑法、三台阶预留核心土法等三种不同的开挖工法进行数值模拟计算、分析、对比。三种开挖工法如图 5-3 所示。

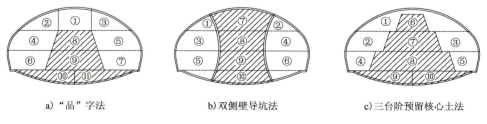

a) "品"字法   b) 双侧壁导坑法   c) 三台阶预留核心土法

图 5-3 三种开挖工法示意图

5.3.1 计算模型

采用 MIDAS-GTS 有限元程序进行数值模拟分析。模型尺寸为 100m×15m×120m(长×宽×高),如图 5-4 所示。初期支护采用板单元,板厚取实际施工厚度 0.35m,工字钢采用梁单元,截面取 I16 工字钢,围岩采用三维实体。材料物理力学参数见表 5-2。

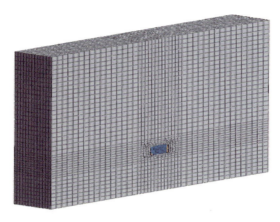

图 5-4 计算模型

材料物理力学参数   表 5-2

材 料	重度(kN/m³)	变形模量(GPa)	泊 松 比	内摩擦角(°)	黏聚力(MPa)
围岩	18.4	1.2	0.35	22.5	0.12
喷射混凝土	25	30	0.2	—	—
钢架	78.5	210	0.3	—	—

5.3.2 模拟计算结果分析

1) 围岩位移分析

三种不同开挖工法模拟计算竖向位移云图如图 5-5 ~ 图 5-7 所示。

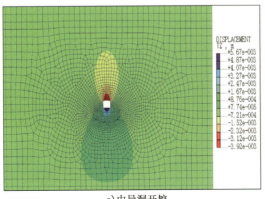
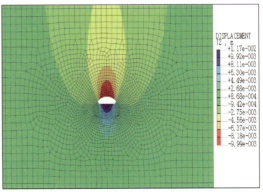

a) 中导洞开挖　　　　　　　　b) 第一级台阶开挖

图 5-5

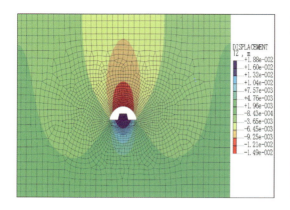

c) 第二级台阶开挖

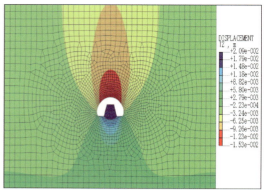

d) 第三级台阶开挖

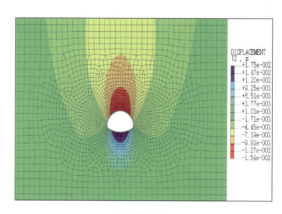

e) 开挖结束

图 5-5 "品"字法开挖过程竖向位移云图

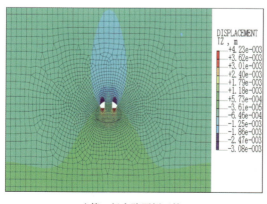

a) 第一级台阶两侧开挖

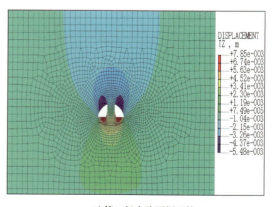

b) 第二级台阶两侧开挖

图 5-6

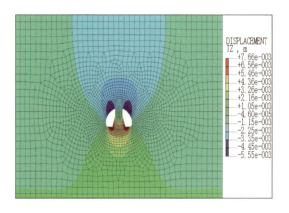
c) 第三级台阶两侧开挖

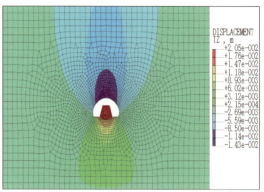
d) 破除顶部中岩柱

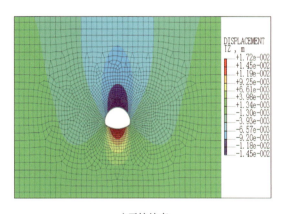
e) 开挖结束

图 5-6　双侧壁导坑法开挖过程竖向位移云图

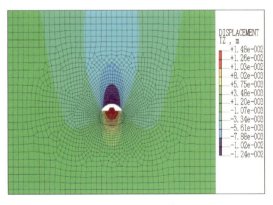
a) 第一级台阶开挖

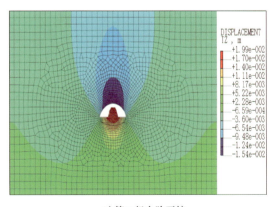
b) 第二级台阶开挖

图　5-7

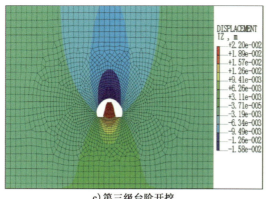

c) 第三级台阶开挖　　　　　　　　　d) 开挖结束

图 5-7　三台阶预留核心土法开挖过程竖向位移云图

从三种不同开挖工法的竖向位移云图来看：

（1）"品"字法中，开挖第一台阶前三部分土体时，拱顶下沉与拱底隆起呈三个阶梯状增大，这时的拱顶下沉大于拱底隆起；开挖第二阶梯时，拱顶下沉与拱底隆起继续增大，拱底隆起的增值要大于拱顶下沉的增值；从开挖第三阶梯开始，到开挖核心土，拱顶下沉趋于稳定，而拱底隆起还在继续增加，最后超过拱顶下沉；开挖仰拱时，拱底隆起也趋于稳定。最终拱顶下沉值稳定在 15.457mm，拱底隆起值稳定在 17.058mm。

（2）双侧壁导坑法中，在开挖第一台阶前半部分，拱顶下沉开始产生，直到开挖第二台阶之前，趋势有所减缓，而拱底隆起在这一过程中缓慢发展；开挖第二台阶时，拱顶下沉与拱底隆起分别有一个台阶式发展，在开挖第三台阶时趋势减缓；从破除中岩柱开始，拱顶下沉与拱底隆起迅速增大，直到上部分岩柱破除完毕并完成初期支护，此时拱顶下沉与拱底隆起值几乎相同；从开挖核心岩体开始，拱顶下沉趋于稳定，而拱底隆起继续发展，直到核心土开挖完毕。最终拱顶下沉值稳定在 14.477mm，拱底隆起值稳定在 15.816mm。

（3）三台阶预留核心土法与前两种开挖工法不同，该开挖工法拱顶下沉与拱底隆起的主要发展阶段在开挖第一台阶，从第一台阶开挖开始到结束，拱顶下沉与拱底沉降都迅速增加，拱顶下沉量约占最终总下沉量的 80%，拱底隆起量约占最终总隆起量的 50%；开挖第二台阶，拱顶下沉继续增加，到第二台阶开挖结束并完成初期支护后趋于稳定，最终下沉值为 15.929mm；拱底隆起则不同，从开挖第二台阶开始，隆起值持续增加，直到核心岩体开挖完毕，最终隆起值为 17.180mm。

三种不同开挖工法拱顶下沉和拱底隆起模拟计算结果见表 5-3。

三种不同开挖工法拱顶下沉和拱底隆起模拟计算结果　　　　　表 5-3

施工步	"品"字法		双侧壁导坑法		三台阶预留核心土法	
	累计拱顶下沉（mm）	累计拱底隆起（mm）	累计拱顶下沉（mm）	累计拱底隆起（mm）	累计拱顶下沉（mm）	累计拱底隆起（mm）
1	0.00	0.00	0.00	0.00	0.00	0.00
2	2.59	0.57	2.07	0.22	3.74	1.48
3	3.29	1.11	2.49	0.42	5.44	3.76

续上表

施工步	"品"字法		双侧壁导坑法		三台阶预留核心土法	
	累计拱顶下沉（mm）	累计拱底隆起（mm）	累计拱顶下沉（mm）	累计拱底隆起（mm）	累计拱顶下沉（mm）	累计拱底隆起（mm）
4	3.57	1.40	2.64	0.53	8.33	5.53
5	3.72	1.53	2.71	0.59	9.68	5.66
6	3.81	1.59	2.75	0.61	10.75	7.37
7	3.92	1.62	2.79	0.61	12.43	8.13
8	4.81	2.16	2.85	0.88	12.70	8.79
9	5.68	2.71	2.91	1.12	13.23	10.17
10	5.16	3.05	2.96	1.25	13.77	11.31
11	5.46	3.22	3.00	1.31	14.26	12.05
12	5.66	3.31	3.04	1.33	14.69	12.51
13	5.88	3.36	3.08	1.34	15.13	12.85
14	7.52	4.13	3.75	1.74	15.37	13.01
15	8.32	4.92	4.40	2.61	15.41	13.28
16	8.91	5.42	4.79	3.32	15.49	13.84
17	9.32	5.69	5.03	3.72	15.57	14.26
18	9.65	5.84	5.20	3.93	15.64	14.52
19	10.00	5.95	5.38	4.04	15.70	14.68
20	10.37	5.83	5.48	4.08	15.76	14.79
21	11.22	8.77	5.47	4.16	15.79	14.84
22	12.10	10.48	5.50	4.32	15.78	14.89
23	12.91	11.58	5.53	4.46	15.78	14.94
24	13.64	12.28	5.54	4.55	15.75	15.20
25	14.41	12.79	5.55	4.61	15.73	15.36
26	14.86	13.03	5.55	4.66	15.70	15.19
27	14.90	13.32	5.55	4.68	15.67	15.50
28	14.98	13.90	5.78	5.94	15.65	15.65
29	15.06	14.34	9.03	9.76	15.62	15.74
30	15.13	14.60	10.65	11.77	15.61	17.15
31	15.20	14.75	11.87	13.03	15.69	17.21
32	15.26	14.86	12.93	13.85	15.76	17.22

续上表

施工步	"品"字法 累计拱顶下沉（mm）	"品"字法 累计拱底隆起（mm）	双侧壁导坑法 累计拱顶下沉（mm）	双侧壁导坑法 累计拱底隆起（mm）	三台阶预留核心土法 累计拱顶下沉（mm）	三台阶预留核心土法 累计拱底隆起（mm）
33	15.29	14.90	14.30	14.63	15.81	17.22
34	15.27	15.13	14.29	14.86	15.85	17.21
35	15.26	15.27	14.27	15.01	15.89	17.21
36	15.23	15.09	14.25	15.83	15.93	17.18
37	15.21	15.39	14.22	15.13		
38	15.18	15.90	14.19	15.65		
39	15.24	17.01	14.26	15.76		
40	15.29	17.06	14.31	15.82		
41	15.33	17.09	14.35	15.85		
42	15.38	17.09	14.40	15.85		
43	15.41	17.08	14.43	15.84		
44	15.46	17.06	14.48	15.82		

根据模拟计算结果,绘制三种不同开挖工法的累计拱顶下沉和累计拱底隆起变形曲线,如图5-8、图5-9所示。

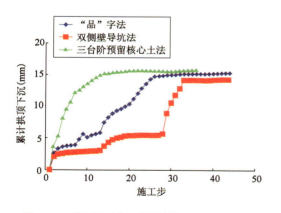

图5-8 三种不同开挖工法累计拱顶下沉变形曲线　　图5-9 三种不同开挖工法累计拱底隆起变形曲线

从三种不同开挖工法的累计拱顶下沉和累计拱底隆起变形曲线来看:

(1)三种不同开挖工法的累计拱顶下沉与累计拱底隆起最终量值几乎相同,但变化趋势却存在着显著的差异性。

(2)"品"字法在整个开挖过程中,拱顶下沉与拱底隆起的发展过程相对平缓,不存在任何突变阶段。

(3)双侧壁导坑法在破除上部岩柱时,拱顶下沉和拱底隆起有一个迅速发展的过程,这个过程在整个开挖步序中处于相对靠后的部分。

（4）三台阶预留核心土法在开挖第一台阶岩体时,也有一个拱顶下沉和拱底隆起的迅速发展过程,之后围岩变形趋向稳定。

2）围岩应力分析

图 5-10～图 5-12 所示分别为三种不同开挖工法模拟计算的围岩应力分布云图。

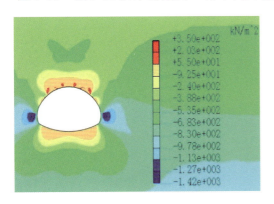

图 5-10 "品"字法开挖围岩应力分布云图

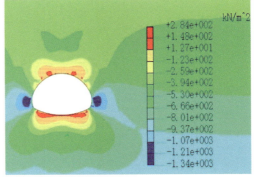

图 5-11 双侧壁导坑法开挖围岩应力分布云图

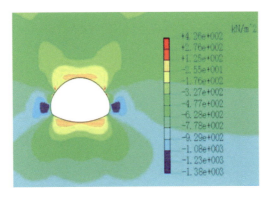

图 5-12 三台阶预留核心土法开挖围岩应力分布云图

从三种不同开挖工法的围岩应力分布云图来看：

（1）三台阶预留核心土法的围岩应力分布最为均匀,"品"字法在拱顶部位出现多处应力集中,双侧壁导坑法在拱顶和拱底处均存在大范围的应力集中现象。

（2）从洞周的应力量值来看(以黄色部分为主),"品"字法的应力量值在三种开挖工法中最小,三台阶预留核心土法应力量值最大。

（3）综合分析,三台阶预留核心土法可以有效地避免围岩应力局部集中,但该工法显著提高了围岩应力的整体水平。双侧壁导坑法不管在降低围岩应力整体量值,还是在避免应力集中方面都存在明显的不足。"品"字法虽然出现了较少的应力集中区域,但显著降低了围岩应力的整体水平,因此,该工法更具有施工优势。

3）喷射混凝土应力分析

三种不同开挖工法喷射混凝土应力模拟计算结果见表 5-4。

三种不同开挖工法喷射混凝土应力模拟计算结果 表5-4

施工步	"品"字法		双侧壁导坑法		三台阶预留核心土法	
	最大拉应力（MPa）	最大压应力（MPa）	最大拉应力（MPa）	最大压应力（MPa）	最大拉应力（MPa）	最大压应力（MPa）
1	0.00	0.00	0.00	0.00	0.00	0.00
2	0.34	3.31	0.54	4.80	0.56	8.16
3	0.37	3.56	0.60	5.10	0.58	9.87
4	0.39	3.64	0.61	5.18	0.59	10.83
5	0.39	3.67	0.62	5.21	0.60	11.47
6	0.40	3.69	0.62	5.23	0.66	12.28
7	0.62	5.22	0.62	5.28	1.96	12.39
8	0.92	5.80	0.63	5.35	2.48	12.58
9	1.00	7.40	0.63	5.40	2.51	12.74
10	1.02	7.61	0.64	5.43	2.55	12.88
11	1.03	7.72	0.65	5.46	2.58	13.03
12	1.05	7.81	0.65	5.48	2.68	12.79
13	1.05	8.09	0.96	5.56	2.72	12.60
14	1.11	8.42	1.28	5.83	2.72	12.62
15	1.19	8.69	1.32	7.53	2.72	12.64
16	1.21	8.89	1.33	7.80	2.71	12.67
17	1.22	9.04	1.36	7.96	2.71	12.69
18	1.26	9.20	1.39	8.08	2.72	12.67
19	1.47	9.40	1.44	8.16	2.74	12.59
20	1.97	9.62	1.43	8.29	2.76	12.47
21	2.00	9.84	1.43	8.54	2.76	12.47
22	1.97	10.18	1.43	8.66	2.76	12.47
23	2.00	10.52	1.43	8.77	2.76	12.47
24	2.09	10.85	1.42	8.81	2.76	12.47
25	2.150	11.00	1.41	8.83	2.76	12.48
26	2.15	11.04	1.40	8.83	2.76	12.48
27	2.14	11.16	1.40	9.44	2.76	12.49
28	2.14	11.32	1.39	10.31	2.76	12.49
29	2.14	11.45	1.37	11.34	2.76	12.49
30	2.14	11.52	1.29	12.33	2.76	12.48
31	2.14	11.58	1.08	13.21	2.76	12.49
32	2.14	11.61	0.79	14.36	2.75	12.49
33	2.14	11.63	0.79	14.39	2.75	12.49

续上表

施工步	"品"字法		双侧壁导坑法		三台阶预留核心土法	
	最大拉应力（MPa）	最大压应力（MPa）	最大拉应力（MPa）	最大压应力（MPa）	最大拉应力（MPa）	最大压应力（MPa）
34	2.14	11.64	0.79	14.42	2.75	12.49
35	2.14	11.65	0.79	14.46	2.75	12.50
36	2.14	11.66	0.79	14.49		
37	2.14	11.68	0.79	14.60		
38	2.14	11.70	0.79	14.64		
39	2.14	11.71	0.80	14.66		
40	2.14	11.72	0.80	14.67		
41	2.14	11.73	0.80	14.67		
42	2.14	11.73	0.80	14.67		
43	2.14	11.73	0.80	14.68		

根据模拟计算结果，绘制三种不同开挖工法的喷射混凝土最大拉应力和最大压应力曲线，如图5-13、图5-14所示。

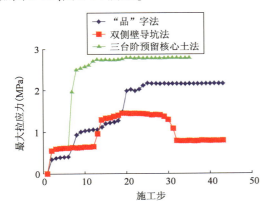
图5-13 三种不同开挖工法喷射混凝土最大拉应力曲线

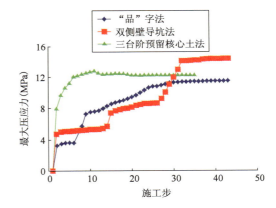
图5-14 三种不同开挖工法喷射混凝土最大压应力曲线

从三种不同开挖工法的喷射混凝土最大拉应力曲线来看：

（1）"品"字法第一台阶随着三部分岩体的逐步开挖，喷射混凝土拉应力最大值持续增大，增大过程持续到了第二台阶开挖完毕并完成初期支护，峰值达到了2.148MPa，随后最大拉应力趋于平稳，直到开挖完毕初期支护封闭成环，稳定值在2.1MPa左右。

（2）双侧壁导坑法是三种开挖工法中喷射混凝土最大拉应力最小的一种开挖工法，峰值仅为1.436MPa，开挖第一步初期支护最大拉应力产生，之后便稳定下来，直到开始开挖第一台阶第三分部时，喷射混凝土最大拉应力又有一个增大的过程，并在第一台阶开挖完毕并完成初期支护之后达到了峰值，此后进入了第二段平稳期。在破除中岩柱并将上部初期支护封闭的过程中，喷射混凝土拉应力最大值有所回落，到开挖结束初期支护封闭成环，这个值一直稳定在0.8MPa左右。

(3) 三台阶预留核心土法遵从之前分析围岩位移的相同规律,在开挖初期便产生了很大的喷射混凝土拉应力,最大值甚至达到了 2.76MPa,这一值超过了混凝土强度的设计值。

从三种不同开挖工法的喷射混凝土最大压应力曲线来看:

(1) 三种开挖工法喷射混凝土压应力最大值都是随着开挖的进行有增无减。

(2) "品"字法喷射混凝土压应力稳定增加,在三级台阶开挖完毕之后趋于稳定,稳定值在 11.7MPa 左右。

(3) 双侧壁导坑法在开挖前两级台阶以及破除中岩柱时,经历了三个跳跃阶段,最终稳定在峰值 14.6MPa 左右。

(4) 三台阶预留核心土法喷射混凝土压应力发展阶段集中在第一步开挖过程,在开挖第二级台阶后达到峰值 12.791MPa,随后有所减小,最终稳定在 12.5MPa 左右。

4) 二次衬砌应力分析

二次衬砌的施作需要在初期支护完全封闭成环之后才能进行,此时距离二次衬砌施作位置围岩的第一次开挖有很长一段时间,围岩的应力释放过半,二次衬砌承受来自围岩收敛的荷载较小,因此应力也相对较小,二次衬砌更多发挥了作为安全储备的作用。三种不同开挖工法的二次衬砌最大拉应力和最大压应力模拟计算结果见表 5-5。

三种不同开挖工法二次衬砌最大拉应力和最大压应力模拟计算结果　　表 5-5

二次衬砌环数	"品"字法		双侧壁导坑法		三台阶预留核心土法	
	最大拉应力(MPa)	最大压应力(MPa)	最大拉应力(MPa)	最大压应力(MPa)	最大拉应力(MPa)	最大压应力(MPa)
1	0.53	4.56	0.52	3.76	0.44	4.33
2	0.53	4.56	0.52	3.76	0.44	4.33
3	0.34	4.56	0.35	3.76	0.44	4.33
4	0.35	4.56	0.36	3.76	0.45	4.33
5	0.35	4.56	0.36	3.76	0.45	4.33
6	0.35	4.56	0.36	3.77	0.45	4.33

从模拟计算结果来看:

(1) "品"字法和双侧壁导坑法二次衬砌的最大拉应力在施作过程中有减小,并且最终都稳定在 0.36MPa 左右,小于三台阶预留核心土法的 0.45MPa。

(2) 双侧壁导坑法的二次衬砌最大压应力为 3.76MPa,小于"品"字法的 4.56MPa 和三台阶预留核心土法的 4.33MPa。

(3) 与初期支护相比,二次衬砌的最大拉应力和最大压应力值均比较小,这说明二次衬砌是在围岩收敛变形即将完成时施作的,二次衬砌仅作为一种安全储备,实际上并没有发挥太多的支护作用。

5.3.3 小结

(1) 从三种不同开挖工法的围岩位移结果来看,特点比较鲜明。"品"字法突出的优点是稳定,整个开挖过程中围岩位移随着开挖的进行以稳定的速率增加,拱顶下沉和拱底隆起并没有在某个施工阶段突然增大,这种开挖工法更能保证施工过程的安全性。双侧壁导坑法优点在于开挖前期围岩变形小,可以有效控制围岩变形,缺点是在破除中岩柱时围岩变形过大,有可能由于处理不当导致拱顶坍塌,因此,在破除中岩柱时需要使用更多的支护手段控制拱顶下沉,同时开挖两侧台阶时需对中岩柱进行加固,费时费力。三台阶预留核心土法与双侧壁导坑法缺点相同,在进行上台阶开挖时围岩变形过大,幅度相比双侧壁导坑法更大,因此在开挖上台阶时很容易造成塌方,优点在于控制住第一步开挖变形之后,随后开挖步围岩自稳,不需要再加强初期支护。从支护协同变形角度来看,"品"字法围岩变形发展全过程较为平滑,有利于支护结构内力的合理分布,从而有效地避免了支护结构的应力集中而产生局部破坏。相反,三台阶预留核心土法和双侧壁导坑法围岩变形的发展过程存在突变阶段,此时同一断面内不同部位的初期支护由于其施作顺序不同,会产生局部的变形不协调与应力集中,从而威胁隧道结构的安全性。综合三种不同开挖工法对围岩变形的影响,从围岩稳定与支护协同变形的角度分析,"品"字法最优。

(2)从三种不同开挖工法围岩应力分布结果来看,三种开挖工法的差别主要体现在应力量值与应力集中区域。三种工法中,三台阶预留核心土法有效地避免了围岩应力的局部集中,但却牺牲了围岩的整体应力水平。双侧壁导坑法不管在降低围岩应力整体水平,还是在避免应力集中方面都存在着明显的不足。"品"字法可以在出现较少应力集中区域的前提下,显著地降低围岩应力的整体水平。综合三种不同开挖工法开挖后围岩应力状态,"品"字法最优。

(3)从三种不同开挖工法喷射混凝土最大拉应力来看,三台阶预留核心土法达到了2.76MPa,这是混凝土难以承受的拉应力,极易导致初期支护混凝土开裂。双侧壁导坑法喷射混凝土最大拉应力较小,为1.40MPa,这个值在C30混凝土的承受范围之内,因此不需要对初期支护加固。在35cm厚度的喷射混凝土条件下,"品"字法的最大拉应力达到2.15MPa,需要适当增加钢材料配置,才能防止自身的开裂。从三种不同开挖工法喷射混凝土最大压应力来看,三台阶预留核心土法最大压应力为12.5MPa,双侧壁导坑法最大压应力为14.6MPa,"品"字法最大压应力为11.7MPa,即"品"字法喷射混凝土所产生的最大压应力最小。隧道衬砌作为一种以受压状态为主的结构,其所受的压应力越小越利于结构的安全,而局部的拉应力过大则可以通过增加受拉材料的配置来解决。综合三种不同开挖工法喷射混凝土应力状态,三台阶预留核心土法最差,应予舍弃,其余两种工法可视具体情况进行选择。

(4)综合三种不同开挖工法引起的围岩变形、围岩应力和喷射混凝土应力(表5-6),可以得出结论:三台阶预留核心土法无论在控制围岩稳定和结构安全方面都有缺陷,此工法基本可以排除;双侧壁导坑法仅在控制初期支护最大拉应力方面具有优势,而在控制围岩变形发展过程与围岩应力分布方面均存在不足;"品"字法则在控制围岩稳定和结构安全方面均有较好的表现,因此应当选取"品"字法作为超大跨度、超大断面隧道的最优开挖工法。

三种不同开挖工法综合对比 表5-6

开挖工法名称	"品"字法	双侧壁导坑法	三台阶预留核心土法
围岩变形控制	优	劣	劣
围岩应力控制	优	劣	中
喷射混凝土应力控制	优	优	劣

5.4 工程应用

八达岭地下车站大跨段隧道采用创新的"品"字法开挖,现场安全可控、施工效率高、经济性较好,保证了工程的安全、优质和按期完成。现场施工照片如图 5-15 所示。

图 5-15 八达岭地下车站大跨段隧道"品"字法开挖照片

第6章
超大断面隧道变形控制标准与监控量测成果分析

隧道开挖一定会引起周边围岩松弛变形,隧道支护结构承受围岩松弛变形所产生的荷载。如果支护结构不能满足荷载要求时,会发生变形,甚至塌方。因此,为保证隧道结构安全,必须制定隧道变形控制标准。

隧道变形控制基准值的制定通常基于围岩松弛理论,以对隧道周边围岩不产生有害的松弛变形为前提。各类、各级围岩都有一个允许的极限应变值,超过此值,围岩过度松弛,引起围岩不稳定。日本学者近藤等根据室内试验结果,认为各类岩石的破坏应变大体是:岩石为 1.5% ~2.0%,土质为 4.0% ~5.0%。日本学者樱井等提出围岩的破坏应变值变化范围:岩石为 0.1% ~2.5%,土质为 1.3% ~4.0%。

国外学者对隧道变形控制基准值进行了大量的研究。法国 1974 年根据中等断面(50 ~100m²)隧道施工经验,提出了拱顶下沉评价标准。苏联顿巴斯矿山对埋深在 400 ~1000m 的普通坑道量测数据进行分析,提出了判断坑道稳定性及支护措施的管理基准。日本 1996 年根据 50 座埋深小于 500m 的隧道 821 个量测断面的数据分析,在《NATM 设计施工指南》中提出了新奥法施工水平收敛管理基准值,管理基准值应充分考虑围岩条件、周边环境、断面大小、施工方法和支护构件的特性设定。瑞士圣哥达隧道(目前世界上最长的铁路隧道)也提出了水平收敛评价标准。国外隧道变形控制基准见表 6-1。

国外隧道变形控制基准　　　　表 6-1

国家	工况条件			拱顶累计下沉(mm)	拱顶相对下沉(%)	水平累计收敛(mm)	水平相对收敛(%)
	隧道埋深(m)	围岩	隧道断面				
法国	10 ~50	硬岩		10 ~20	0.2 ~0.4		
		软岩		20 ~50	0.4 ~1.0		
	50 ~500	硬岩		20 ~60	0.4 ~1.2		
		软岩		100 ~200	2.0 ~4.0		
	>500	硬岩		60 ~120	1.2 ~2.4		

续上表

国家	工况条件			拱顶累计下沉(mm)	拱顶相对下沉(%)	水平累计收敛(mm)	水平相对收敛(%)
	隧道埋深(m)	围岩	隧道断面				
法国	>500	软岩		200~400	4.0~8.0		
苏联	<400					50~80	1~1.6
	400~750					150~200	3~4
	>750					300~350	5~7
日本		I_s(相当于Ⅴ~Ⅵ级)或特S(相当于Ⅵ级)	单线			>75	>2.7
			双线、新干线			>150	>3.15
		I_L(相当于Ⅳ级)	单线			25~75	0.9~2.7
			双线、新干线			50~150	1.05~3.15
		II_N~V_N(相当于Ⅱ~Ⅲ级)	单线			<25	<0.9
			双线、新干线			<50	<1.05
瑞士(圣哥达隧道)						150	3~4

我国铁路隧道自2005年至今,多次发布了相关的规范、规程、指南及通知,对隧道变形控制基准值、隧道稳定性判别、隧道变形管理等级等进行了规定。铁路隧道初期支护极限相对位移标准见表6-2。

铁路隧道初期支护极限相对位移　　　　表6-2

围岩级别	埋深(m)	单线隧道		双线隧道	
		拱顶相对下沉(%)	水平相对收敛(%)	拱顶相对下沉(%)	水平相对收敛(%)
Ⅱ	≤50	—	—	—	—
	50~300	0.01~0.05	—	0.03~0.06	0.01~0.03
	300~500	0.04~0.08	0.20~0.60	0.05~0.12	0.01~0.08
Ⅲ	≤50	0.01~0.04	0.10~0.50	0.03~0.06	0.03~0.10
	50~300	0.03~0.11	0.40~0.70	0.04~0.15	0.08~0.40
	300~500	0.10~0.25	0.60~1.50	0.12~0.30	0.30~0.60
Ⅳ	≤50	0.03~0.07	0.20~0.70	0.06~0.10	0.10~0.30
	50~300	0.06~0.15	0.50~2.60	0.08~0.40	0.20~0.60
	300~500	0.10~0.60	2.40~3.50	0.30~0.80	0.70~1.20
Ⅴ	≤50	0.06~0.12	0.30~1.00	0.08~0.16	0.20~0.50
	50~300	0.10~0.60	0.80~3.50	0.14~1.10	0.40~2.00
	300~500	0.50~1.20	3.00~5.00	0.80~1.40	1.80~3.00

从目前研究情况来看,无论国内还是国外,主要是基于超大跨度、超大断面的隧道不多,隧道变形控制基准值都是基于断面跨度小于16m的情况制定的。京张高铁八达岭地下车站大

跨段隧道,最大开挖跨度为32.7m,最大开挖面积为494.4m²,是目前世界上开挖跨度和开挖断面面积最大的隧道,没有类似工程经验可供借鉴。此外,当前控制标准采用了相对位移,即拱顶下沉由隧道开挖高度决定,而水平收敛由隧道开挖宽度决定,而实际工程中拱顶下沉与隧道开挖宽度也有较大的关联性。因此,为保证超大断面隧道施工安全,必须研究制定变形控制基准值,加强现场变形控制管理。

6.1 超大断面隧道变形机理

6.1.1 围岩结构尺寸效应

隧道断面尺寸对围岩结构变形产生影响的原因是断面尺寸的大小会改变围岩结构类型。如图6-1所示,在相同围岩条件下,随着隧道断面尺寸增大,围岩结构类型也随之发生变化,由整体块状结构逐步转化为层状结构、块状结构、碎裂结构。隧道断面越大,围岩相对就显得越破碎。隧道断面尺寸对围岩结构的影响是由于围岩结构面的存在,如果围岩中不存在如层面、构造节理、溶蚀裂隙、断层等不连续结构面,则围岩可视为连续介质,此时,无论隧道断面尺寸有多大,围岩结构类型都不会发生改变,围岩也不会发生结构变形,也就不存在隧道尺寸对围岩结构变形的影响。

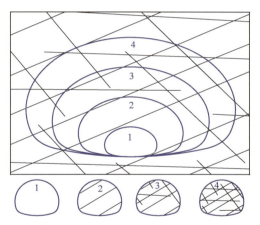

图6-1 隧道断面尺寸对围岩结构的影响概念图
1-整体块状结构;2-层状结构;3-块状结构;4-碎裂结构

6.1.2 围岩变形尺寸效应

隧道围岩变形分为材料变形和结构变形,隧道断面尺寸对围岩变形的影响也主要体现在这两个方面。

(1)隧道断面尺寸对围岩材料变形的影响。假设围岩为连续介质,围岩中不存在任何结构面,则围岩结构变形为零,围岩变形均为岩石的材料变形,此时隧道断面尺寸对围岩变形的影响可采用连续介质力学进行计算分析。

(2)隧道断面尺寸对围岩结构变形的影响。围岩结构类型可分为整体状、块状、层状、碎裂状和散体状等。围岩结构类型并不是一成不变的,而是随着隧道断面尺寸的变化而变化。

在相同围岩条件下,隧道断面尺寸越大,围岩结构相对也就显得越破碎。

1)隧道断面尺寸对围岩材料变形的影响

假设围岩为不存在任何结构面的连续介质,分析隧道断面尺寸对围岩材料变形的影响。

为方便计算,可作如下假设:视围岩为均质的、各向同性的连续介质;隧道形状为规则的圆形,半径为 R_0;隧道位于一定深度,简化为无限体中的孔洞问题;不考虑隧道掌子面的端部效应,将三维应力问题简化为平面应变问题;初始应力场以侧压力系数 λ 表示,$\lambda = \sigma_h/\sigma_v$。

根据上述假设条件,可计算得到围岩变形的解析解。

当围岩处于弹性状态时,洞壁的径向位移和切向位移分别如下式:

$$u = R_0 \frac{1-\mu_m^2}{E_{me}}[\sigma_h + \sigma_v + 2(\sigma_h - \sigma_v)\cos 2\theta] \tag{6-1}$$

$$v = 2R_0 \frac{1-\mu_m^2}{E_{me}}(\sigma_h - \sigma_v)\sin 2\theta \tag{6-2}$$

式中:u——洞壁径向位移;

v——洞壁切向位移;

R_0——隧道半径;

E_{me}——围岩弹性模量;

μ_m——围岩泊松比;

σ_h——围岩垂直应力;

σ_v——围岩水平应力;

θ——隧道圆心极坐标系的极角。

令 K_u、K_v 分别为:

$$K_u = \frac{1-\mu_m^2}{E_{me}}[\sigma_h + \sigma_v + 2(\sigma_h - \sigma_v)\cos 2\theta] \tag{6-3}$$

$$K_v = 2\frac{1-\mu_m^2}{E_{me}}(\sigma_h - \sigma_v)\sin 2\theta \tag{6-4}$$

可得围岩弹性变形与隧道断面尺寸的关系:

$$u = K_u R_0 \tag{6-5}$$

$$v = K_v R_0 \tag{6-6}$$

式中:K_u、K_v——洞壁弹性径向位移系数和环向位移系数。

从上式可以看出,隧道围岩弹性变形与隧道断面尺寸成一次线性比例关系,其比例系数由围岩初始应力场、围岩弹性模量和泊松比,以及洞壁变形监测点的位置等参数决定。

以上分析了围岩弹性变形与隧道断面尺寸的关系,当围岩中的应力超过围岩弹性极限时,隧道周边将形成一个塑性圈,塑性圈内的围岩将发生塑性变形,此时洞壁围岩变形为:

$$u_p = \frac{\sin\varphi_m(\sigma_0 + C_m\cot\varphi_m)R_1^2}{2G_m R_0} \tag{6-7}$$

式中:C_m——岩石黏聚力;

φ_m——岩石内摩擦角;

G_m——围岩剪切模量;

σ_0——围岩初始地应力;
R_0——隧道断面半径;
R_1——围岩塑性圈半径。

围岩塑性圈半径可通过弹塑性理论求得:

$$R_1 = R_0 \left[(1-\sin\varphi_m) \frac{\sigma_0 + C_m \cot\varphi_m}{\sigma_a + C_m \cot\varphi_m} \right]^{\frac{1-\sin\varphi_m}{2\sin\varphi_m}} \tag{6-8}$$

式中:σ_a——作用在隧道洞壁上的内压力,即支护结构对围岩的作用力。

通过上式计算可得:

$$u_p = \frac{\sin\varphi_m}{2G_m}(\sigma_0 + C_m \cot\varphi_m)^{\frac{1}{\sin\varphi_m}} \left(\frac{1-\sin\varphi_m}{\sigma_a + C_m \cot\varphi_m} \right)^{\frac{1-\sin\varphi_m}{\sin\varphi_m}} R_0 \tag{6-9}$$

令:

$$K_p = \frac{\sin\varphi_m}{2G_m}(\sigma_0 + C_m \cot\varphi_m)^{\frac{1}{\sin\varphi_m}} \left(\frac{1-\sin\varphi_m}{\sigma_a + C_m \cot\varphi_m} \right)^{\frac{1-\sin\varphi_m}{\sin\varphi_m}} \tag{6-10}$$

则可得到围岩塑性变形与隧道断面尺寸的关系:

$$u_p = K_p R_0 \tag{6-11}$$

式中:K_p——洞壁塑性位移系数。

从围岩塑性变形与隧道断面尺寸的关系式可以看出,隧道围岩塑性变形与隧道断面尺寸成一次线性比例关系,其比例系数由围岩初始应力场、围岩剪切模量、围岩黏聚力和内摩擦角,以及支护结构对围岩的作用力等参数决定。

从以上分析可知,隧道围岩无论是弹性变形还是塑性变形,都与隧道断面尺寸成一次线性比例关系,即围岩的材料变形 u_m 与隧道断面半径 R_0 的比值 u_m/R_0 是一个常量。比如,当隧道断面尺寸增大 2 倍时,则隧道围岩材料变形也将增大 2 倍。

2)隧道断面尺寸对围岩结构变形的影响

不同类型的围岩结构,其变形机制差异较大,见表 6-3。

不同围岩结构的变形机制 表 6-3

围岩结构	主要变形机制
整体块状结构	弹性、塑性、黏性变形
层状结构	岩层的弯曲变形
块状结构	岩块的滑动、滚动变形
碎裂结构	碎块的滑动、滚动变形
散体结构	土砂围岩的挤密和松弛变形

在如图 6-1 所示的围岩条件下,当隧道断面尺寸较小时,围岩结构为整体块状结构,围岩变形机制以弹性、塑性、黏性变形为主,结构变形很小,可忽略不计。当隧道断面尺寸增大后,围岩结构转化为层状结构,围岩变形以岩层的弯曲变形为主,辅之以结构面的张开和闭合变形,这时围岩的弹性和塑性引起的材料变形,相对于围岩的结构变形而言,在总变形中所占的比例较小。当隧道断面尺寸进一步增大,围岩结构将转化为块状结构,这时围岩变形以岩块的滑动变形、滚动变形为主,辅之以结构面的张开和闭合变形,而围岩的材料变形所占比例将进

一步减少。当隧道断面尺寸再次增大,则围岩结构将转化为碎裂结构甚至散体结构,围岩变形主要以碎块的滑动、滚动,甚至塌落,以及土砂围岩的挤密和松弛变形为主。可见,隧道断面尺寸影响了围岩的结构类型,不同结构类型的围岩有着不同的变形机制,而不同变形机制产生的围岩变形量往往差异较大。另一方面,相同变形机制产生的围岩变形量也会随着隧道断面尺寸的增大而增大。

(1)隧道断面尺寸对块状围岩结构变形的影响

隧道断面尺寸对块状围岩结构变形产生影响的原因主要是隧道周边的不可动块体会随着隧道断面尺寸的增大而转变成可动块体,如图6-2所示。当隧道断面尺寸较小时,隧道周边的1号和2号块体是不可动块体,不可能发生滑动变形或者滚动变形。当隧道断面尺寸增大后,1号和2号块体可能发生滑动变形或者滚动变形,使围岩变形骤然增大甚至发生崩塌破坏。

(2)隧道断面尺寸对层状围岩弯曲变形的影响

以水平层状围岩的弯曲变形为例,研究层状围岩变形的尺寸效应。假设隧道跨度为D,隧道拱顶作用有均布荷载q,则隧道拱顶下沉变形可简化为图6-3所示的简支梁受力模型。

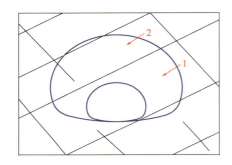

图6-2 隧道断面尺寸对块状围岩变形的影响

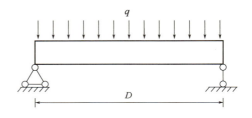

图6-3 水平层状围岩隧道拱顶下沉变形计算简化模型

隧道拱顶下沉变形为:

$$u_s = \frac{5qD^2}{384EI} \tag{6-12}$$

式中:EI——岩层横截面的抗弯刚度,与岩石的弹性模量和岩层厚度有关。

令:

$$K_s = \frac{5q}{384EI} \tag{6-13}$$

则可得层状围岩隧道拱顶下沉变形与隧道跨度的关系式:

$$u_s = K_s \cdot D^2 \tag{6-14}$$

由上式可以看出,层状围岩隧道拱顶下沉变形与隧道跨度的平方成正比,比例系数由岩层的抗弯刚度和隧道拱顶承受的荷载确定。可见,在层状围岩中,当隧道断面尺寸增大3倍时,围岩的结构变形则将增大9倍。

综合以上分析表明,隧道断面尺寸对围岩变形的影响表现在材料变形和结构变形两个方面。围岩的材料变形包括弹性变形和塑性变形,其均与隧道断面尺寸成一次线性比例关系。围岩的结构变形受隧道断面尺寸的影响较为复杂,一方面,隧道断面尺寸影响着围岩结构,围岩结构影响着围岩的变形机制,而不同变形机制产生的围岩变形量相差较大。另一方面,在同一种围岩结构下,相同变形机制产生的围岩变形量也会随着隧道断面尺寸的增大而呈现不同的变化规律,其中在块状围岩中,隧道周边不可动块体会随着隧道断面尺寸的增大而转化成可动块体,从而发生滑动或者滚动变形甚至坍塌,而层状围岩的弯曲变形与隧道断面尺寸的平方成正比。对于完整、较完整的围岩,隧道的变形主要为围岩的材料变形,其结构变形很小,可忽略不计,此时隧道断面尺寸对变形的影响主要表现在围岩的材料变形,由于材料变形与隧道断面尺寸成正比例,因此,围岩的总变形也近似与隧道断面尺寸成正比例。对于破碎、较破碎的围岩,隧道的变形主要为围岩的结构变形,其材料变形所占比例较小,此时隧道断面尺寸对变形的影响主要表现在围岩的结构变形,而结构变形与隧道断面尺寸一般呈非线性变化,因此,围岩的总变形也与隧道断面尺寸一般呈非线性变化。

6.2 超大断面隧道总变形量控制标准

制定隧道总变形量控制标准,首先可计算岩体极限应变,然后根据隧道断面和变形关系确定岩体临界变形量,即可获得隧道总变形量控制基准值。

6.2.1 岩体极限应变

岩体极限应变采用下式计算:

$$\varepsilon_{mc} = \frac{\sigma_{mc}}{E_m} \tag{6-15}$$

式中:ε_{mc}——岩体极限应变;

σ_{mc}——岩体抗压强度(MPa);

E_m——岩体弹性模量(MPa)。

1)岩体强度

岩体强度采用 Hoke-Brown 经验公式计算。1980 年 E. Hoke 和 E. T. Brown 通过对几百组岩石三轴试验资料和大量岩土现场试验成果的统计分析,结合岩石形状方面的理论研究成果和实践检验,提出了迄今为止应用最广泛、影响最大的岩石强度准则——Hoke-Brown(H-B)强度准则。多年来,经过大量研究人员的不断发展和完善,形成了较为完整的体系。H-B 强度准则可应用于岩石和岩体,参数可通过常规室内试验、矿物组成和不连续面描述获取。H-B 强度准则可以反映岩石和岩体固有的非线性破坏的特点,以及结构面、应力状态对强度的影响,能解释低应力区、拉应力区和最小主应力对强度的影响,并适用于各向异性岩体的描述等。

H-B 强度准则表达式为:

$$\sigma_1 = \sigma_3 + \sigma_c \left(m_i \frac{\sigma_3}{\sigma_c} + 1 \right)^{0.5} \tag{6-16}$$

式中:σ_1——最大压应力(MPa);

σ_3——最小压应力(MPa);

σ_c——岩石单轴抗压强度(MPa);

m_i——岩石量纲一的经验参数,反映岩石的软硬程度,取值范围为 0.001~25.0。E. Hoek 等结合大量工程地质人员的试验和工程经验,提出了比较全面的、可以覆盖多种岩石的 m_i 取值方法。

1992 年 E. Hoek 等对 H-B 强度准则进行了改进,使其可同时应用于岩石和岩体,称之为广义 H-B 岩体强度准则,其表达式为:

$$\sigma_1 = \sigma_3 + \sigma_c \left(m_b \frac{\sigma_3}{\sigma_c} + s \right)^a \tag{6-17}$$

式中:m_b、s、a——反映岩体特征的经验参数,其中,m_b、a 为针对不同岩体的量纲的经验参数,s 反映岩体破碎程度,取值范围 0.0~1.0,对于完整的岩体(即岩石)取 1.0。

广义 H-B 岩体强度准则在原准则的基础上引入参数 s、a,以适用于质量较差的岩体,特别是在低应力条件下。1992 年提出的广义 H-B 岩体强度准则使得该准则的研究对象从岩石转向具有实际意义的工程岩体。H-B 岩石强度准则是广义 H-B 岩体强度准则的一个特例。

E. Hoek 和 E. T. Brown 结合 Z. T. Bieniawski 岩体评分系统(RMR)提出了岩体参数取值方法:

① 扰动岩体

$$m_b = \exp\left(\frac{\text{RMR} - 100}{14}\right) m_i \tag{6-18}$$

$$s = \exp\left(\frac{\text{RMR} - 100}{6}\right) \tag{6-19}$$

$$a = 0.5 \tag{6-20}$$

② 未扰动岩体

$$m_b = \exp\left(\frac{\text{RMR} - 100}{28}\right) m_i \tag{6-21}$$

$$s = \exp\left(\frac{\text{RMR} - 100}{9}\right) \tag{6-22}$$

$$a = 0.5 \tag{6-23}$$

该方法假定岩体完全干燥,且仅适用于某些特定的非连续面。对 RMR > 25.0 的岩体是适用的,但对非常破碎的岩体,如 RMR < 18.0(1976 版 RMR)或 RMR < 23.0(1989 版 RMR)是不适用的。为克服这一局限,E. Hoek 等提出了基于地质强度指标(GSI)的岩体参数的取值方法:

① 当 GSI > 25.0(如质量较好的岩体)时

$$m_b = \exp\left(\frac{\text{GSI} - 100}{28}\right) m_i \tag{6-24}$$

$$s = \exp\left(\frac{\text{GSI} - 100}{9}\right) \tag{6-25}$$

$$a = 0.5 \tag{6-26}$$

② 当 GSI < 25.0(如非常破碎的岩体)时

$$\sigma_1 = \sigma_3 + \sigma_c \left(m_i \frac{\sigma_3}{\sigma_c} + 1 \right)^{0.5} \tag{6-27}$$

E. Hoek 等引入一个可考虑爆破影响和应力释放的扰动参数 D(取值范围为 0.0~1.0,现场无扰动岩体为 0.0,而非常扰动岩体为 1.0),提出了基于地质强度指标(GSI)参数取值的新方法:

$$m_b = \exp\left(\frac{GSI-100}{28-14D}\right)m_i \tag{6-28}$$

$$s = \exp\left(\frac{GSI-100}{9-3D}\right) \tag{6-29}$$

$$a = 0.5 + \frac{1}{6}\left[\exp\left(-\frac{GSI}{15}\right) - \exp\left(-\frac{20}{3}\right)\right] \tag{6-30}$$

2）岩体弹性模量

岩体弹性模量是对岩体工程进行分析和模拟的必备参数，获取的方法主要有原位试验法、经验公式法、数值计算法等。原位试验法能够得到准确的弹性模量值，但试验过程复杂，费用昂贵，对环境的要求较为苛刻，特别是在深孔和岩体破碎的情况下，甚至无法开展试验。经验公式法以部分试验为基础，根据工程经验和理论推导相结合的方式建立岩体弹性模量的计算公式，具有简单、实用、有效的优点，为岩土工程技术人员普遍接受。

目前，许多学者研究建立了岩体弹性模量与其质量指标、完整性指标、波速等参数之间的对应关系。R. F. Coon 和 A. H. Merritt 提出采用 E_m/E_r（岩体与岩块的弹性模量比）作为模量因子，并得出了该模量因子与岩体质量指标 RQD 之间的关系式：

$$\frac{E_m}{E_r} = 0.0231 RQD - 1.35 \geqslant 0.15 \tag{6-31}$$

W. S. Gardner 提出采用与 RQD 相关的折减系数 α_E 表示 E_m/E_r，即

$$\alpha_E = E_m/E_r = 0.0231 RQD - 1.32 \tag{6-32}$$

该公式被美国《桥梁公路岩体分类规范》采纳。

L. Zhang 和 H. Einstein 提出采用上限值、下限值和平均值的方法描述 RQD 值与岩体模量因子 E_m/E_r 之间的关系。

Z. T. Bieniawski 提出 RMR>50 的情况下，岩体弹性模量与岩体质量指数 RMR 的关系为：

$$E_m = 2RMR - 100 \tag{6-33}$$

J. L. Serafim 和 J. P. Pereira 提出 RMR≤50 的情况下，岩体弹性模量与 RMR 指标的关系为：

$$E_m = 10^{(RMR-10)/40} \tag{6-34}$$

E. Hoek 和 E. T. Brown 提出岩体弹性模量与地质力学强度指标 GSI 和单轴抗压强度 UCS 的关系为：

$$E_m = \sqrt{\frac{USC}{100}} \cdot 10^{(GSI-10)/40} \tag{6-35}$$

这些经验公式较准确地反映了特定条件下的岩体弹性模量值与岩体质量指标之间的关系。

从以上论述可以看出，岩体弹性模量与其完整性的关系密不可分。目前，描述岩体完整性的指标主要有三种：RQD、J_v、K_v，分别从钻探取芯率、单位体积节理数、弹性纵波波速的角度出发描述岩体完整程度。这些指标能够反映实际工程情况，但也存在诸多问题，如胡文寿和张显志提出 RQD 所反映的岩体完整性指标与钻探工程质量密切相关，与其说是岩体质量指标，倒不如说是取芯质量指标。

八达岭地下车站大跨段隧道采用 W. S. Gardner 提出的经验公式[式（6-32）]计算岩体弹性模量。

测试八达岭地下车站岩样物理力学指标,结果见表6-4。

八达岭地下车站岩样物理力学指标　　　　　　　　　　　表6-4

序号	取样位置	里程	单轴抗压强度（MPa）	弹性模量（GPa）	泊松比	极限应变（%）
1	2号斜井1号分通道	2X1DK0+050	51.4	57.97	0.192	0.089
2	2号斜井1号分通道	2X1DK0+050	41.8	65.49	0.210	0.064
3	大跨上导洞	DK68+460	47.6	24.35	0.231	0.195
4	大跨上导洞	DK68+460	39.1	26.68	0.267	0.147
5	2号斜井主通道	2XJDK0+750	31.3	16.31	0.289	0.192
6	2号斜井1号分通道	2X1DK0+250	92.6	32.72	0.199	0.283

计算八达岭地下车站岩体极限应变,结果见表6-5。

八达岭地下车站岩体极限应变计算结果　　　　　　　　　表6-5

围岩级别	Ⅱ	Ⅲ	Ⅳ	Ⅴ
岩体极限应变(%)	0.22	0.30	0.67	1.34

6.2.2 岩体临界变形量

为了确定拱顶下沉与隧道开挖跨度的关系,如图6-4所示,假设围岩变形之前轮廓线圆弧为 ABC,半径为 R,圆弧对应角为 θ,拱顶发生沉降变形 S 后,圆弧改变为 AHC。则有:

$$DE = R \cdot \cos\theta \tag{6-36}$$

$$AD = R \cdot \sin\theta \tag{6-37}$$

$$DH = R - S - DE = R - S - R \cdot \cos\theta \tag{6-38}$$

$$\angle AHE = \arctan\left(\frac{AD}{DH}\right) = \arctan\left(\frac{R \cdot \sin\theta}{R - S - R \cdot \cos\theta}\right) \tag{6-39}$$

$$AH = \sqrt{AD^2 + DH^2} = \sqrt{(R \cdot \sin\theta)^2 + (R - S - R \cdot \cos\theta)^2} \tag{6-40}$$

$$HF = \frac{0.5 \cdot AH}{\cos(\angle AHE)} \tag{6-41}$$

$$\angle GFH = 90° - \angle AHE \tag{6-42}$$

变形前的弧长:

$$ABC = 2R \cdot \theta \tag{6-43}$$

变形后的弧长:

$$AHC = 4 \cdot HF \cdot \angle GFH \tag{6-44}$$

沉降变形后引起的围岩压应变:

$$\varepsilon = \frac{ABC - AHC}{ABC} = \frac{R \cdot \theta \cdot \cos\gamma - \sqrt{(R \cdot \sin\theta)^2 + (R - S - R \cdot \cos\theta)^2} \cdot \left(\frac{\pi}{2} - \gamma\right)}{R \cdot \theta \cdot \cos\gamma} \tag{6-45}$$

式中: γ——角度 $\angle AHE$。

$$\tan\gamma = \frac{R \cdot \sin\theta}{R - S - R \cdot \cos\theta} \tag{6-46}$$

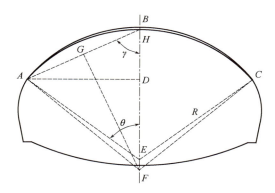

图6-4 隧道拱顶岩体临界变形计算模型

根据上述公式,可以计算出最大跨度时隧道拱顶下沉与围岩应变的关系,见表6-6。

隧道拱顶下沉与围岩应变的关系(跨度为32.7m)　　　表6-6

开挖半径(m)	圆弧角度(°)	拱顶下沉降(mm)	围岩应变(‰)
17.64	57.90	10	0.08
17.64	57.90	20	0.15
17.64	57.90	30	0.22
17.64	57.90	40	0.30
17.64	57.90	50	0.37
17.64	57.90	60	0.45
17.64	57.90	70	0.52
17.64	57.90	80	0.60
17.64	57.90	90	0.67
17.64	57.90	100	0.75
17.64	57.90	110	0.82
17.64	57.90	120	0.90
17.64	57.90	130	0.97
17.64	57.90	140	1.04
17.64	57.90	150	1.12
17.64	57.90	160	1.19
17.64	57.90	170	1.27
17.64	57.90	180	1.34
17.64	57.90	190	1.41
17.64	57.90	200	1.49
17.64	57.90	210	1.56
17.64	57.90	220	1.63
17.64	57.90	230	1.71
17.64	57.90	240	1.78
17.64	57.90	250	1.85

根据计算结果,绘制最大跨度时隧道拱顶下沉与围岩应变的关系曲线,如图 6-5 所示。

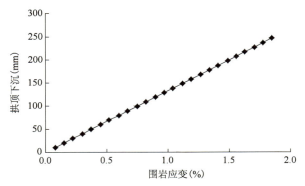

图 6-5　最大跨度时隧道拱顶下沉与围岩应变关系曲线(跨度为 32.7m)

计算不同跨度下隧道拱顶下沉与围岩应变的关系,见表 6-7。

不同跨度时隧道拱顶下沉与围岩应变的关系　　　　　　表 6-7

拱顶下沉 (mm)	跨度(m)				
	20.02	24.39	26.22	29.95	32.7
	围岩应变(%)				
10	0.13	0.10	0.10	0.09	0.08
20	0.26	0.21	0.20	0.018	0.15
30	0.40	0.31	0.30	0.26	0.22
40	0.53	0.42	0.40	0.35	0.30
50	0.66	0.52	0.50	0.44	0.37
60	0.79	0.62	0.60	0.53	0.45
70	0.92	0.72	0.70	0.62	0.52
80	1.05	0.83	0.80	0.70	0.60
90	1.18	0.93	0.90	0.79	0.67
100	1.31	1.03	1.00	0.88	0.75
110	1.44	1.14	1.10	0.96	0.82
120	1.57	1.24	1.20	1.05	0.90
130	1.70	1.34	1.30	1.14	0.97
140	1.83	1.44	1.40	1.23	1.04
150	1.96	1.54	1.50	1.31	1.12
160	2.09	1.65	1.60	1.40	1.19
170	2.22	1.75	1.70	1.49	1.27
180	2.35	1.85	1.80	1.57	1.34
190	2.47	1.95	1.89	1.66	1.41
200	2.60	2.05	1.99	1.74	1.49
210	2.73	2.15	2.09	1.83	1.56

续上表

拱顶下沉(mm)	跨度(m)				
	20.02	24.39	26.22	29.95	32.7
	围岩应变(%)				
220	2.86	2.25	2.19	1.92	1.63
230	2.98	2.36	2.29	2.00	1.71
240	3.11	2.46	2.38	2.09	1.78
250	3.24	2.56	2.48	2.17	1.85

根据计算结果,绘制不同跨度时隧道拱顶下沉与围岩应变的关系曲线,如图6-6所示。

对隧道拱顶下沉与围岩应变关系曲线进行回归分析,得到不同跨度时的回归曲线:

$$S = \begin{cases} 134.98\varepsilon - 0.5813 & D = 20.02 \\ 115.06\varepsilon - 0.6857 & D = 24.39 \\ 100.78\varepsilon - 0.7869 & D = 26.22 \\ 97.837\varepsilon - 0.8116 & D = 29.95 \\ 77.298\varepsilon - 1.0393 & D = 32.70 \end{cases} \quad (6-47)$$

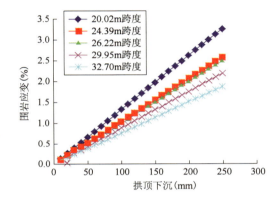

图6-6 不同跨度时隧道拱顶下沉与围岩应变关系曲线

式中:S——隧道拱顶下沉(mm);
ε——围岩应变(%);
D——隧道跨度(m)。

利用回归曲线,根据岩体极限应变,结合隧道跨度和围岩级别,计算隧道拱顶下沉控制基准值。为了现场易于控制,将隧道跨度分为25~33m和18~25m两档。

隧道水平收敛也可以采用同样的办法获得。

八达岭地下车站大跨段隧道拱顶下沉、水平收敛控制基准值计算结果见表6-8。

不同跨度不同围岩级别隧道拱顶下沉及水平收敛控制基准值　　表6-8

隧道跨度(m)	围岩级别	岩体极限应变(%)	控制基准值(mm)	
			拱顶下沉	水平收敛
25~33	Ⅱ	0.22	30	20
	Ⅲ	0.30	40	25
	Ⅳ	0.67	90	55
	Ⅴ	1.34	180	105
18~25	Ⅱ	0.22	20	15
	Ⅲ	0.30	30	20
	Ⅳ	0.67	60	40
	Ⅴ	1.34	130	90

结合八达岭地下车站大跨段隧道具体情况，确定各段落变形控制标准见表6-9。

八达岭地下车站大跨段隧道各段落变形控制标准　　　　表6-9

位置	编号	里程范围	长度（m）	围岩级别	隧道跨度（m）	隧道高度（m）	控制基准值（mm）	
							拱顶下沉	水平收敛
北京端	1	DK67+652~DK67+706	54	Ⅱ	20.02	14.30	20	15
	2	DK67+706~DK67+760	54	Ⅱ	26.22	16.79	30	20
	3	DK67+760~DK67+790	30	Ⅲ	29.95	18.36	40	25
	4	DK67+790~DK67+815	25	Ⅳ	32.73	19.32	90	55
张家口端	1	DK68+285~DK68+300	15	Ⅴ	32.73	19.50	180	105
	2	DK68+300~DK68+330	30	Ⅳ	31.08	18.83	90	55
	3	DK68+330~DK68+360	30	Ⅳ	27.73	17.51	90	55
	4	DK68+360~DK68+404	44	Ⅲ	24.39	16.14	30	20
	5	DK68+404~DK68+448	44	Ⅲ	19.30	14.07	30	20

6.3　超大断面隧道分步变形量控制标准

超大断面隧道开挖步序多、周期长，为确保施工安全，必须对每个开挖分步都进行变形量控制，否则随着跨度和断面加大，变形量一旦超限，将很容易造成结构失稳。因此，需要对总变形量进行分解，即：

$$S = S_1 + S_2 + S_3 + \cdots \tag{6-48}$$

式中：　S——总变形量控制基准值；
　　　S_1、S_2、S_3、$\cdots$——每分步变形量控制基准值。

八达岭地下车站大跨段隧道共分为11步开挖，因此，将总变形量控制基准值分解为11个步序子变形量控制基准值，从而实现对隧道施工过程的安全控制。

为了确定大跨段隧道各个分步开挖变形量的占比关系，采用数值模拟的方法计算大跨段隧道分步开挖引起的变形量，从而得到每个分步开挖引起的变形量与总变形量之比。

数值模拟计算变形云图如图6-7所示。

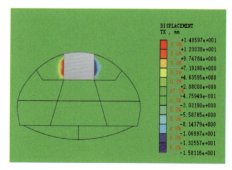 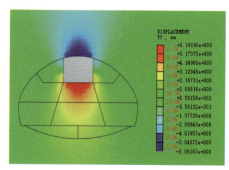

a) 第1步

图　6-7

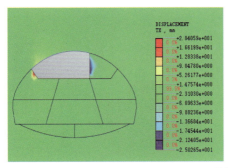 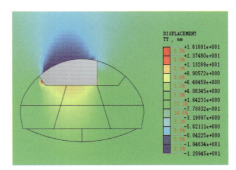

b) 第2步

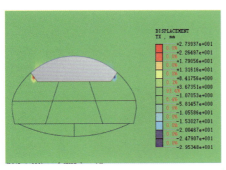 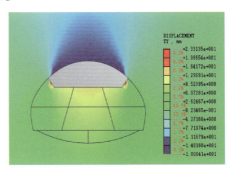

c) 第3步

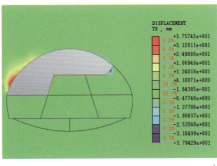 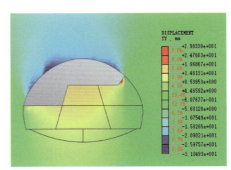

d) 第4步

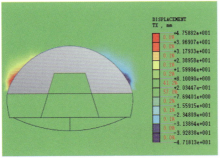 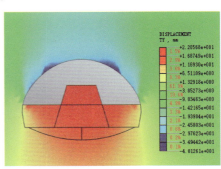

e) 第5步

图 6-7

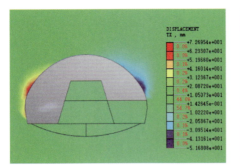
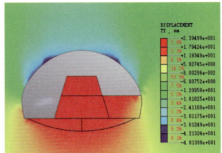

f) 第6步

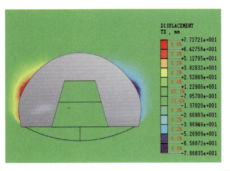
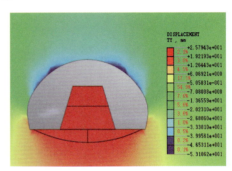

g) 第7步

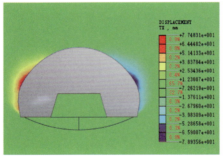
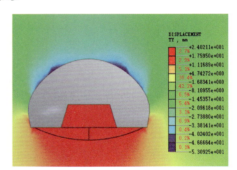

h) 第8步

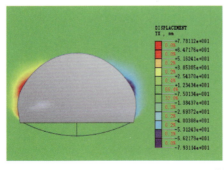
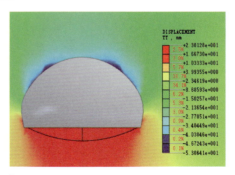

i) 第9步

图 6-7

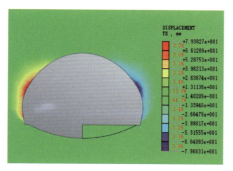
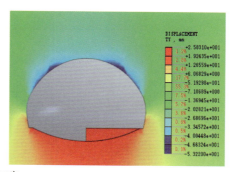

j) 第10步

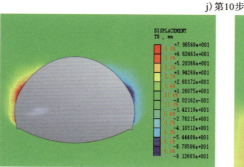
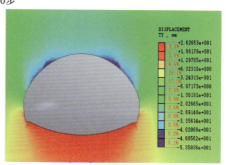

k) 第11步

图 6-7　大跨段隧道"品"字形分步开挖变形量数值模拟结果（DK68+285~DK68+300段、Ⅴ级围岩）

在隧道周边布置变形监测点，如图 6-8 所示。计算各监测点变形情况，结果见表 6-10~表 6-15。计算结果中水平方向向左为负值，向右为正值；竖直方向向上为正值，向下为负值。

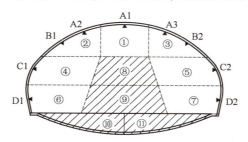

图 6-8　隧道变形监测点布置示意图

大跨段隧道Ⅲ级围岩水平向变形　　　　　　　　　　表 6-10

开挖分步	变形值（mm）								
	A1	A2	A3	B1	B2	C1	C2	D1	D2
1	0.000	-0.002	0.001	0.022	-0.022	-0.001	0.000	-0.030	0.030
2	0.170	0.131	-0.078	0.127	-0.302	0.058	-0.057	-0.025	0.078
3	0.001	0.270	-0.272	0.485	-0.484	0.141	-0.141	-0.082	0.082
4	0.321	0.519	0.156	0.655	-0.036	0.200	-0.345	-0.129	-0.078
5	0.000	0.085	-0.086	0.213	-0.215	0.448	-0.455	0.042	-0.042
6	0.099	0.162	0.045	0.275	-0.029	0.499	-0.132	0.072	-0.145

续上表

开挖分步	变形值(mm)								
	A1	A2	A3	B1	B2	C1	C2	D1	D2
7	0.000	0.026	-0.026	0.078	-0.078	0.154	-0.162	0.146	-0.146
8	0.000	0.027	-0.027	0.080	-0.080	0.158	-0.166	0.150	-0.150
9	0.000	0.033	-0.033	0.091	-0.091	0.175	-0.183	0.180	-0.180
10	-0.002	0.037	-0.042	0.102	-0.108	0.195	-0.209	0.216	-0.224
11	0.000	0.042	-0.042	0.110	-0.111	0.206	-0.214	0.234	-0.234

大跨段隧道Ⅲ级围岩竖直方向变形　　　　表6-11

开挖分步	变形值(mm)								
	A1	A2	A3	B1	B2	C1	C2	D1	D2
1	-0.892	-0.068	-0.064	0.016	0.016	0.030	0.030	0.061	0.061
2	-1.493	-1.476	-0.159	0.006	-0.033	0.078	-0.002	0.213	0.065
3	-2.413	-1.929	-1.928	-0.073	-0.075	0.035	0.034	0.239	0.239
4	-2.931	-2.852	-2.188	-2.168	-0.077	-0.888	0.051	0.568	0.315
5	-3.559	-3.235	-3.235	-2.375	-2.376	-0.936	-0.946	0.678	0.679
6	-3.647	-3.376	-3.283	-2.598	-2.392	-1.397	-0.933	0.241	0.726
7	-3.726	-3.415	-3.415	-2.607	-2.607	-1.378	-1.382	0.295	0.294
8	-3.702	-3.391	-3.391	-2.581	-2.582	-1.348	-1.353	0.332	0.331
9	-3.676	-3.364	-3.364	-2.552	-2.553	-1.315	-1.319	0.374	0.373
10	-3.674	-3.361	-3.363	-2.546	-2.552	-1.305	-1.318	0.389	0.374
11	-3.662	-3.350	-3.349	-2.536	-2.536	-1.294	-1.299	0.402	0.401

大跨段隧道Ⅳ级围岩水平向变形　　　　表6-12

开挖分步	变形值(mm)								
	A1	A2	A3	B1	B2	C1	C2	D1	D2
1	-0.002	0.178	-0.196	0.036	-0.035	0.081	-0.078	0.157	0.000
2	0.398	0.136	0.194	-0.666	0.279	-0.029	0.072	0.369	-0.154
3	0.001	-0.219	0.249	-1.164	1.171	-0.237	0.238	0.451	-0.187
4	0.942	1.100	0.809	0.887	1.593	3.225	0.341	0.038	-0.448
5	-0.006	0.390	-0.495	0.694	-0.775	4.069	-3.864	0.111	-0.727
6	0.381	0.943	-0.232	1.536	-0.731	6.411	-4.120	8.355	-0.115
7	-0.005	0.675	-0.779	1.394	-1.570	6.513	-6.639	8.734	-0.230
8	-0.005	0.672	-0.777	1.391	-1.567	6.535	-6.651	8.810	-8.827
9	-0.005	0.661	-0.766	1.370	-1.546	6.535	-6.641	8.895	-8.903
10	-0.006	0.654	-0.760	1.357	-1.533	6.539	-6.623	8.955	-8.990
11	-0.006	0.653	-0.760	1.355	-1.532	6.545	-6.642	8.988	-9.000

大跨段隧道Ⅳ级围岩竖直方向变形 表6-13

开挖分步	变形值(mm)								
	A1	A2	A3	B1	B2	C1	C2	D1	D2
1	-2.845	-0.255	-0.248	0.040	0.037	0.088	0.086	0.190	0.187
2	-4.777	-4.675	-0.590	-0.013	-0.140	0.203	-0.037	0.650	0.189
3	-7.585	-6.155	-6.125	-0.266	-0.277	0.050	0.047	0.722	0.718
4	-9.332	-9.168	-7.133	-7.038	-0.345	-3.372	0.063	1.801	0.950
5	-11.534	-10.610	-10.649	-8.174	-8.100	-3.757	-3.684	2.092	2.094
6	-11.928	-11.222	-10.881	-9.111	-8.287	-5.533	-3.655	2.558	2.282
7	-12.337	-11.467	-11.513	-9.261	-9.244	-5.519	-5.459	2.821	2.812
8	-12.274	-11.403	-11.449	-9.196	-9.177	-5.445	-5.382	2.946	2.937
9	-12.194	-11.321	-11.367	-9.109	-9.089	-5.349	-5.281	3.121	3.112
10	-12.164	-11.288	-11.339	-9.071	-9.061	-5.303	-5.252	3.219	3.163
11	-12.121	-11.247	-11.293	-9.031	-9.010	-5.262	-5.189	3.283	3.274

大跨段隧道Ⅴ级围岩水平向变形 表6-14

开挖分步	变形值(mm)								
	A1	A2	A3	B1	B2	C1	C2	D1	D2
1	0.041	0.264	-0.226	-0.134	0.127	0.092	-0.091	0.345	-0.341
2	0.782	3.110	0.433	-0.626	0.803	-0.151	0.261	0.723	-0.364
3	-0.135	4.080	-4.518	-1.213	1.214	-0.727	0.728	0.620	-0.616
4	1.836	9.256	-6.124	20.450	1.427	26.106	0.963	-0.087	-0.622
5	-0.566	10.687	-13.812	27.306	-27.582	32.721	-30.758	0.398	-0.131
6	0.628	14.774	-14.876	42.351	-30.925	61.290	-33.532	51.159	-1.030
7	-0.794	15.637	-19.760	45.836	-47.696	65.842	-64.110	56.311	-54.033
8	-0.794	15.659	-19.786	45.945	-47.838	66.073	-64.381	56.789	-54.526
9	-0.795	15.691	-19.824	46.107	-48.044	66.432	-64.786	57.576	-55.224
10	-0.731	15.898	-19.902	46.878	-48.271	68.127	-65.150	60.450	-55.758
11	-0.813	15.928	-20.110	47.051	-49.042	68.406	-66.876	60.967	-58.653

大跨段隧道Ⅴ级围岩竖直方向变形 表6-15

开挖分步	变形值(mm)								
	A1	A2	A3	B1	B2	C1	C2	D1	D2
1	-6.055	-1.302	-1.162	-0.081	-0.085	0.050	0.048	0.332	0.329
2	-9.790	-11.454	-2.136	-0.202	-0.482	0.379	-0.249	1.240	0.273
3	-15.206	-16.741	-16.768	-0.714	-0.712	0.088	0.084	1.276	1.269
4	-20.393	-24.719	-23.534	-21.424	-1.359	-7.925	-0.190	4.277	1.463
5	-27.358	-32.570	-35.313	-29.810	-27.752	-9.540	-8.910	4.828	4.885

续上表

开挖分步	变形值(mm)								
	A1	A2	A3	B1	B2	C1	C2	D1	D2
6	-30.815	-37.778	-39.432	-38.966	-31.748	-16.763	-9.422	13.297	5.212
7	-34.499	-41.921	-45.625	-43.119	-41.958	-18.771	-17.545	14.350	13.823
8	-34.435	-41.875	-45.584	-43.104	-41.958	-18.709	-17.487	14.645	14.109
9	-34.335	-41.803	-45.517	-43.078	-41.950	-18.608	-17.390	15.133	14.531
10	-34.460	-41.970	-45.675	-43.435	-42.096	-18.589	-17.399	16.166	14.784
11	-34.578	-42.080	-45.843	-43.554	-42.446	-18.582	-17.372	16.441	15.803

根据数值模拟计算结果,可以得到隧道分步开挖各步序的变形值,从而计算出各步序占比。拱顶下沉各步序占比见表6-16。

数值模拟计算拱顶下沉各步序占比 表6-16

项目名称	围岩级别	开挖分步										
		1	2	3	4	5	6	7	8	9	10	11
拱顶下沉累计值(mm)	Ⅴ	-6.06	-9.79	-15.21	-20.39	-27.36	-30.81	-34.5	-34.44	-34.34	-34.46	-34.58
	Ⅳ	-2.84	-4.78	-7.59	-9.33	-11.53	-11.93	-12.34	-12.27	-12.19	-12.16	-12.12
	Ⅲ	-0.89	-1.49	-2.41	-2.93	-3.56	-3.65	-3.73	-3.7	-3.68	-3.67	-3.66
各步序占比(%)	Ⅴ	18	11	16	15	20	10	11	0	0	0	0
	Ⅳ	23	16	23	14	18	3	3	-1	-1	0	0
	Ⅲ	24	16	25	14	17	2	2	-1	-1	0	0
累计占比(%)	Ⅴ	18	28	44	59	79	89	100	100	99	100	100
	Ⅳ	23	39	63	77	95	98	102	101	101	100	100
	Ⅲ	24	41	66	80	97	100	102	101	100	100	100

绘制隧道拱顶下沉各步序占比及累计占比柱状图,如图6-9、图6-10所示。

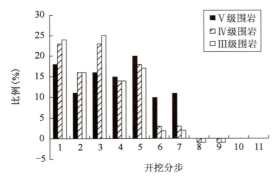

图6-9 隧道拱顶下沉各步序占比柱状图

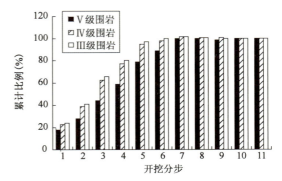

图6-10 隧道拱顶下沉各步序累计占比柱状图

从隧道拱顶下沉各步序占比和累计占比情况来看,可将大跨段隧道11步开挖划分为成跨、成墙、落底三个阶段。

①成跨阶段。成跨阶段为大跨段隧道开挖的第1步至第5步,即上层中、左、右洞开挖,中

层左、右侧洞开挖。成跨阶段隧道跨度在不断增大,因此开挖引起的沉降变形占比较大,Ⅲ级围岩成跨阶段变形占比达到了总变形量的97%,Ⅳ级围岩达到了95%,Ⅴ级围岩达到了79%。

②成墙阶段。成墙阶段为大跨段隧道开挖的第6步和第7步,即下层左、右侧洞开挖。成墙阶段隧道跨度没有增大,但隧道高度逐渐增大。与成跨阶段相比,成墙阶段拱下沉占比明显变小。Ⅲ级围岩成墙阶段变形占比为总变形量的5%,Ⅳ级围岩为7%,Ⅴ级围岩为21%。

③落底阶段。落底阶段为大跨段隧道开挖的第8步至第11步,即中、下层核心土,左、右侧仰拱开挖。落底阶段隧道跨度和高度基本不变,因此该阶段沉降变形占比趋近于0,甚至由于开挖卸载作用,隧道会出现向上的隆起变形。

根据以上变形规律,大跨段隧道各分步拱顶下沉占比可采用下式简化计算:

$$P_i = \begin{cases} 0.95/n_1 & \text{成跨阶段} \\ 0.05/n_2 & \text{成墙阶段} \\ 0 & \text{落底阶段} \end{cases} \quad (6\text{-}49)$$

式中:P_i——各分步拱顶下沉变形占比;
n_1——成跨阶段开挖分步的总步数;
n_2——成墙阶段开挖分步的总步数。

根据数值模拟计算结果,并充分考虑预应力锚杆、预应力锚索对围岩的加固作用,最终确定八达岭地下车站大跨段隧道拱顶下沉各步序占比控制标准见表6-17,如图6-11所示。

八达岭地下车站大跨段隧道拱顶下沉各步序占比　　　　表6-17

开挖分步	1	2	3	4	5	6	7	8	9	10	11
各步序占比(%)	25	16	25	13	16	2	2	0	0	0.5	0.5
累计占比(%)	25	41	66	79	95	97	99	99	99	99.5	100

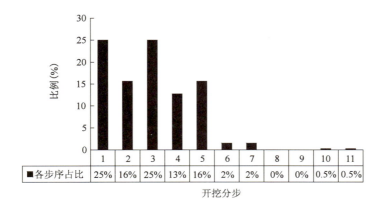

图6-11　八达岭地下车站大跨段隧道拱顶下沉各步序占比

根据各步序占比,结合总变形量控制标准,制定八达岭地下车站大跨段隧道各步序拱顶下沉控制标准,见表6-18。

八达岭地下车站大跨段隧道监测断面各步序拱顶下沉控制标准　　　表6-18

监测断面里程	围岩级别	开挖跨度（m）	开挖高度（m）	累计拱顶下沉（mm）	各开挖分步拱顶下沉累计值（mm）										
					1	2	3	4	5	6	7	8	9	10	11
各步序占比（%）					25	16	25	13	16	2	2	0	0	0.5	0.5
各步序累计占比（%）					25	41	66	79	95	97	99	99	99	99.5	100
DK67+675	Ⅱ	20.02	14.30	20	5.0	8.2	13.2	15.8	19.0	19.4	19.8	19.8	19.8	19.9	20
DK67+730	Ⅱ	26.22	16.79	30	7.5	12.3	19.8	23.7	28.5	29.1	29.7	29.7	29.7	29.9	30
DK67+775	Ⅲ	29.95	18.36	40	10.0	16.4	26.4	31.6	38.0	38.8	39.6	39.6	39.6	39.8	40
DK67+800	Ⅳ	32.73	19.32	90	22.5	36.9	59.4	71.1	85.5	87.3	89.1	89.1	89.1	89.6	90
DK68+295	Ⅴ	32.73	19.50	180	45.0	73.8	118.8	142.2	171.0	174.6	178.2	178.2	178.2	179.1	180
DK68+315	Ⅳ	31.08	18.83	90	22.5	36.9	59.4	71.1	85.5	87.3	89.1	89.1	89.1	89.6	90
DK68+345	Ⅳ	27.73	17.51	90	22.5	36.9	59.4	71.1	85.5	87.3	89.1	89.1	89.1	89.6	90
DK68+384	Ⅲ	24.39	16.14	30	7.5	12.3	19.8	23.7	28.5	29.1	29.7	29.7	29.7	29.9	30
DK68+426	Ⅲ	19.30	14.07	30	7.5	12.3	19.8	23.7	28.5	29.1	29.7	29.7	29.7	29.9	30

6.4 变形控制分级管理

为了加强过程控制，建立变形控制标准分级管理机制，见表6-19。

变形控制标准分级管理　　　表6-19

预警等级	分级标准	应对措施
Ⅱ级预警（黄色预警）	变形达到控制标准的1/3	加强监测，提高监测频率，检测预应力锚索、预应力锚杆的张拉值
Ⅰ级预警（橙色预警）	变形达到控制标准的2/3	停止开挖，分析原因，对预应力锚索、预应力锚杆进行补偿张拉
临界值（红色预警）	变形达到控制标准	停止开挖，分析原因，增加预应力锚索、预应力锚杆、注浆等支护措施

根据分级管理机制，完善各监测主断面变形控制分级标准，见表6-20。

各监测主断面变形控制标准分级管理　　　表6-20

监测断面里程	预警等级	各开挖分步拱顶下沉控制分级预警标准值（mm）										
		1	2	3	4	5	6	7	8	9	10	11
DK67+730	Ⅱ级预警（黄色预警）	2.5	4.1	6.6	7.9	9.5	9.7	9.9	9.9	9.9	10.0	10
	Ⅰ级预警（橙色预警）	5	8.2	13.2	15.8	19	19.4	19.8	19.8	19.8	19.9	20
	临界值（红色预警）	7.5	12.3	19.8	23.7	28.5	29.1	29.7	29.7	29.7	29.9	30
DK68+295	Ⅱ级预警（黄色预警）	15	24.6	39.6	47.4	57	58.2	59.4	59.4	59.4	59.7	60
	Ⅰ级预警（橙色预警）	30	49.2	79.2	94.8	114	116.4	118.8	118.8	118.8	119.4	120
	临界值（红色预警）	45	73.8	118.8	142.2	171	174.6	178.2	178.2	178.2	179.1	180

续上表

监测断面里程	预警等级	各开挖分步拱顶下沉控制分级预警标准值(mm)										
		1	2	3	4	5	6	7	8	9	10	11
DK68+315	Ⅱ级预警(黄色预警)	7.5	12.3	19.8	23.7	28.5	29.1	29.7	29.7	29.7	29.9	30
	Ⅰ级预警(橙色预警)	15	24.6	39.6	47.4	57	58.2	59.4	59.4	59.4	59.7	60
	临界值(红色预警)	22.5	36.9	59.4	71.1	85.5	87.3	89.1	89.1	89.1	89.6	90
DK68+370	Ⅱ级预警(黄色预警)	5	8.2	13.2	15.8	19	19.4	19.8	19.8	19.8	19.9	20
	Ⅰ级预警(橙色预警)	10	16.4	26.4	31.6	38	38.8	39.6	39.6	39.6	39.8	40
	临界值(红色预警)	15	24.6	39.6	47.4	57	58.2	59.4	59.4	59.4	59.7	60
DK68+384	Ⅱ级预警(黄色预警)	2.5	4.1	6.6	7.9	9.5	9.7	9.9	9.9	9.9	10.0	10
	Ⅰ级预警(橙色预警)	5	8.2	13.2	15.8	19	19.4	19.8	19.8	19.8	19.9	20
	临界值(红色预警)	7.5	12.3	19.8	23.7	28.5	29.1	29.7	29.7	29.7	29.9	30

6.5 监控量测成果分析

6.5.1 实际地质围岩级别

八达岭地下车站大跨段隧道施工中,根据实际开挖揭示的地质条件,及时对围岩级别进行了调整。总体来讲,实际地质与设计地质基本相符。实际地质围岩级别见表6-21。

八达岭地下车站大跨段隧道实际地质围岩级别　　表6-21

	里程范围	长度(m)	围岩级别	开挖跨度(m)	开挖高度(m)	备注
张家口端	DK68+285~DK68+300	15	Ⅴ	32.73	19.50	
	DK68+300~DK68+330	30	Ⅳ	31.08	18.83	
	DK68+330~DK68+360	30	Ⅳ	27.73	17.51	
	DK68+360~DK68+372	12	Ⅳ	24.39	16.14	开挖后Ⅲ级变更为Ⅳ级
	DK68+372~DK68+404	32	Ⅲ	24.39	16.14	
	DK68+404~DK68+448	44	Ⅲ	19.30	14.07	
北京端	DK67+652~DK67+663.2	11.2	Ⅲ	20.02	14.30	开挖后Ⅱ级变更为Ⅲ级
	DK67+663.2~DK67+680	16.8	Ⅳ	20.02	14.30	开挖后Ⅱ级变更为Ⅳ级
	DK67+680~DK67+706	26	Ⅲ	20.02	14.30	开挖后Ⅱ级变更为Ⅲ级
	DK67+706~DK67+735	29	Ⅲ	26.22	16.79	开挖后Ⅱ级变更为Ⅲ级
	DK67+735~DK67+760	25	Ⅱ	26.22	16.79	
	DK67+760~DK67+790	30	Ⅲ	29.95	18.36	
	DK67+790~DK67+815	25	Ⅳ	32.73	19.32	

6.5.2 围岩变形监测

八达岭地下车站大跨段隧道每5m设置一个围岩变形监测断面。监测结果表明,大跨段隧道拱顶下沉最大累计值为19.0mm,各施工步序变形值均小于控制基准值,可以说明大跨段隧道支护结构措施是安全可靠的,完全能够满足隧道稳定性要求。后期施工中,对Ⅱ级、Ⅲ级围岩支护措施进行了适当优化:①取消了20m、26m跨度Ⅲ级围岩段的预应力锚索;②32m跨度Ⅲ级围岩段预应力锚索纵向间距由4.8m调整到7.2m,Ⅳ级围岩段预应力锚索纵向间距由2.4m调整到3.6m。

各监测主断面拱顶下沉监测结果见表6-22。

各监测主断面拱顶下沉监测结果 表6-22

监测断面里程	预警等级	各开挖分步拱顶下沉累计值(mm)										
		1	2	3	4	5	6	7	8	9	10	11
DK68+295	Ⅱ级预警(黄色预警)	15	24.6	39.6	47.4	57	58.2	59.4	59.4	59.4	59.7	60
	Ⅰ级预警(橙色预警)	30	49.2	79.2	94.8	114	116.4	118.8	118.8	118.8	119.4	120
	临界值(红色预警)	45	73.8	118.8	142.2	171	174.6	178.2	178.2	178.2	179.1	180
	实际监测值	4.5	4.8	5	12	13	14	17	17	17	17	17
DK68+315	Ⅱ级预警(黄色预警)	7.5	12.3	19.8	23.7	28.5	29.1	29.7	29.7	29.7	29.9	30
	Ⅰ级预警(橙色预警)	15	24.6	39.6	47.4	57	58.2	59.4	59.4	59.4	59.7	60
	临界值(红色预警)	22.5	36.9	59.4	71.1	85.5	87.3	89.1	89.1	89.1	89.6	90
	实际监测值	2.5	3.0	3.5	6.0	7.0	9.0	14	16	19	13	6
DK68+370	Ⅱ级预警(黄色预警)	5	8.2	13.2	15.8	19	19.4	19.8	19.8	19.8	19.9	20
	Ⅰ级预警(橙色预警)	10	16.4	26.4	31.6	38	38.8	39.6	39.6	39.6	39.8	40
	临界值(红色预警)	15	24.6	39.6	47.4	57	58.2	59.4	59.4	59.4	59.7	60
	实际监测值	3.5	4.5	4.8	5.2	5.5	6	14	16	16.5	8	7
DK68+384	Ⅱ级预警(黄色预警)	2.5	4.1	6.6	7.9	9.5	9.7	9.9	9.9	9.9	10.0	10
	Ⅰ级预警(橙色预警)	5	8.2	13.2	15.8	19	19.4	19.8	19.8	19.8	19.9	20
	临界值(红色预警)	7.5	12.3	19.8	23.7	28.5	29.1	29.7	29.7	29.7	29.9	30
	实际监测值	3.3	5.9	7.5	8.5	8.8	9.1	9.8	10.3	11.2	13.2	17.8
DK67+730	Ⅱ级预警(黄色预警)	2.5	4.1	6.6	7.9	9.5	9.7	9.9	9.9	9.9	10.0	10
	Ⅰ级预警(橙色预警)	5	8.2	13.2	15.8	19	19.4	19.8	19.8	19.8	19.9	20
	临界值(红色预警)	7.5	12.3	19.8	23.7	28.5	29.1	29.7	29.7	29.7	29.9	30
	实际监测值	1.9	2.5	3.2	4.0	4.2	4.5	4.6	4.7	4.8	5.2	6.0

各监测断面拱顶下沉最大累计值见表6-23。

各监测断面拱顶下沉最大累计值 表6-23

监测断面	拱顶下沉最大累计值(mm)	监测断面	拱顶下沉最大累计值(mm)	监测断面	拱顶下沉最大累计值(mm)	监测断面	拱顶下沉最大累计值(mm)
DK68+297	17.0	DK68+335	13.0	DK68+380	15.5	DK68+420	9.5
DK68+300	11.5	DK68+340	12.0	DK68+385	14.5	DK68+425	11.0
DK68+305	9.0	DK68+345	12.0	DK68+390	12.0	DK68+430	18.0
DK68+310	8.0	DK68+355	13.5	DK68+395	16.0	DK68+435	12.0
DK68+315	11.0	DK68+360	10.0	DK68+400	13.0	DK68+440	9.0
DK68+320	19.0	DK68+365	14.0	DK68+405	9.5	DK68+445	9.0
DK68+325	13.0	DK68+370	16.0	DK68+410	16.0		
DK68+330	14.0	DK68+375	18.0	DK68+415	13.0		

典型断面拱顶下沉累计变形曲线如图6-12~图6-14所示。从拱顶下沉累计变形值来看，均比较小，在基准值控制范围内，因此，可以说明支护结构完全能满足安全需要。

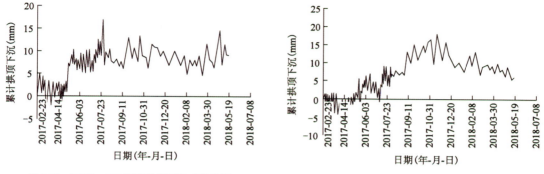

图6-12　DK68+297断面拱顶下沉变形曲线　　　　图6-13　DK68+320断面拱顶下沉变形曲线

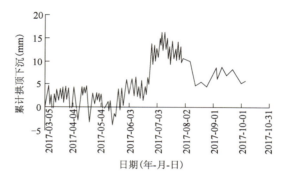

图6-14　DK68+370断面拱顶下沉变形曲线

6.5.3　预应力锚索监测

图6-15为DK68+384断面拱顶预应力锚索轴力变化曲线。从监测结果来看：锚索张拉后20d内预应力有所损失，随着开挖进行，锚索轴力略有波动并逐步稳定在695kN左右。

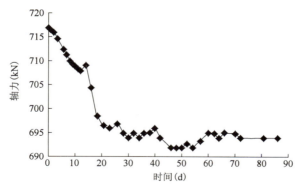

图6-15　DK68+384断面预应力锚索轴力变化曲线

6.5.4 预应力锚杆监测

图6-16为DK68+345断面预应力锚杆轴力变化曲线。从监测结果来看：拱顶锚杆张拉20d后，预应力基本稳定为115kN，预应力损失较小，之后随着后续开挖施工，预应力呈现出缓慢损失状态，最后稳定为114kN。左、右拱腰和左、右拱墙处预应力锚杆轴力也表现出相似规律，锚杆轴力分别稳定为107.5kN、102.6kN、107.9kN、100.7kN。各锚杆总体预应力损失为3.2%~6.3%，表明该断面围岩稳定性较好，锚杆支护可靠。

6.5.5 初期支护应力监测

图6-17为DK68+295断面围岩与初期支护接触压力变化曲线。从监测结果来看：DK68+295断面围岩与初期支护之间接触压力较小，初期支护安设后15~25d支护力基本达到稳定，最大值位于左拱腰，约为80kPa，最小值位于右拱腰，约为30kPa。

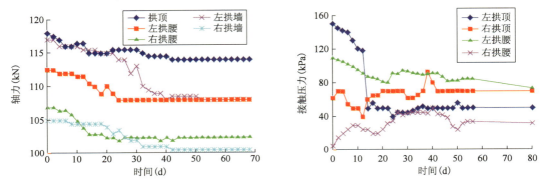

图6-16 DK68+345断面预应力锚杆轴力变化曲线　　图6-17 DK68+295断面围岩与初期支护接触压力变化曲线

图6-18为DK68+295断面钢架应力变化曲线。从监测结果来看：DK68+295断面钢架应力较小，除左拱腰钢架外侧受拉外，其余测点均处于受压状态。随着初期支护混凝土硬化，混凝土承担围岩荷载能力逐步增强，钢拱架压应力不断减小，初期支护施作30d后，钢架应力基本稳定。

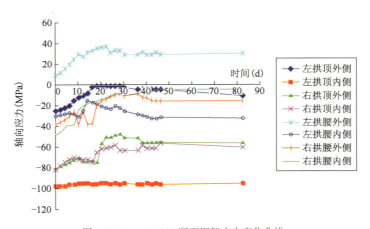

图6-18 DK68+295断面钢架应力变化曲线

图 6-19 为 DK68+295 断面右拱腰喷射混凝土环向应力变化曲线。从监测结果来看,环向应力在初期为 8.4MPa,之后逐渐减小并稳定在 4MPa 左右。

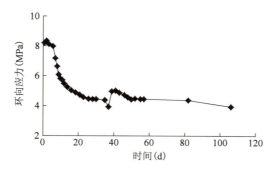

图 6-19 DK68+295 断面右拱腰喷射混凝土环向应力变化曲线

6.5.6 围岩应力监测

图 6-20 为 DK68+384 断面围岩应力监测变化曲线以及与隧道开挖面距离的关系。从监测结果来看,开挖后 20d 内,围岩应力逐渐增大,20~25d 期间应力增大幅度较大,25d 后应力稳定。此时,距离开挖面约 40m。

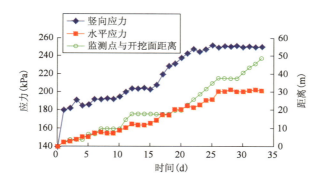

图 6-20 DK68+384 断面围岩应力变化曲线

6.5.7 围岩损伤监测

为探测八达岭地下车站大跨段隧道施工引起的围岩损伤情况,结合八达岭地下车站隧道地质状况,同时进行地表微震监测和隧道内微震监测,以达到立体式、全方位微震监测效果。监测设备见表 6-24。

八达岭地下车站大跨段隧道微震监测设备　　　　表 6-24

设备	名　　称	型　　号	参　　数
采集器	24 位微震采集器(24 通道)	WTgeo-24ADC-24	高采样率 2000Hz;高触发精度:±1μsatallsamplerates
	32 位微震采集器(3 通道)	WTgeo-32ADC-3	
检波器	单分量微震检波器	WTgeo-1PHONE-200	高灵敏度:200V/m/s;高自然频率:4.7-1000Hz
	三分量微震检波器	WTgeo-3PHONE-200	

1）测点布置

（1）地表微震监测

监测区域内隧道走向长度约160m，地表布设9台WTgeo-32ADC-3型采集仪，每台采集仪外接一个WTgeo-3PHONE-200型三分量检波器和一个蓄电池，以对监测区域形成包络，达到精准定位微震事件的目的。台站监测点编号为1号~9号。台站布设如图6-21所示，以9号监测点为中心，80m为半径进行辐射，形成监测包络。地表微震监测孔深约2m，孔径约60mm，使用黄泥耦合。

（2）隧道内微震监测

隧道内微震监测依托已经贯通的中导洞，监测区域隧道走向长度约160m，分2个断面进行台站布设，分别位于大跨段DK68+290、DK68+440里程处，如图6-22所示。台站监测点编号为1号~6号，每个断面安置3个钻孔，每个钻孔深约12m，其最里端安置一个WTgeo-3PHONE-200型三分量检波器（1号~3号），靠近洞口约3m处安置一个WTgeo-1PHONE-200型单分量检波器（4号~6号），使用水泥灌浆耦合，如图6-23所示。

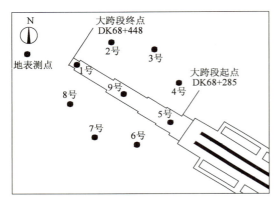

图6-21 地表微震监测台站布设图

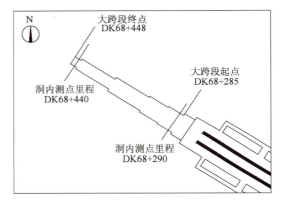

图6-22 隧道内微震监测台站布设图

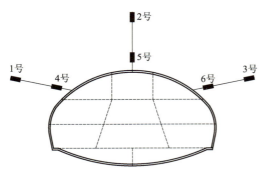

图6-23 断面微震监测台站布设示意图

2）监测位置校正与波速标定

微震监测系统安装完成后，在检波器阵列附近放标定炮，记录放炮时间和地点，以便计算、校验微震监测点准确位置；同时，在监测过程中，在洞内以主动震源的方式进行当前地质场的岩体波速标定。

3）结果分析

微震监测技术认为，包含70%以上微震事件的区域即是隧道开挖扰动使得围岩产生损伤的区域（EDZ）。通过微震事件三维分布图可以分析隧道周围微震事件，进一步可以通过平面图分析隧道左、右两侧损伤区，通过北视图可析分析隧道拱顶、拱底位置损伤区范围。

（1）里程DK68+307~DK68+330

图6-24、图6-25分别为里程DK68+307~DK68+330微震事件平面图、北视图。该里程

微震事件数目为3785，从平面图可以看出，EDZ的左边界位于隧道边界的8.5m，右边界位于隧道边界的10m，同时看出右侧微震事件数多于左侧。从北视图可以看出微震事件主要集中在拱顶和拱底位置，EDZ的上边界为拱顶10.5m，下边界为拱底8m处。

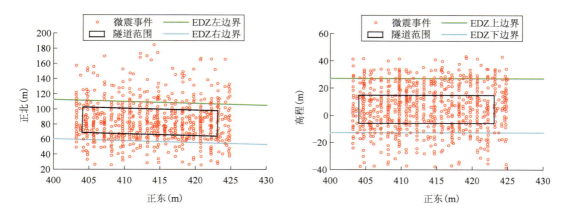

图6-24　里程DK68+307~DK68+330微震事件平面图　　图6-25　里程DK68+307~DK68+330微震事件北视图

（2）里程DK68+330~DK68+360

图6-26、图6-27分别为里程DK68+330~DK68+360微震事件平面图、北视图。该里程微震事件数目为4326，从平面图可以看出，EDZ的左边界位于隧道边界的9m，右边界位于隧道边界的10m，同时看出右侧的微震事件数多于左侧。从北视图可以看出微震事件主要集中在拱顶和拱底位置，EDZ的上边界为拱顶10m，下边界为拱底6m处。

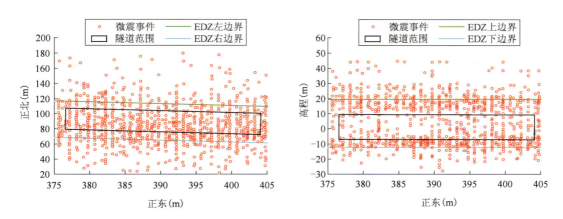

图6-26　里程DK68+330~DK68+360微震事件平面图　　图6-27　里程DK68+330~DK68+360微震事件北视图

（3）里程DK68+360~DK68+404

图6-28、图6-29分别为里程DK68+360~DK68+404微震事件平面图、北视图。该里程处微震事件数目为3182，从平面图可以看出，EDZ的左边界位于隧道边界的8m，右边界位于隧道边界的8m，同时看出左侧的微震事件数多于右侧。从北视图可以看出微震事件主要集中在拱顶和拱底位置，EDZ的上边界为拱顶9.5m，下边界为拱底5m处。

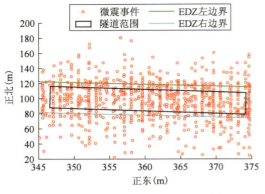
图6-28 里程DK68+360~DK68+404微震事件平面图

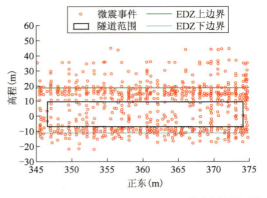
图6-29 里程DK68+360~DK68+404微震事件北视图

(4)里程DK68+404~DK68+448

图6-30、图6-31为里程DK68+404~DK68+448微震事件平面图、北视图。该里程微震事件数目为2715(矩震级ML≥-2),从平面图可以看出,EDZ的左边界位于隧道边界的6m,右边界位于隧道边界的7.5m,同时看出右侧微震事件数多于左侧,这也验证了右侧围岩破碎多于左侧的现象。结合北视图可以得出微震事件主要集中在拱顶和拱底位置,EDZ的上边界为拱顶8m,下边界为拱底2m处。

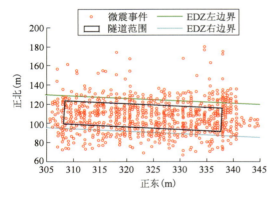
图6-30 DK68+404~DK68+448微震事件平面图

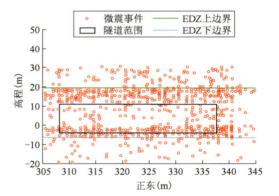
图6-31 里程DK68+404~DK68+448微震事件北视图

(5)汇总与分析

汇总各里程断面条件下的EDZ,见表6-25。

各里程断面条件下的EDZ汇总 表6-25

里程	围岩级别	开挖跨度(m)	开挖高度(m)	微震事件边界				单位长度事件数目
				拱顶(m)	左侧(m)	右侧(m)	拱底(m)	
DK68+305~DK68+330	Ⅳ	31.1	18.8	10.5	8.5	10	8	151.4
DK68+330~DK68+360	Ⅳ	27.7	17.5	10	9	10	6	144.2
DK68+360~DK68+404	Ⅲ	24.3	16.1	9.5	8	8	5	72
DK68+404~DK68+448	Ⅲ	19.3	14.1	8	6	7.5	2	44

根据分析结果绘制围岩损伤区域,如图6-32、图6-33所示。

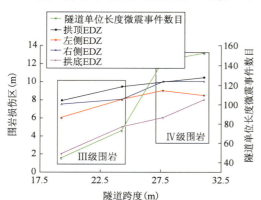

图6-32 不同跨度和围岩条件下损伤区的特性

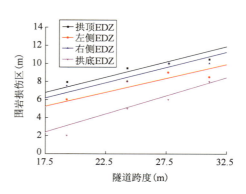

图6-33 围岩损伤区实测与预测

通过对微震数据以及损伤区分析,可以得到如下结论:

①同一围岩条件下,跨度越大隧道单位长度微震事件越多,表明跨度越大围岩开裂越多,隧道开挖产生的围岩损伤区域越大。Ⅲ级围岩条件下跨度从19.3m到24.3m,跨度提高了53%,单位长度事件数目提高了64%。

②围岩越弱隧道单位长度微震事件越多,这是由于较弱的围岩强度较低,随着应力调整,很容易导致岩体开裂。从图中可以看出,针对跨度和围岩条件两个因素而言,围岩条件对隧道单位长度微震事件影响较大。不同围岩条件差异较大,考虑跨度因素,Ⅳ级围岩单位长度事件数目是Ⅲ级围岩的2倍以上。

③围岩损伤区拱顶较大,侧墙次之,拱底最小。当跨度较小时,三者差异明显,拱底损伤区较小;当跨度较大时,三者差异较小。在不同跨度条件下,围岩损伤区与跨度成正相关,跨度越大围岩损伤区越大。

④将损伤区归一化以后(EDZ/L),对Ⅲ级和Ⅳ级围岩,通过线性拟合可以得到:拱顶的EDZ预测方程为$EDZ_{拱顶}=0.367L$,左侧EDZ预测方程为$EDZ_{左侧}=0.309L$,右侧EDZ预测方程为$EDZ_{右侧}=0.35L$,拱底EDZ随跨度的增大变化明显,经过非线性拟合可以得到EDZ预测方程为$EDZ_{拱底}=0.008L^2$。

⑤随着围岩从Ⅲ级向Ⅳ级减弱,单位长度微震事件数目明显增大,微震事件增加较多,但是围岩损伤区并未产生较大的增大,表明Ⅲ级围岩向Ⅳ级转换过程中,微震事件增加主要集中在既有损伤区以内,未明显向外扩张。

6.5.8 小结

(1)变形监测结果表明,大跨段隧道最大变形值为19.0mm,各施工步序的变形值均小于变形控制标准,这充分证明了大跨段隧道支护结构措施是安全可靠的,能够满足隧道稳定性要求。

(2)预应力锚索对控制超大跨度隧道围岩变形具有非常明显的效果,锚索的预应力可以有效地减少围岩开挖所产生的松弛变形。

(3)从预应力锚索轴力、预应力锚杆轴力、初期支护与围岩接触压力、钢架应力等监测结果来看,隧道开挖完成后30d内均达到了稳定状态,表明大跨段隧道围岩和初期支护结构在二次衬砌施工前均已达到了稳定状态,初期支护承担了施工期间的全部荷载。

(4)围岩损伤监测结果表明,隧道开挖引起的围岩损伤范围拱顶为5~9m,边墙为4~7m,仰拱为2~4m。

第7章
高性能快速张拉预应力锚索新技术

预应力锚索通过钻孔穿过软弱岩层或滑动面,将锚索一端锚固在坚硬岩层中,张拉另一自由端,从而对岩层施加压力以锚固不稳定岩体。锚索注浆一般采用M30水泥砂浆,使用普通硅酸盐水泥,注浆压力不低于2MPa。当砂浆强度达到30MPa时进行张拉,一般张拉时间在注浆结束后30d左右,当工期紧迫时可在砂浆中添加适量早强剂。锚索的设计与施工应符合《岩土锚杆与喷射混凝土支护工程技术规范》(GB 50086—2015)。

预应力锚索在国内外工程中的应用,主要集中在边坡治理和高地应力软岩大变形处理,以及水利水电大型厂房洞室锚固。铁路隧道施工中预应力锚索应用较少,主要原因是锚索施工工艺复杂,锚固质量控制难度大,同时,对隧道正常施工干扰较大。

八达岭地下车站大跨段隧道初期支护的核心是预应力锚杆和预应力锚索充分发挥作用,在隧道周边形成承载拱,承担施工期间围岩全部荷载。如何保证预应力锚杆和预应力锚索的施作效果是该工程成功的关键之一。八达岭地下车站大跨段隧道初期支护结构设计如图7-1所示。

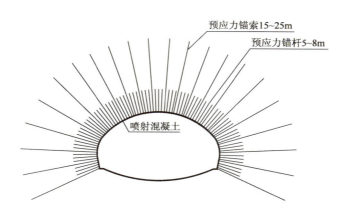

图7-1 八达岭地下车站大跨段隧道初期支护结构设计示意图

7.1 预应力锚索设计

7.1.1 预应力锚索设计参数

八达岭地下车站大跨段隧道锚索钻孔直径为130mm、通气孔直径为16mm、进回浆孔直径为20mm、钢绞线孔直径为20mm、隔离架外径为120mm。每根钢绞线由7根钢丝捻制而成,钢丝直径为2.5mm,外包络直径为15.2mm,强度等级为1860MPa。钢绞线型号为1×7-15.20-1860-GB/T 5224—2014。预应力锚索设计参数见表7-1。

八达岭地下车站大跨段隧道预应力锚索设计参数　　　　　　　　　表7-1

围岩级别	锚索设计参数					
	总长度(m)	锚固段长度(m)	自由段长度(m)	环向间距×纵向间距(m×m)	单束锚索预应力设计值(kN)	单束锚索钢绞线数量(根)
Ⅲ	15	6	9	局部	700	5
Ⅳ	20	6	14	3.6×2.4	700	5
Ⅴ	25	6	19	2.4×2.4	1000	7

7.1.2 预应力锚索拉力计算

预应力锚索拉力大小取决于锚索自身钢绞线拉力、钢绞线与注浆体之间的握裹力,以及注浆体与围岩之间的黏聚力,锚索拉力为上述三者的最小值,即:

$$F_c = \min(F_1, F_2, F_3) \tag{7-1}$$

式中:F_c——锚索拉力(kN);
　　　F_1——锚索钢绞线拉力(kN);
　　　F_2——锚索与注浆体之间的握裹力(kN);
　　　F_3——注浆体与围岩之间的黏聚力(kN)。

1)锚索钢绞线拉力
锚索钢绞线拉力采用下式计算:

$$F_1 = 10^{-3} f_{py} \cdot n \cdot A \tag{7-2}$$

式中:f_{py}——单根钢绞线抗拉强度设计值(MPa);
　　　n——锚索内钢绞线数量(根);
　　　A——单根钢绞线截面面积(mm²)。

八达岭地下车站大跨段隧道锚索钢绞线拉力理论计算值见表7-2。

八达岭地下车站大跨段隧道锚索钢绞线拉力计算结果　　　　　　　　表7-2

锚索类型	钢绞线数量(根)	单根钢绞线截面面积(扣除空隙)(mm²)	钢绞线抗拉强度设计值(MPa)	锚索钢绞线拉力(kN)
5芯锚索	5	140	1860	1302.0
7芯锚索	7	140	1860	1822.8

2)锚索与注浆体之间的握裹力

锚索与注浆体之间的握裹力采用下式计算:

$$F_2 = f'_{ms} \cdot n \cdot \pi \cdot d \cdot L_a \cdot \xi \tag{7-3}$$

式中:f'_{ms}——锚固段注浆体与锚索钢绞线之间黏结强度设计值(MPa);

d——单根钢绞线直径(mm);

L_a——锚固段长度(m);

ξ——界面黏结强度降低系数,当采用2根或2根以上钢绞线时取0.7~0.85。

八达岭地下车站大跨段隧道锚索与注浆体之间的握裹力计算结果见表7-3。

八达岭地下车站大跨段隧道锚索与注浆体之间的握裹力计算结果 表7-3

锚索类型	注浆体与锚索钢绞线之间黏结强度(MPa)	钢绞线数量(根)	钢绞线直径(mm)	锚固段长度(m)	黏结强度降低系数	锚索与注浆体之间握裹力(kN)
5芯锚索	0.9	5	15.2	6	0.7	902.1
7芯锚索	0.9	7	15.2	6	0.7	1262.9

3)注浆体与围岩之间的黏聚力

注浆体与围岩之间的黏聚力采用下式计算:

$$F_3 = \frac{f_{ms}}{K} \cdot \pi \cdot D \cdot L_b \cdot \phi \tag{7-4}$$

式中:f_{ms}——注浆体与围岩之间的极限黏结强度标准值(MPa);

K——注浆体与地层的极限黏结抗拔安全系数;

D——锚索钻孔直径(mm);

L_b——锚索注浆体与围岩的黏结长度(m);

ϕ——锚固段长度对极限黏结强度的影响系数。

八达岭地下车站大跨段隧道注浆体与围岩之间的黏聚力计算结果见表7-4。

八达岭地下车站大跨段锚索注浆体与围岩之间的黏聚力 表7-4

注浆体与围岩黏结强度标准值(MPa)	安全系数	钻孔直径(mm)	锚固段长度(m)	锚固段长度影响系数	注浆体与围岩之间的黏聚力(kN)
1	2	130	6	1.0	1224.6

综合以上计算结果,可得出八达岭地下车站大跨段隧道单根锚索拉力,见表7-5。

八达岭地下车站大跨段隧道锚索拉力 表7-5

锚索类型	锚索钢绞线拉力(kN)	锚索与注浆体之间的握裹力(kN)	注浆体与围岩之间的黏聚力(kN)	锚索拉力(kN)
5芯锚索	1302.0	902.1	1224.6	902.1
7芯锚索	1822.8	1262.9	1224.6	1224.6

由以上计算结果可以看出,锚索钢绞线拉力要大于锚索与注浆体之间的握裹力、注浆体与围岩之间的黏聚力,因此,锚索拉力主要受锚索与注浆体之间的握裹力、注浆体与围岩之间的黏聚力所控制,可见,锚索施作工艺是决定锚索拉力能否满足设计要求的关键。

7.2 预应力锚索现场试验

为了检查预应力锚索实施效果,2017 年 6 月 13—14 日对已完成的预应力锚索选取 3 束进行拉拔力检测。检测结果见表 7-6。

八达岭地下车站大跨段隧道预应力锚索拉拔试验结果　　表 7-6

序号	锚索编号	设计抗拔力（kN）	受拉极限荷载（kN）	检测结果	备　注
1	2-32-1	700	840	合格	
2	2-35-1	700	504	不合格	施加最大荷载 640kN 时伸长量大于 103mm,位移不收敛,锚索破坏
3	2-37-1	700	672	不合格	施加最大荷载 760kN 时伸长量大于 76mm,位移不收敛,锚索破坏

通过拉拔力检测,3 束预应力锚索中有 2 束不合格,主要表现为检测时预应力锚索单根或整体位移不收敛,而此时锚索并没有破坏。因此,常规的锚索施工工艺不能满足该工程要求。

7.3 高性能快速张拉预应力锚索新技术研究

八达岭地下车站大跨段隧道预应力锚索极为重要,如果不能达到预期拉拔力,那么结构安全将难以保证,必须通过研究提高预应力锚索的拉拔力。同时,按照《岩土锚杆与喷射混凝土支护工程技术规范》(GB 50086—2015)有关规定,预应力锚索注浆通常采用 M30 水泥砂浆,达到张拉强度要求时一般需要 30d,这对隧道控制变形和施工工期极为不利,因此,必须解决快速张拉问题。

7.3.1 增加"倒刺"提高握裹力

为了提高锚索与注浆体之间的握裹力,研发了"倒刺"新产品,如图 7-2 所示。在锚索钢绞线上每间隔 1m 增加一处"倒刺",通过加大断面面积提高锚索与注浆体之间的握裹力,如图 7-3 所示。

图 7-2　"倒刺"新产品

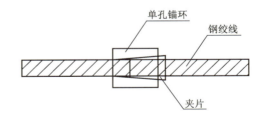

图 7-3　预应力锚索"倒刺"安装示意图

锚索增加"倒刺"后,与注浆体之间的握裹力采用下式计算:

$$F_2 = f'_{ms} \cdot n \cdot \pi \cdot d_m \cdot L_m \cdot \xi \tag{7-5}$$

式中:d_m——"倒刺"直径(mm);

L_m——"倒刺"埋设纵向深度(m)。

增加"倒刺"后八达岭地下车站大跨段隧道锚索与注浆体之间握裹力计算结果见表7-7。

增加"倒刺"后锚索与注浆体之间的握裹力计算结果 表7-7

锚索类型	注浆体与锚索钢绞线之间黏结强度(MPa)	钢绞线数量(束)	"倒刺"直径(mm)	"倒刺"埋设纵向深度(m)	黏结强度降低系数	锚索与注浆体之间握裹力(kN)
5束钢绞线	0.9	5	30.0	6	0.7	1780.4
7束钢绞线	0.9	7	30.0	6	0.7	2492.5

7.3.2 高压注浆提高黏聚力

为了提高注浆体与围岩之间的黏聚力,采用高压注浆工艺,使锚索钻孔周边围岩得到一定的改良,同时,提升锚索孔注浆体的质量。

现场进行了8个锚索试验孔注浆,采用高压注浆工艺,注浆终压为6~7MPa,注浆情况见表7-8。

锚索试验孔注浆情况 表7-8

孔号	1	2	3	4	5	6	7	8
孔径(mm)	150	150	150	150	150	150	150	150
孔深(m)	27.0	26.5	22.0	22.0	24.0	24.0	27.0	27.0
锚固段长度(m)	12	12	6	6	9	9	12	12
锚索孔注浆量(m³)	0.443	0.433	0.362	0.362	0.397	0.397	0.452	0.452
注浆时间(min)	45	40	13	25	17	40	51	20
实际总注浆量(m³)	0.950	1.060	0.550	0.550	0.450	0.950	0.720	0.820
地层注浆量(m³)	0.507	0.627	0.188	0.188	0.053	0.553	0.268	0.368
地层延米注浆量(m³)	0.042	0.052	0.031	0.031	0.006	0.061	0.022	0.031
注浆终压(MPa)	7	7	6	6	6	6	6	6

根据注浆情况绘制锚索孔注浆量和实际总注浆量对比图,如图7-4所示。

由锚索孔注浆量与实际总注浆量对比图来看,锚索孔浆液填满后,在注浆压力下,浆液填充锚索孔周边的岩层裂隙,从而提高地层整体锚固力。

采用下列公式可计算出浆液扩散半径或范围:

$$Q = \pi R^2 \cdot H \cdot n \cdot \alpha \cdot (1+\beta) \quad (7-6)$$

式中:Q——地层注浆量(m^3);

R——浆液扩散半径或范围(m);

H——注浆段长度(m);

n——地层孔隙率;

α——地层孔隙填充率(%);

β——浆液损失率(%)。

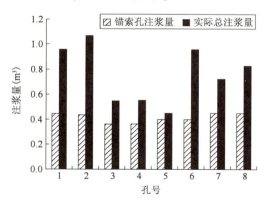

图7-4 锚索孔注浆量与实际总注浆量对比

根据注浆数据,取 $H=1\mathrm{m}$;Q 为平均地层延米注浆量,为 0.0345;$\alpha=5\%$;$\beta=10\%$。计算得:$R=0.5\mathrm{m}$。

可见,通过高压注浆,锚索钻孔周边约 0.5m 范围内岩层裂隙得到了有效填充,地层得到了改良,形成了直径约 1m 的锚固岩柱,从而提高了地层的整体锚固力。

高压注浆后锚索注浆体与围岩之间的黏聚力计算结果见表7-9。

高压注浆后锚索注浆体与围岩之间的黏聚力 表7-9

注浆体与围岩黏结强度标准值（MPa）	安全系数	钻孔直径（mm）	锚固段长度（m）	锚固段长度影响系数	注浆体与围岩之间的黏聚力（kN）
1.5	2	130	6	1.0	1836.9

7.3.3 预应力锚索快速张拉

经过研究,采用硫铝酸盐水泥为主要材料,通过掺加外加剂形成改性硫铝酸盐水泥。通过试验,采用水泥浆液水灰比为 0.33∶1,外加剂掺加量为水泥重量的 3%~5%,测试浆液凝胶时间为 30~40min。浆液不同龄期强度见表7-10。

改性硫铝酸盐水泥浆液强度试验结果 表7-10

龄期	2h	4h	8h	16h	1d	3d	7d
抗压强度(MPa)	11.3	26.5	29.7	33.5	40.0	43.0	45.0

根据试验结果绘制改性硫铝酸盐水泥浆液强度增长曲线,如图7-5所示。

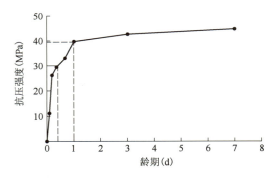

图7-5 改性硫铝酸盐水泥浆液强度增长曲线

由图7-5中曲线可以看出,改性硫铝酸盐水泥浆液1d强度可以达到30MPa以上,因此,现场可以在注浆完成后1d内实现预应力锚索的快速张拉,从而控制大跨段隧道围岩变形,提高施工工效。

7.3.4 效果评定

1)计算结果

根据计算结果可得出工艺改进后单束锚索拉力,见表7-11。

工艺改进后单根锚索拉力　　　　　　　　　　　　表 7-11

锚索类型	锚索钢绞线拉力（kN）	锚索与注浆体之间的握裹力（kN）	注浆体与围岩之间的黏聚力（kN）	锚索拉力（kN）
5 芯锚索	1302.0	1780.4	1836.9	1302.0
7 芯锚索	1822.8	2492.5	1836.9	1822.8

由计算结果可以看出，通过工艺改进，锚索与注浆体之间的握裹力、注浆体与围岩之间的黏聚力均大于锚索钢绞线拉力，因此，锚索拉力主要受锚索钢绞线拉力控制，即受材料影响最大，可见，通过工艺改进，锚索拉力完全能满足设计要求。

2）现场测试

2017 年 7 月 22 日，现场对 5 个试验孔进行了工艺改进后锚索拉力测试，测试结果见表 7-12。

工艺改进后锚索拉力测试结果　　　　　　　　　　表 7-12

孔号	1	2	3	4	5
位置	DK67+734 左侧拱部	DK67+732 左侧拱部	DK67+724 左侧拱部	DK67+722 左侧拱部	DK68+315.6 右起拱线
锚索芯数（根）	7	7	7	7	5
锚索拉力设计值（kN）	1000	1000	1000	1000	700
锚索拉力试验测试值（kN）	1200	1400	1200	1488	1120
理论伸张量（mm）	80.8	80.8	80.8	80.8	79.2
实际伸张量（mm）	—	75.0	83.0	77.8	85.5
拉力比值（测试值：设计值）	1.2	1.4	1.2	1.488	1.6

通过测试，工艺改进后锚索拉力均达到了设计要求。同时，为测试锚索拉力极限值，现场对 4 号锚索进行了破坏性试验，当拉力达到 1488kN 时，1 束钢绞线断束，另外 2 根钢绞线断丝，因此停止试验。通过试验测试来看，通过工艺改进，提高了锚索与注浆体之间的握裹力、注浆体与围岩之间的黏聚力，锚索拉力完全受自身材料所控制。

7.4　结论与体会

（1）采用常规的预应力锚索施工工艺，锚索拉力值主要受锚索与注浆体之间的握裹力、注浆体与围岩之间的黏聚力所控制。通过采用增加"倒刺"新产品、采取高压注浆新工艺，可以提高锚索与注浆体之间的握裹力、注浆体与围岩之间的黏聚力。

（2）八达岭地下车站大跨段隧道预应力锚索采用增加"倒刺"，锚索与注浆体之间的握力可提高约 2 倍；采取 6~7MPa 高压注浆工艺，注浆体与围岩之间的黏聚力可提高约 1.5 倍。

（3）采用改性硫铝酸盐水泥浆液，实施高压注浆工艺，浆液强度 1d 可达到 30MPa 以上，实现了注浆完成后 1d 内锚索张拉，从而有效地控制了隧道围岩变形，既保证了施工安全，又提高了施工效率。

第8章

隧道衬砌长寿命混凝土新材料

中国建筑科学研究院调查表明,我国现役工业建筑物损坏严重,其结构使用寿命一般不能保证50年,多数在25~30年就必须进行大修或加固。目前铁路行业重要结构建筑物采用100年设计使用寿命标准,这与人类可持续性发展的方向还有差距。美国工程院院士、中国工程院外籍院士、国际著名桥梁建筑工程大师邓文中先生指出:"在资源消耗上,与100年使用寿命的大桥相比,300年使用寿命的大桥相当于节省了66%的成本。"

老京张铁路目前已使用了100多年,并且将继续发挥其重要的运输功能。京张高铁八达岭地下车站是我国在建的标志性工程,100年后的今天,我们已经拥有了世界上最先进的材料、先进的设备、先进的工艺以及完善的质量保障体系,研究并应用长寿命混凝土新材料,创新隧道结构耐久性计算方法,具有重要的历史、文化和现实意义。经多次专家论证,最终定位京张高铁八达岭地下车站隧道衬砌结构采用设计使用寿命为300年的长寿命混凝土新材料。

8.1 国内外研究现状

从一些历史和国外建筑物所取得的经验来看,国外早已有长寿命建筑物的先例。2000多年前,古罗马人采用石灰加火山灰作为胶凝材料制作成混凝土,建造了万神殿、竞技场等建筑物,至今仍被游人参观。

澳大利亚布里斯班建成了一座设计使用寿命长达300年的大桥——The Second Gateway Bridge。在桥梁材料使用中,针对潮汐、浪溅区氯盐侵蚀环境,采用了氯离子扩散系数为$(1.2 \sim 1.4) \times 10^{-12} m^2/s$的C50高性能混凝土,同时混凝土结构中使用了不锈钢筋,保护层厚度为75mm;针对大气区碳化环境,采用了碳化速率为$3.0mm/a^{0.5}$的C50高性能混凝土,同时混凝土结构中预置了阴极保护系统,保护层厚度为55mm。在桥梁修建过程中,为实现混凝土的结构优良,建设者们创建了高水平的3C监控体系——密实性(Compaction)、保护层(Cover)和养护(Curing),从而保证混凝土300年的设计使用寿命。

1986年,挪威学者率先提出了高性能混凝土(HPC)概念,并经过试验加以验证。通过在混凝土中掺入硅粉,大幅度地提高了强度,改善了界面结构,明显提高了混凝土的抗渗性和耐久性。1990年5月,美国原国家标准局(NIST)和美国混凝土协会(ACI)共同主办了第一次国际 HPC 研讨会,会议定义了高性能混凝土概念,高性能混凝土是指满足所要求的性能及匀质性综合需要的混凝土。荷兰对大掺量矿渣微粉混凝土的研究和应用已有 50 多年的历史和相当成熟的经验,该国的海工结构大多采用大掺量矿渣微粉混凝土。通过对已使用 3~63 年的 64 座海工结构(90% 采用了矿渣微粉混凝土)进行调查,大多数结构保持完好,其氯离子扩散系数仅为普通混凝土的 1/15~1/10。典型工程如东谢尔得挡潮闸工程,设计使用寿命为 250 年,要求 80 年不维修,其基本防护措施为采用水胶比 0.4 的大掺量(65%)矿渣微粉混凝土。

中国也掀起了结构建筑长寿命耐久性设计的主导风向,著名的三峡大坝设计使用年限为 300 年。潘家铮院士指出:"混凝土质量是影响大坝寿命的关键性因素,十几年的试验证明,三峡大坝混凝土的原材料、配合比都很合理,混凝土也十分稳定,保证了大坝具有足够的抗压性、密致性和耐久性。"

1998 年,吴中伟建议将 HPC 的强度下限降低到 C30 左右,以不损及混凝土内部结构为度,如孔结构、水化物结构、界面区结构等,从而保证其耐久性和体积稳定性。

2002 年,白光忠通过高性能混凝土在阳宗隧道中的应用实例,阐述了高性能混凝土的配合比设计及泵送高性能混凝土的工作性问题,认为仅靠坍落度来评价高性能混凝土的可泵性是不合理的,粉煤灰有助于改善施工条件,同时还应大力发展高效减水剂,使泵送混凝土更加容易。

2005 年,崔金平通过室内试验,结合青海公路湟源至倒淌河一级公路隧道施工,采用了三掺技术的粉煤灰高性能混凝土,克服了隧道常见的渗漏水病害,取得了明显的经济效益。

2014 年,苏文德对海底隧道工程二次衬砌高性能混凝土的抗裂性能进行了研究,对比了国内外常用抗裂性能试验方法,进行了单掺粉煤灰、矿渣粉和复掺粉煤灰、矿渣粉二次衬砌高性能混凝土的自修复能力试验,提出了自修复能力评估参数,得出了矿物掺合料对微裂缝具有一定的自修复能力,掺用粉煤灰对提高二次衬砌高性能混凝土早期抗裂性以及推迟混凝土开裂时间、减小裂缝宽度等方面是有利的。同年,梅志荣、李传富等以成兰铁路隧道为工程背景,分析了国内运营隧道病害成因与现状,综合比较了国内外高性能混凝土研究成果,研发了一种可应用于隧道喷射混凝土及二次衬砌混凝土的非粉体纳米辅助料及细颗粒复合掺合料;同时结合工程实际进行了一系列试验及测试,表明纳米-细颗粒复合掺合料应用于隧道混凝土具有经济、环保、耐久性好的优点,符合当前绿色隧道工程理念,具有推广应用前景。

2015 年,余杉通过隧道二次衬砌混凝土在不同水胶比下的试验,发现了膨胀剂和防水剂的掺入会使混凝土的坍落度和强度略微降低,水胶比参数对混凝土抗渗性能的影响程度远远大于膨胀剂和防水剂;提出了不掺用防水剂,掺加高性能减水剂的方法以降低水胶比,掺加大矿物掺合料以改善其流动性和平衡强度。

2016 年,孙星通过适当掺加高性能聚羧酸减水剂来提高混凝土的抗渗性,有效地改善了二次衬砌混凝土的流动性并提高其强度。当单掺矿粉时,矿粉对混凝土和易性的改善并没有粉煤灰明显,但同等掺量下,掺矿粉混凝土的强度均高于粉煤灰混凝土。当单掺粉煤灰掺量在 30% 以下时,混凝土的流动性及抗渗性能提高明显,并且早期强度较高。闫鹏飞根据施工要求,从原材料出发,研究了减水剂、膨胀剂、减缩剂及粉煤灰掺量对二次衬砌混凝土抗裂性能的影响。研究表明,随着粉煤灰掺量的增加,混凝土抗裂性得到提高,但掺量较高时提高程度逐渐变缓。内掺膨胀剂和掺减缩剂均可以降低混凝土的收缩变形,减水剂在一定范围内对混凝土抗裂性能起较小的削弱作用。张宁宁通过模拟与试验相结合的技术手段,对二次衬砌混凝土力学性能进行了研究。通过 ABAQUS 软件模拟,提出了二次衬砌裂缝的分布和裂缝类型主要受地层影响;随着地层侧压力增大,在拱顶产生纵向裂缝,左右两侧和底部外侧产生环向裂缝;二次衬砌混凝土破坏机理是典型弹塑性机理,并且在拱脚区域最易损害。通过对广西贺街隧道二次衬砌混凝土受力进行现场监控量测,二次衬砌在拆模时,初期支护和二次衬砌间的接触压力最大;二次衬砌拆模约一周后,受力趋于稳定状态。黄波针对二次衬砌混凝土受硫酸盐侵蚀的特点,通过全浸泡、半浸泡和干湿循环试验方法研究了二次衬砌混凝土配合比设计中的防腐剂掺量,得出了粉煤灰与硅灰的比例为 5∶1,其掺量为胶凝材料总量的 30% 时,可有效改善二次衬砌混凝土的施工性能,降低硫酸盐对二次衬砌混凝土的侵蚀。王永海研究了减水剂和配合比设计参数对隧道二次衬砌混凝土强度和耐久性的影响。试验表明,通过掺加减水剂降低水胶比,增加粉煤灰掺量,可以有效地解决二次衬砌混凝土低强度、高流态、抗渗性之间的矛盾。掺加一定量粉煤灰对隧道二次衬砌混凝土可以提高抗碳化、抗裂和抗硫酸盐侵蚀能力,降低二次衬砌混凝土塑性收缩、干燥收缩。姜福香等针对海底隧道二次衬砌混凝土的使用环境,提出了隧道二次衬砌混凝土耐久性指标。提高二次衬砌混凝土耐久性的关键是对耐腐蚀高性能海工混凝土进行配合比优化。通过掺加高效减水剂降低水胶比,复掺粉煤灰和矿粉,可以提高二次衬砌混凝土的耐久性,但必须合理掺加粉煤灰和矿粉,其掺量应控制在胶凝材料总量的 50% 以下。黄玉萍认为复杂严酷的海底隧道二次衬砌混凝土耐久性设计,应从抗碳化、抗裂性、抗渗透性、抗腐蚀性以及钢筋保护层厚度等方面考虑。

8.2 原材料和配合比设计要求

八达岭地下车站衬砌混凝土结构所处的环境作用等级为 T_2,不受其他有害介质侵蚀。在该环境条件下,混凝土结构耐久性退化因素为混凝土碳化引起的钢筋锈蚀。

通过研究,取得了基于可靠度理论的混凝土结构碳化随机模型,如图 8-1 所示。

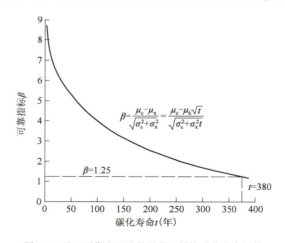

图 8-1 基于可靠度理论的混凝土结构碳化寿命评估

采用研究成果,通过混凝土结构耐久性设计,优化材料制备和施工配套工艺,八达岭地下车站隧道可以实现 300 年长寿命混凝土衬砌结构。

8.2.1 原材料要求

(1) 水泥。选用水化热低、强度稳定增长的硅酸盐水泥。采用中热水泥,水泥水化热 3d 不大于 251J/g、7d 不大于 293J/g,从而有效降低混凝土水化热,实现低收缩,降低结构开裂风险。

(2) 粗集料。选用粒形良好、级配合理、质地坚固、吸水率低、线胀系数小的洁净碎石。采用 5~31.5mm 的 3 级配,控制紧密空隙率小于 38%,针片状颗粒含量小于 3%。同时,采用粗集料整形技术,增加集料圆润度,改善混凝土流变性,减小空隙,如图 8-2 所示。

a) b)

图 8-2 整形后的粗集料

(3) 密实填充料。矿物掺合料选用颜色均匀、不含有油污等杂质且品质稳定的 F 类 I 级粉煤灰。所用粉煤灰与水泥和水混合时不得有明显刺激性气体放出。

(4) 补偿收缩料。使用匹配性补偿收缩材料,抑制混凝土的温度收缩。

(5) 惰性胶凝料。采用石粉等具有微集料填充效应的惰性胶凝材料,以提高混凝土的密实度和抗碳化能力,减小混凝土化学收缩。

(6) 保坍减水料。选用低 R7、保坍性能较好的外加剂,保障混凝土工作性的同时,降低水胶比。

8.2.2 配合比设计要求

通过配合比设计方法,研究混凝土基本影响因素对其工作性、耐久性、力学性能、收缩、抗裂、抗碳化的作用规律,确定配合比。配合比设计中降低了胶凝材料用量、用水量,增加了集料用量,提高了体积稳定性。经多次试验,现场长寿命(300 年)混凝土配合比见表 8-1。

表 8-1 长寿命(300 年)混凝土配合比($1m^3$)

中热水泥(kg)	I 级粉煤灰(kg)	补偿收缩材料(kg)	石粉(kg)	砂(kg)	碎石(kg)	水(kg)	外加剂(kg)
228	103	14	35	792	1092	160	3.8

8.3 性能指标要求

为提高长寿命混凝土的流动性,保障二次衬砌施工顺畅,在保证混凝土拌和物不离析、不泌水的前提下,对混凝土扩展度及扩展时间提出了要求。同时,明确了混凝土 28d 加速碳化速率的耐久性指标,以保障混凝土抗碳化性能。考虑到采用的中热水泥水化热低,强度属于稳定增长,早期增长速度不及常用的普通硅酸盐水泥,因此,长寿命混凝土强度采用90d龄期进行评定。通过研究,确定长寿命(300年)混凝土性能指标要求见表8-2。

长寿命(300年)混凝土性能指标要求　　　　表8-2

项目名称			技术要求
拌和物性能	坍落度(mm)		≤220
	扩展度(mm)		≤520
	扩展时间 T400(s)		3～8
	含气量(%)		3～5
	压力泌水率(%)		≤40%
硬化混凝土性能	抗压强度(MPa)	1d	≤12
		90d	≥35
	抗折强度(MPa)	1d	≥1.5
		90d	≥5
	电通量(C)	90d	<1000
	抗渗性能	56d	≥P12
	收缩率	3d	$<150 \times 10^{-6}$
		56d	$<350 \times 10^{-6}$
	碳化速率系数(加速)($mm/a^{0.5}$)	28d	<5.0

8.4　生产方式

8.4.1　移动式搅拌车现场生产

移动式搅拌车现场生产是将各类粉料根据配合比进行预混装袋,砂石待含水率匀化后装袋,然后将粉料、砂石等原材料提前运至施工现场,浇筑时,采用移动式搅拌车现场搅拌后直接卸至输送泵中。现场照片如图8-3～图8-5所示。

图8-3　粉料预混设备

图8-4　原材料预混堆装

图 8-5 移动式搅拌车生产混凝土

移动式搅拌车现场生产的优点包括：不用考虑混凝土在运输过程中的坍落度损失；出现混凝土拌和物性能异常时，可在现场立即调整生产配方。缺点包括：移动式搅拌车计量称和储料罐缺少，粉料需要在工厂提前加工预混；材料堆放占地面积大，吊装设备工作困难；上料过程中隧道内粉尘大，环境污染严重；浇筑时隧道无法正常通行，影响其他工序施工；粉料预混在加工、包装、运输方面增加了资金投入，提高了混凝土单价。

8.4.2 预拌混凝土拌和站生产

预拌混凝土拌和站生产、混凝土罐车运输的方式是最常用的方法。该方法搅拌机计量称多，原材料存储场地充足、运输方便。但需要时刻注意出机拌和物性能状态，并考虑运输过程中的坍落度损失。同时，到场混凝土拌和物性能出现异常时，会有沟通不畅等原因造成生产配方调整不及时的风险。现场照片如图 8-6 所示。

图 8-6 混凝土拌和站

通过对以上两种方式进行比选，从施工组织、经济效益、现场实际情况和可行性等方面综合考虑，最终确定采用预拌混凝土拌和站生产的方式进行施工。

8.5　生产质量控制

8.5.1　原材料控制

（1）原材材料进场除了根据标准要求的频次检测外，对粗细集料、减水剂、粉煤灰等严重影响混凝土品质的原材料应进行车检，杜绝不合格材料或严重影响混凝土品质的材料进场。

（2）粗细集料进场后，应采取分区存放，设置"合格区"和"待检区"，每个区内集料按不同品种、规格用隔离墙分离。

（3）细集料应堆放匀化，待细集料堆不同位置含水率偏差不超过1%时方可正式使用。

（4）减水剂进场时，应先采用配合比验证的方式检验，重点关注混凝土2.5h坍落度损失情况，严禁不满足要求的减水剂进场使用。

（5）采取有效措施，防止水泥、矿物掺合料受潮。

（6）料仓布设地暖、热风机，冬季施工中拌和用水应进行加热，集料应进行保温，同时保证混凝土入模温度满足要求。

（7）水泥的入机温度不应高于55℃。

8.5.2　生产搅拌过程控制

（1）在细集料上料前，采用装载机对集料堆的上、中、下部位进行充分拌和，保证各部位含水率偏差不超过1%。

（2）生产过程中应严格控制计量超标。计量系统采用电子秤自动计量，开盘前对粉体秤、砂秤、石秤、水秤和外加剂秤进行计量校核，确保粉体秤、水秤和外加剂秤计量精度满足±1%要求，砂秤和石秤计量精度满足±2%要求。使用过程中应定期进行计量校核。

（3）控制混凝土搅拌时间及出机温度。夏季施工必须搅拌120s，出机温度不超过30℃；冬季施工必须搅拌180s，并应根据混凝土运输距离通过热工计算确定混凝土出机应达到的最低温度。

（4）试验员应对首盘混凝土进行拌和物性能检测，包括坍落度、扩展度、含气量、出机温度等，在混凝土质量稳定后方能继续生产。同时，对每车出站混凝土性能进行检测，并随时与施工现场沟通，了解到场混凝土状态。长寿命（300年）混凝土出机时工作性能检测如图8-7所示。如图8-8所示为长寿命（300年）混凝土现场实测坍落度和扩展度。

8.5.3　运输管理

制订有效的混凝土运输管理，及时掌握混凝土施工进度，避免因混凝土到场车次多、等待浇筑时间过长造成的性能损失。同时，防止因施工断料时间过长造成施工冷缝的风险。具体运输管理措施如下：

（1）GPS定位指挥。混凝土运输罐车安装GPS定位系统，对混凝土罐车定位跟踪，实时了解混凝土运输车辆信息及交通状况，方便调度员及时指挥、调配，最大限度减少混凝土运输时间。

a)　　　　　　　　　　　　b)

图 8-7　长寿命(300年)混凝土出机时工作性能检测

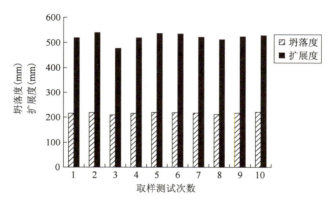

图 8-8　长寿命(300年)混凝土现场实测坍落度和扩展度

（2）微信群线上沟通。保障信息畅通，建立混凝土施工生产微信群，群内发送每车出站混凝土施工部位、车号、车次等信息，工点人员发送到场和返回的混凝土车号。在平台内，所有人都能实时掌握各部位车次状态，便于及时准确调度混凝土，及时协调资源，尽可能减少混凝土运输时间与现场耽误时间。同时，便于混凝土生产调度掌握混凝土施工速度，避免浇筑现场出现压车和等料情况。

8.6　养护

养护是保障长寿命(300年)混凝土耐久性的重要措施之一。为确保长寿命(300年)混凝土质量，现场应采取保湿、保温两种养护措施。

8.6.1　保湿养护

针对喷淋养护频率不够、容易形成干湿交替的缺点，长寿命(300年)混凝土采用了自粘式节水养护膜保湿养护措施。保湿养护时间不应少于14d。由于养护膜内已储存充足水分，且附带少量可降解生物胶，养护膜覆于二次衬砌表面时，即便在二次衬砌拱顶位置处于倒贴状态，也能克服自重不发生掉落现象。现场观察表明，采取保湿养护膜养护的混凝土20d后表面仍保持潮湿状态。现场自粘式节水养护膜养护如图 8-9 所示。

8.6.2 保温养护

为防止混凝土芯部温度与表面温度、表面温度与环境温度之差大于 15℃，从而造成混凝土温差开裂，采用充气式帆布密贴的方式进行温度调节，解决混凝土表面与环境间的温差。

通过混凝土芯部温度和表面温度监测，采集到混凝土内外温差在 3d 后下降至 15℃，以此确定充气式帆布养护的拆除时间。

充气式帆布保温养护如图 8-10 所示，如图 8-11 所示为现场实测混凝土温度变化曲线。

图 8-9　自粘式节水养护膜保湿养护　　　　图 8-10　充气式帆布保温养护

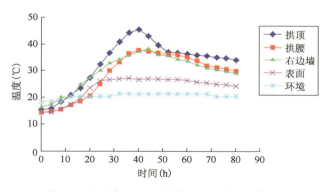

图 8-11　长寿命(300 年)混凝土温度变化实测曲线

8.7　性能检测和长期监测

大跨段隧道长寿命(300 年)混凝土二次衬砌现场照片如图 8-12 所示，衬砌外观质量良好。

8.7.1　性能检测

长寿命(300 年)混凝土实体质量性能检测结果见表 8-3。与设计指标相比，检测结果均达到了设计要求。

第8章 隧道衬砌长寿命混凝土新材料

图 8-12　大跨段隧道长寿命(300 年)混凝土衬砌照片

长寿命(300 年)混凝土实体质量性能检测　　　　表 8-3

检 测 项 目		设 计 指 标	长寿命混凝土实体质量性能
抗压强度 (MPa)	1d	≤12	11.0
	3d		18.3
	7d		24.7
	28d		33.6
	56d		46.7
	90d	≥35	53.5
抗折强度 (MPa)	1d	≥1.5	3.2
	90d	≥5	7.4
收缩率	3d	$<150 \times 10^{-6}$	23×10^{-6}
	56d	$<350 \times 10^{-6}$	67×10^{-6}
90d 电通量(C)		<1000	748
碳化速率系数(28d 加速)(mm/$a^{0.5}$)		<5.0	3.78
混凝土孔隙率(%)			12.4118
混凝土气体渗透系数($\times 10^{-16} m^2$)			0.018

8.7.2　长期监测

对大跨段隧道张家口端长寿命(300 年)混凝土服役环境和钢筋锈蚀等实体结构健康状态进行长期监测,并搭建耐久性无损监测系统平台。

长寿命(300 年)混凝土服役环境参数采用 CO_2 浓度传感器、温湿度传感器进行监测。CO_2、温湿度无线传感器安装于二次衬砌混凝土边墙,距地面以上 1.5m 处沿隧道长度方向平均间隔 30m 设置一个测点,共设置 6 个传感器。

长寿命(300 年)混凝土钢筋锈蚀状态采用 Corro-Watch 仪器进行监测。钢筋锈蚀传感器安装于二次衬砌混凝土左、右边墙,距地面以上 1.5m 处,沿隧道长度方向平均间隔 30m 设置一个测点,共设置 6 个钢筋锈蚀传感器。

第 9 章
超大断面隧道变断面衬砌模板台车

京张高铁八达岭地下车站两端为大跨过渡段,长度各为163m,如图9-1所示。其中北京端由4个断面组成,开挖宽度分别为19.82m、25.81m、29.45m、32.23m;张家口端由5个断面组成,开挖宽度分别为19.07m、23.96m、27.39m、30.82m、32.70m。因此,八达岭地下车站两端大跨过渡段具有"超大断面、变断面"的特点,这给隧道二次衬砌施工带来了极大的困难,对超大断面变断面衬砌模板台车的设计、制造和施工形成了极大的挑战。

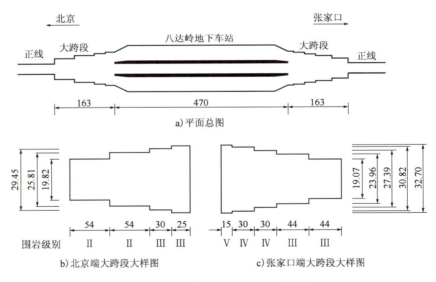

图 9-1 八达岭地下车站平面示意图(尺寸单位:m)

9.1 国内外研究现状

目前国内对可调节变断面衬砌模板台车研究较少,主要研究成果是对衬砌模板台车结构进行描述,缺少适用度较广的设计理论和设计方法。

赵勇对柿子园隧道合分修过渡段衬砌模板台车的结构设计进行了研究,提出了加宽、加高门架,使用楔块改变模板的方式来实现衬砌模板台车的变断面调节。刘顺成对渝怀铁路二线新匀都河 1 号隧道、三阳乡隧道变断面方式进行了分析,由于隧道采用改变拱部弧度的方式进行变断面,因此,采用门架不变、丝杆伸缩的方式来实现衬砌模板台车的断面变化。卢海龙认为可以通过更换顶模、安装升降装置、增加拱部加宽块的方式实现衬砌模板台车的变断面。刘凡民提出了通过顶模与边模铰接点的旋转、偏移达到调节模板的目的。赵前进在鹰鹞山隧道不同厚度二次衬砌施工中,通过改变丝杆长度实现衬砌模板台车的断面调节。白端生通过在隧道衬砌模板台车单侧外增加模板的方法实现了模板台车断面的改变。梁爽采用变断面方法设计门架横梁和立柱,以充分利用材料截面性质,减少门架材料用量,实现了变断面衬砌模板台车的轻量化。刘云珠提出首先设置标准断面,然后通过增加顶模板、侧模板、加高块、加长块等方式改装衬砌模板台车,实现模板台车变断面调节。徐子振选择门架中间加宽的方式作为电气化隧道衬砌模板台车的调节手段。王云采用 ANSYS 计算模拟软件,对衬砌模板台车的变形和应力特征进行了分析,根据模拟结果提出了优化模板台车的数学模型。陈鹰对胶州湾隧道可调节衬砌模板台车的模板、千斤顶、门架等结构的强度进行了模拟分析。程伟将门架横梁和丝杆设置成一定程度的可调节结构,实现了衬砌模板台车的可变调节。刘谭升在沙坪隧道中通过加宽门架横梁和丝杆的方式,实现了衬砌模板台车的断面变化。邓满林使用加宽顶模板的方式,戴保民使用加宽门架横梁的方式实现了模板台车的断面增大。李峰介绍了北山隧道衬砌模板台车的结构特点和各部分的强度特征,认为采用顶模中间放置调整小钢模板和台车主架加高块的措施可以有效适应断面调整。国内隧道可调节变断面衬砌模板台车统计情况,见表 9-1。

国内隧道可调节变断面衬砌模板台车统计　　　　　　　　　表 9-1

编号	隧 道 名 称	调 节 方 式
1	柿子园隧道	加宽、加高门架,楔块调整模板
2	新匀都河 1 号隧道	加宽门架,提高顶模板
3	鹰鹞山隧道	调整丝杆长度
4	杨家溪隧道	单侧增加模板
5	老尖山隧道	加宽顶模板,旋转模板
6	三阳乡隧道	加宽、平移、旋转顶模板
7	北山隧道	调整模板丝杆,旋转模板
8	旗号岭隧道	加宽门架,增加新顶模板

从调研及统计情况来看,目前国内衬砌模板台车主要通过加宽、加高门架横梁以及增加顶模板来实现可调节变断面功能。

9.2　工作原理和结构组成

京张高铁八达岭地下车站大跨过渡段隧道最大开挖跨度为 32.7m,最大开挖断面面积为 494.4m^2,是目前国内外开挖跨度和开挖断面面积最大的交通隧道,如图 9-2 所示。同时,隧道为扁平结构,且要进行多次变断面,现有的衬砌模板台车设计理念很难满足要求。因此,在充分吸收既有变断面衬砌模板台车成果的基础上,通过数值模拟,提出了"加宽横梁、增加立柱、增加顶模、补充支撑"的设计理念,以实现超大断面隧道变断面衬砌功能。该设计理念可概括为:一加宽、两增加、一补充。

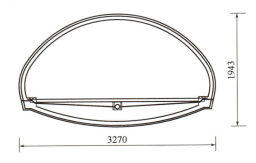

图 9-2　八达岭地下车站大跨段隧道最大横断面(尺寸单位:cm)

9.2.1　工作原理

超大断面隧道变断面衬砌模板台车工作原理:台车骨架立柱设计为横向可移动结构,通过横移油缸实现间距变化;模板设计为多段式,通过各自模板对应的调节机构调整至理论设计轮廓线,变断面时增加或减少预先设计的顶板调节模板,从而完成变断面隧道衬砌模板台车的可调节功能。工作原理如图 9-3 所示。

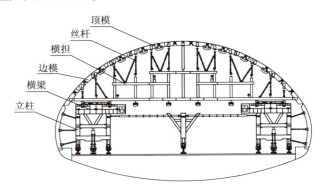

图 9-3　超大断面隧道变断面衬砌模板台车工作原理

9.2.2　结构组成

超大断面隧道变断面衬砌模板台车总质量为 413.6t,是目前高铁双线隧道衬砌模板台车质量(一般为 60~80t)的 5 倍以上。变断面衬砌模板台车由行走机构、门架结构、模板、电气操作控制系统、液压系统 5 部分组成。通过液压装置立模、拆模,台车一次可完成隧道纵向全断面衬砌长度 9m。

超大断面隧道变断面衬砌模板台车由 1670 个构件组成,见表 9-2,各主要结构质量见表 9-3。

超大断面隧道变断面衬砌模板台车构件 表9-2

序号	名称	数量(件)	序号	名称	数量(件)	序号	名称	数量(件)
1	顶模	90	10	拱部小立柱剪刀叉	30	19	举升护筒	4
2	边模	12	11	边模丝杆	48	20	行走装置	14
3	模板横担	18	12	拱部丝杆	217	21	反扣装置	48
4	拱部纵梁	15	13	门架横梁	44	22	销轴	700
5	拱部横担	126	14	下纵梁	5	23	油缸	28
6	拱部小立柱	140	15	立柱	20	24	立柱斜撑	24
7	上纵梁	8	16	立柱剪刀叉	18			
8	平移架	4	17	顶升丝杆	20			
9	门架拉杆	33	18	举升柱	4	合计		1670

超大断面隧道变断面衬砌模板台车主要结构质量 表9-3

序号	部件名称	质量(kg)	序号	部件名称	质量(kg)	序号	部件名称	质量(kg)
1	侧下纵梁	3322	7	内侧立轴	1238	13	拱部纵梁	1018
2	中下纵梁	3625	8	中立轴	1213	14	顶模横担	991
3	中横梁	1346	9	门架外横梁	4079	15	拱部横担1	728
4	下横梁1	2187	10	门架内横梁1	8100	16	顶模4	1221
5	下横梁2	1650	11	上纵梁1	1386	17	边模	2099
6	外侧立轴	1278	12	上纵梁2	1028	18	边模横担3	570

1) 行走机构

衬砌模板台车纵向行走机构由4个行走小车组成,4个主动行走轮架分别安装在两侧行走梁下,由操作员操作电源开关使台车前进或者后退。台车横向行走由8个行走轮箱组成,横向行走时由行走轮箱辅助平移油缸实现台车横移。

2) 门架结构

门架结构由4榀门架组成,每榀门架由5根立柱和3根横梁组成。立柱外侧有支撑单侧边模板丝杆和4组调节边模板的油缸。拱部结构由多根丝杆竖直支撑,在台车变换模板时起调节作用。

3) 模板

模板决定混凝土表面的完好程度。在圆周上由左、右两侧边模与多块拱部小模板组成。在长度方向上由螺栓连接成需要的长度,边模与拱部小模板采用铰接连接,拱部小模板之间也采用铰接连接。模板可以绕着铰接转动,以便调节模板的伸缩,满足断面衬砌要求。

4) 电气操作控制系统

电气操作控制系统采取专业的单独设计。

5) 液压系统

液压系统由液压操作台(包括电机、油泵、滤清器、十联阀等)、4个举升油缸、4个边模调节油缸、8个平移油缸、8个拱部模板调节油缸、各类阀以及管路组成。

9.3 各断面衬砌模板台车结构设计

衬砌模板台车结构使用Q235钢材,顶部模板最大跨度为28.95m、高度为13.71m、纵向长度为9m。台车拱部由7榀小立柱支撑,每榀小立柱间隔为1.5m,一次性长度为1.0m。门架横梁共4榀,每榀小立柱间隔为3m,门架横梁由厚度20mm的钢板与厚度16mm的钢板围成箱型梁,横梁高度为1200mm,宽度为384mm。丝杆为无缝管$\phi 114$-12与圆钢$\phi 80$组焊接。

八达岭地下车站大跨段隧道北京端、张家口端各采用1台衬砌模板台车。以张家口端为例,衬砌模板台车要实现5次变断面功能。1-1断面~5-5断面隧道开挖宽度分别为19.07m、23.96m、27.39m、30.82m、32.70m。

9.3.1　1-1断面

1-1断面衬砌模板台车就位后如图9-4所示,衬砌模板台车模板轮廓与隧道轮廓存在最大误差为11.2cm。

9.3.2　2-2断面

2-2断面衬砌模板台车就位后如图9-5所示,衬砌模板台车模板轮廓与隧道轮廓存在最大误差为8.9cm。

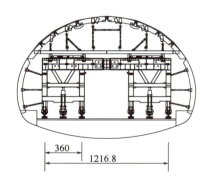 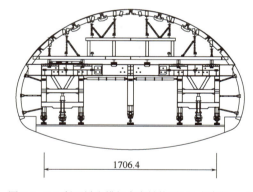

图9-4　1-1断面衬砌模板台车结构图(尺寸单位:cm)　　图9-5　2-2断面衬砌模板台车结构图(尺寸单位:cm)

9.3.3　3-3断面

3-3断面衬砌模板台车就位后如图9-6所示,衬砌模板台车模板轮廓与隧道轮廓存在最大误差为9.9cm。

9.3.4　4-4断面

4-4断面衬砌模板台车就位后如图9-7所示,衬砌模板台车模板轮廓与隧道轮廓存在最大误差为5.7cm。

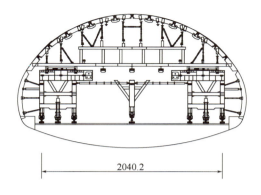 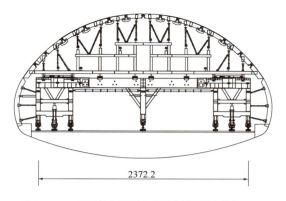

图 9-6　3-3 断面衬砌模板台车结构图(尺寸单位：cm)　　图 9-7　4-4 断面衬砌模板台车结构图(尺寸单位：cm)

9.3.5　5-5 断面

5-5 断面衬砌模板台车就位后如图 9-8 所示，衬砌模板台车模板轮廓与隧道轮廓一致。

衬砌模板台车纵向长度为 9m，拱部由 7 榀小立柱支撑，每榀小立柱间隔 1.5m，5-5 断面衬砌模板台车纵向结构如图 9-9 所示。

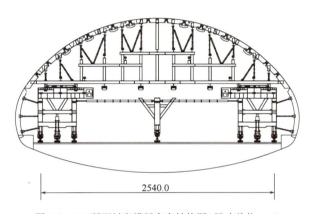 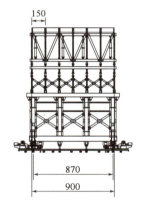

图 9-8　5-5 断面衬砌模板台车结构图(尺寸单位：cm)　　图 9-9　5-5 断面衬砌模板台车纵向结构图
(尺寸单位：cm)

9.4　拼装与变断面调节

9.4.1　拼装

1）设备及工具配备

衬砌模板台车拼装需要准备的设备及工具：100t 吊车 1 台，25t 吊车 1 台，挖掘机 1 台，装载机 1 台，电焊机 2 台，氧气、乙炔、割枪各 2 套，5t 手拉葫芦 4 套，17 内六角扳手 2 把，27～36 梅花扳手各 6 把，12 寸开口扳手 2 把。

2）人员配备

厂家技术人员 1 名，领班 2 人，技术工人 10～12 人。

3）拼装流程

衬砌模板台车拼装流程：平整场地→铺设钢轨→安装底部下纵梁→安装门架→安装顶部纵梁→安装顶部模板→安装边墙模板。

(1) 平整场地

隧道衬期支护完成后，沿隧道纵向长度 25m 平整硬化安装场地，使其达到安装要求。

(2) 铺设钢轨

浇筑混凝土基础，基础顶面高程为内轨顶面下 51.5mm。在混凝土基础上铺设钢轨垫块，垫块中心间距为 40cm。在垫块上安装 P50 钢轨，轨距为 858.6cm，误差为 ±5mm。如图 9-10 所示。

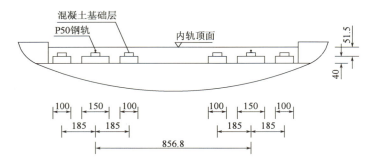

图 9-10　衬砌模板台车拼装钢轨铺设示意图(尺寸单位：cm)

(3) 安装底部下纵梁

在钢轨上安放底部下纵梁，安放后要拉对角线，保证衬砌模板台车下纵梁为长方形。同时，安排一组人员组装门架。

(4) 安装门架

横梁由内横梁和左右外横梁组成，一根门架横梁总重量 16t，安装时需用 100t 吊车安装。

①组装门架时，从一端往另一端安装立轴和门架横梁，上好螺栓(螺栓不要完全拧紧)；所有门架安装在下纵梁上后，复核门架对角线，保证门架不偏移，将门架螺栓紧固。

②旋转吊装门架内横梁。吊车起重幅度为 9.17m，起重臂长为 13.5m，构件质量为 8t。

③门架内、外横梁拼装。先组装内横梁与左外横梁，然后组装右外横梁。

④门架横梁吊装。立轴和门架横梁从一端往另一端依次安装，先安装立轴，然后安装门架横梁。吊车起重幅度为 16.2m，起重臂长为 21m，构件质量为 16t。

(5) 安装顶部纵梁

①将平移油缸伸出行程 15cm，将销轴插入平移架中间的销孔，以保证衬砌模板台车左右的有效调整。

②将上纵梁安装在门架上，复核上纵梁对角线。

③上纵梁安装好后依次将拱部横梁、拱部竖撑丝杆安装好并调整至断面尺寸。

(6) 安装顶部模板

顶部模板沿隧道环形方向由 8 块模板通过销轴连接，由于在洞内安装，应在初期支护钢拱架上沿隧道环向焊接 9 个吊点。吊点焊接必须牢固可靠，不得有虚焊、气孔及未焊透现象。焊完后吊点要做荷载试吊,荷载按 5t 计算,确认安全可靠后方可进行顶模吊装作业。

①安装顶部模板前,利用台车行走电机驱动台车骨架避开吊装区域,待部件吊起后,台车再开进吊装区域下,依次循环安装其他部件。

②顶部模板安装顺序为纵向从一端往另一端安装,环向从一侧往另一侧安装,环向模板每块单独吊装。钢丝绳从模板的观察口穿过,施工人员站在台车一端的护栏上用手拉葫芦吊起顶模,吊起时,当高度高于门架后,停止升起,将台车开至顶模下,依次安装。

③顶部模板安装时,每两块顶模安装好后将顶部竖撑和模板连接销轴固定,安装好竖向丝杆锁止装置,再进行下一块模板拼装,每块模板接缝要调整好,错台控制在±1mm 内。

(7)安装过墙模板

所有顶部模板安装好后,依次安装边墙模板、模板横担、边墙螺旋丝杆。

9.4.2 变断面调节

八达岭地下车站大跨段衬砌模板台车要完成 5 个断面的变断面施工。5 个断面由小到大分别为 1-1 断面、2-2 断面、3-3 断面、4-4 断面、5-5 断面。台车模板以 5-5 断面隧道半径为设计基准,加工时根据隧道半径加大 5cm,其他断面通过调节满足施工要求。

变断面衬砌模板台车由一个断面变化为另一个断面时需要 7 步操作。以 1-1 断面变化到 2-2 断面为例说明调节过程。

1)第 1 步

安装台车中间立柱,锁紧顶部模板间的固定装置,同时松开台车中心两顶部模板间的铰接销轴,利用平移油缸把台车向两侧推开 249.1cm,如图 9-11 所示。

2)第 2 步

安装顶部横担调节块和调节油缸,松开顶部两块模板之间的固定装置,推开顶部调节油缸 15cm,模板调整到位后锁紧顶部两块模板之间的固定装置,如图 9-12 所示。

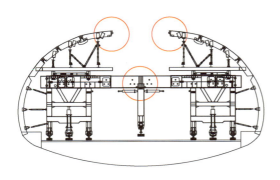

图 9-11 变断面调节第 1 步

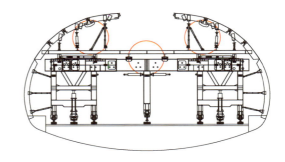

图 9-12 变断面调节第 2 步

3)第 3 步

松开顶部模板对应的支撑丝杆,安装调节油缸。松开顶部两块模板之间的固定装置,推开调节油缸 3.9cm,模板调整到位后锁紧顶部两块模板之间的固定装置,如图 9-13 所示。

4)第 4 步

松开顶部模板对应的支撑丝杆,松开顶部两块模板之间的固定装置,推开调节油缸

20.2cm，模板调整到位后锁紧顶部两块模板之间的固定装置，如图9-14所示。

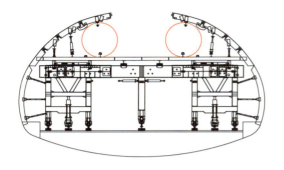

图9-13 变断面调节第3步

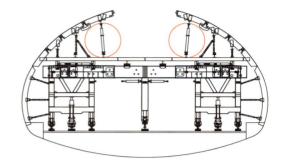

图9-14 变断面调节第4步

5）第5步

安装顶部丝杆、横撑与竖撑，如图9-15所示。

6）第6步

安装拱部模板，固定模板后拆除调节油缸，安装顶部丝杆，如图9-16所示。

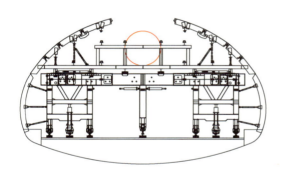

图9-15 变断面调节第5步

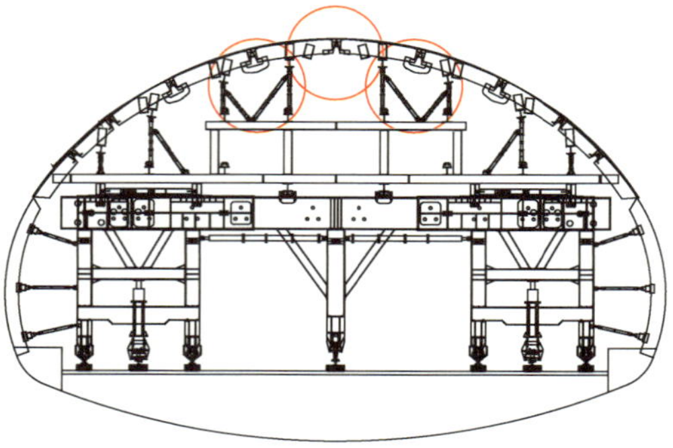

图9-16 变断面调节第6步

7）第7步

锁紧各个连接部位的连接装置，安装台车中间立柱斜撑，完成2-2断面台车安装。

9.5 数值模拟分析

9.5.1 数值模型

采用迈达斯GTS-NX有限元软件建立超大断面隧道变断面衬砌模板台车三维模型，如图9-17所示。

衬砌模板台车竖向由立柱与油缸共同支撑，其中横断面中心立柱与油缸放置于钢轨上，施加竖向约束，不限制其在平面ZX内的转动。剩余立柱为固定端，施加三向约束，限制其在各方向的转动。施加边界条件的模型如图9-18所示。

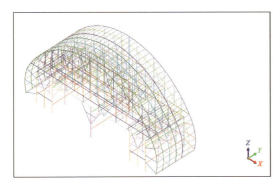
图9-17 衬砌模板台车模型图

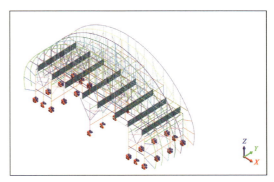
图9-18 施加边界条件图

9.5.2 边界荷载

根据《建筑结构荷载规范》(GB 50009—2012)选取荷载。

1) 上部垂直载荷

(1) 永久载荷标准值

模板承受的竖向压力集度按下式计算：

$$P_c = \gamma_c H_c \tag{9-1}$$

式中：P_c——竖向压力集度(kN/m^2)；

γ_c——混凝土重力密度(kN/m^3)，取$25kN/m^3$；

H_c——上部混凝土高度(m)。

按上部混凝土高度1m考虑，计算得$P_c = 25kN/m^2$。

(2) 可变荷载标准值

施工人员及设备荷载标准值取$2.5kN/m^2$，振捣混凝土时产生振动荷载标准值取$2.0kN/m^2$。

2) 中部侧向荷载

(1) 永久荷载标准值

浇筑混凝土对模板侧面的压力标准值参考《建筑手册》中"现浇混凝土结构模板的设计"，按下式计算侧压力：

$$F_c = 0.22\gamma_c \cdot t_0 \cdot \beta_1 \cdot \beta_2 \cdot \sqrt{v} \tag{9-2}$$

式中：F_c——浇筑混凝土对模板的最大侧压力(kN/m^2)；

t_0——浇筑混凝土的初凝时间(h)，可实测确定，缺乏试验资料时采用$t_0 = \dfrac{200}{T+15}$计算，其中，T为混凝土温度(℃)；

β_1——外加剂影响修正参数，不掺外加剂时取1.0，掺具有缓凝作用的外加剂时取1.2；

β_2——混凝土坍落度影响修正参数，当坍落度小于30mm时取0.85，坍落度为50~90mm时取1.0，坍落度为110~150mm时取1.15；

v——混凝土浇筑速度(m/h)。

取 $T=25℃$,计算得 $t_0=5$。

v 的确定:采用混凝土输送泵浇筑,输送泵排量为 $40\sim60\text{m}^3/\text{h}$,取最大值 $60\text{m}^3/\text{h}$,浇筑混凝土平均厚度取 1m,台车长度为 9m,两边平衡浇筑,考虑浇筑时换管与时间耽误,取修正系数 0.75,因此可计算出 $v=\dfrac{0.75\times60}{9}\div2=2.5\text{m/h}$。

取 $\beta_1=1.2$,$\beta_2=1.15$,计算得:$F_c=60\text{kN/m}^2$。

(2)可变荷载标准值

倾倒混凝土荷载值取 2.0kN/m^2,振捣混凝土时产生的荷载标准值取 4.0kN/m^2。

(3)荷载组合

组合1:恒载↓×1.2+活载↓×1.4

计算得:$F_1=80.4\text{kN/m}^2$

组合2:恒载↓×1.0+活载↓×1.0

计算得:$F_2=66\text{kN/m}^2$

按组合1计算,取侧向压力为 80.4kN/m^2。

顶模板与横梁连接成为一个穹形钢体,承受的竖向压力远大于侧向压力,因此只需对上模板施加竖向压力。侧模板在弧形上半段施加竖向压力,同时对整个侧模板施加水平方向的侧向压力。对整个模型结构施加重力。施加荷载如图9-19所示。

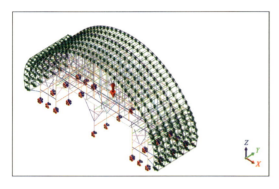

图9-19 施加荷载条件图

9.5.3 模拟计算及验算

1)衬砌模板台车模拟计算结果

衬砌模板台车轴力如图9-20所示,轴应力如图9-21所示,剪力如图9-22所示,位移如图9-23所示。

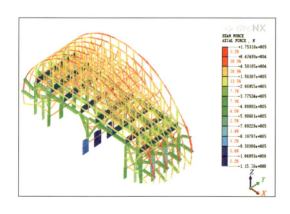

图9-20 衬砌模板台车轴力图

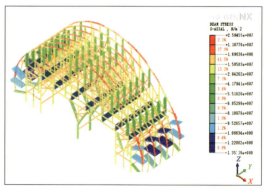

图9-21 衬砌模板台车轴应力图

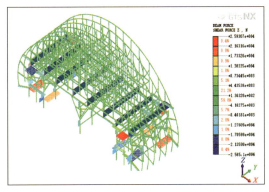

图 9-22　衬砌模板台车剪力图

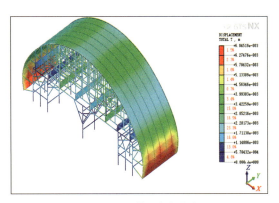

图 9-23　衬砌模板台车位移图

从模拟计算结果可知:

(1) 模板台车最大拉力为 1.75×10^5 N,出现在边模板弧板部位。最大压力为 1.15×10^6 N,出现在台车中心的中间立柱下部。

(2) 模板台车最大拉应力为 2.50×10^7 Pa,出现在边模板弧板部位。最大压应力为 1.35×10^8 Pa,出现在边模板丝杆部位。

(3) 模板台车最大剪力为 2.59×10^4 N,出现在门架横梁边侧部位。

(4) 模板台车最大位移为 6.85mm,出现在边模板底侧。

2) 模板模拟计算结果

模板弯矩如图 9-24 所示,位移如图 9-25 所示。

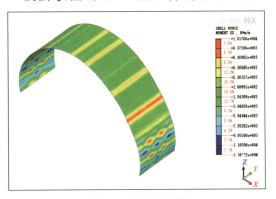

图 9-24　模板弯矩图

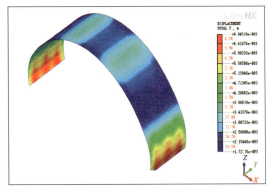

图 9-25　模板位移图

从模拟计算结果可知:模板最大弯矩为 1.39×10^4 N·mm;最大总位移为 6.85mm,其中竖向位移约为 4.49mm,水平位移约为 5.53mm,大于《钢结构设计规范》(GB 50017—2014)要求的 4.25mm。

模板承受弯曲应力采用下式计算:

$$\sigma=\frac{M}{W} \tag{9-3}$$

式中:σ——弯曲应力(MPa);

M——弯矩(N·mm);

W——截面模量(mm^3)。

取 $W = 7.99 \times 10^2 \text{mm}^3$,计算得:

$$\sigma = 17.40 \text{MPa} < f_m$$

式中:f_m——模板设计允许应力值(MPa),为 215MPa。

根据以上结果可知,模板强度满足要求,模板刚度不能满足要求。

3)弧板模拟计算结果

弧板弯矩如图 9-26 所示,位移如图 9-27 所示。

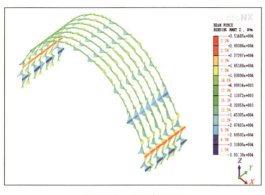
图 9-26 弧板弯矩图

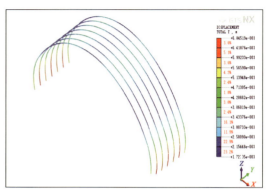
图 9-27 弧板位移图

从模拟计算结果可知:弧板最大弯矩为 $3.93 \times 10^7 \text{N} \cdot \text{mm}$。顶模弧板最大位移为 2.58mm,小于规范要求的 4.25mm。边模弧板最大位移为 6.84mm,大于规范要求的 4.25mm。

取 $W = 5.83 \times 10^5 \text{mm}^3$,计算得:$\sigma = 67.41 \text{MPa} < f_m$。

根据以上结果可知,弧板强度满足要求,顶模弧板刚度符合要求,边模弧板刚度不符合要求。

4)丝杆模拟计算结果

丝杆轴应力如图 9-28 所示。

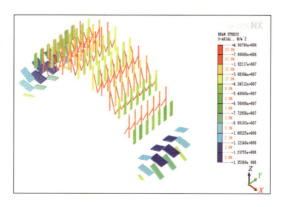
图 9-28 丝杆轴应力图

从模拟计算结果可知:侧压力大于混凝土自重竖向压力,丝杆轴应力最大处为侧模支撑,最大轴应力 $\sigma = 135 \text{MPa} < [\sigma] = 170 \text{MPa}$,强度符合要求。

5）拱部纵梁强度计算

当模板台车由最大断面调整为其他断面时,拱部丝杆松开,8个油缸支撑模板,模板自重压力作用在2根拱部纵梁上,单个油缸支撑力 $F = \dfrac{94.2t}{8} = 11.8t$。

拱部纵梁截面特性：$W = 1.5 \times 10^6 \mathrm{mm}^3$；$I = 2.15 \times 10^8 \mathrm{mm}^4$；$A = 153.3 \mathrm{cm}^2$。

拱部纵梁受力简图如图9-29所示。

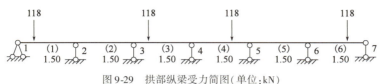

图9-29　拱部纵梁受力简图(单位:kN)

拱部纵梁弯矩如图9-30所示。

图9-30　拱部纵梁弯矩图(单位:kN·m)

拱部纵梁剪力如图9-31所示。

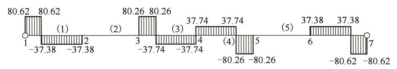

图9-31　拱部纵梁剪力图(单位:kN)

最大弯矩为32.25kN·m,最大剪力为80.62kN。

拱部纵梁正应力：$\sigma = 21.5 \mathrm{MPa} < [\sigma] = 170 \mathrm{MPa}$。

拱部纵梁剪应力：$\tau = \dfrac{P}{A} = 5.25 \mathrm{MPa} < [\tau] = 85 \mathrm{MPa}$。

因此,拱部纵梁强度符合要求。

6）门架横梁强度验算

门架横梁弯矩如图9-32所示,剪力如图9-33所示。

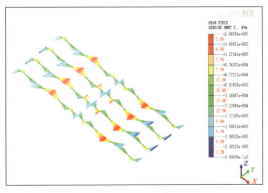

图9-32　门架横梁弯矩图

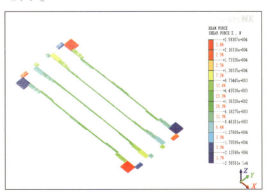

图9-33　门架横梁剪力图

门架横梁截面特性 $W=1.44\times10^7\text{mm}^3$,门架横梁最大弯矩为 $269.93\times10^3\text{N}\cdot\text{m}$。

门架横梁正应力:$\sigma=18.74\text{MPa}<[\sigma]=170\text{MPa}$。

门架横梁剪应力:$\tau=\dfrac{P}{A}=0.5\text{MPa}<[\tau]=85\text{MPa}$。

因此,门架横梁强度符合要求。

7)模板台车举升油缸支撑杆强度计算

模板台车自重为360t,台车举升时由4个油缸同时作用,因而每个油缸承载90t台车质量。油缸支撑杆截面如图9-34所示。

油缸支撑杆截面特性:$W=7.8\times10^6\text{mm}^3$;$I=1.9\times10^9\text{mm}^4$;$A=427\text{cm}^2$。

油缸支撑杆受力简图如图9-35所示,弯矩图如图9-36所示,剪力图如图9-37所示。

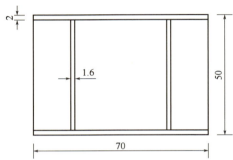

图9-34 油缸支撑杆截面图(尺寸单位:cm)

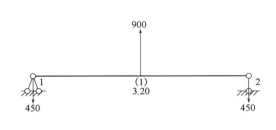

图9-35 油缸支撑杆受力简图(单位:kN)

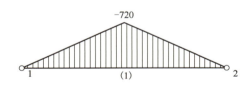

图9-36 油缸支撑杆弯矩图(单位:kN·m)

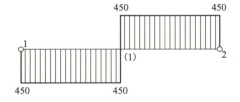

图9-37 油缸支撑杆剪力图(单位:kN)

油缸支撑最大弯矩为720kN·m,最大剪力为450kN。

油缸支撑杆正应力:$\sigma=92.3\text{MPa}<[\sigma]=170\text{MPa}$。

油缸支撑杆剪应力:$\tau=10.5\text{MPa}<[\tau]=85\text{MPa}$。

油缸支撑杆强度符合要求。

油缸支撑杆两端与立柱螺栓连接,螺栓为 $\phi22$ 的 10.9 级高强螺栓,每端为 8 个螺栓连接,由支座反力知每端螺栓所承受的剪力为450kN,因此单个螺栓所承载的剪应力为:

$$\tau=\dfrac{450000\text{N}}{8\times3.14\times11\text{mm}^2}=148\text{MPa}<[\tau]=545\text{MPa}$$

因此,螺栓强度符合要求。

8)小结

通过有限元软件建模分析,得出了超大断面隧道变断面衬砌模板台车各构件的轴力、剪力、弯矩、位移等数据云图,确定了台车的危险部位,为台车结构进一步优化提供了指导,为现场安全使用奠定了基础。

9.6 安全监测与评价

根据超大断面隧道变断面衬砌模板台车受力计算分析,模板台车在外部荷载作用下,支撑模板台车边模最下侧的丝杆、模板台车中间立柱和最下方纵梁部位为受力危险部位。通过监测模板台车的应力、变形,可以有效防止模板台车顶部模板坍塌、两侧边模板的丝杆螺帽脱落导致跑模、错台现象,保证模板台车门架和支架变形满足施工安全要求,从而提高二次衬砌混凝土浇筑质量。超大断面衬砌模板台车现场施工照片如图9-38所示。

图9-38 超大断面衬砌模板台车现场施工照片

9.6.1 衬砌模板台车受力特点

二次衬砌混凝土浇筑前,超大断面模板台车所受的荷载主要是自身重力。由于浇筑二次衬砌混凝土顺序是自下而上,因此前期模板台车主要受自身重力、侧向压力、浇筑的冲击压力、振捣混凝土产生的振动力和混凝土的浮力。随着浇筑二次衬砌混凝土高度的不断提升,当模板台车受到的浮力小于二次衬砌浇筑混凝土产生的重力时,模板台车顶模开始承受由二次衬砌混凝土重力产生的压力。浇筑结束时,模板台车最终受到自身重力、二次衬砌混凝土重力、侧向压力和底部反向约束力。

9.6.2 监测主要内容和仪器

衬砌模板台车监测内容主要包括应力测试和应变测试,监测项目和监测仪器见表9-4。

衬砌模板台车监测项目 表9-4

编 号	监测项目	监测仪器
1	弧板应力	应变计
2	竖撑应力	应变计
3	立柱应力	应变计

续上表

编　号	监 测 项 目	监 测 仪 器
4	丝杆应力	钢筋计、应变计
5	门架横梁应力	应变计

9.6.3　监测点布置及监测频率

为了监测模板台车安全状态，监测点按以下原则布置：

(1)在拱顶下方的立柱上布置3个应变片，2根丝杆上布置2个钢筋计。

(2)门架是保证模板台车安全的重要结构，在门架2个立柱、中间立柱上各布置1个应变片。门架横梁是重要的抗弯构件，在门架横梁两边下表面上布置2个应变片。

(3)由模拟计算可知，边模部位从二次衬砌浇筑开始到结束都承受外部荷载，二次衬砌浇筑对其影响最大，因此，在边模丝杆上布置2个应变片、2个钢筋计，在边模板两端的弧板上布置2个应变片。

综上所述，模板台车安全监测共布置钢筋计4个、应变片12个，共16个元件，见表9-5。

现场根据监测情况进行动态调整，后期考虑到应变片保护难度较大，因此以钢筋计为主。

超大断面隧道变断面衬砌模板台车监测元件　　表9-5

编　号	监 测 部 位	钢筋计(个)	应变片(个)
1	拱部	2	3
2	门架	0	5
3	边模	2	4

二次衬砌浇筑混凝土自下而上进行，因此依据浇筑高度按表9-6进行监测。

监 测 时 间　　表9-6

序　号	浇筑高度(m)	监测时间(min) 应变片	监测时间(min) 钢筋计
1	0~2	5	约15
2	2~5	约5	约30
3	5~8	约5	约30
4	8~11	约5	约60
5	11~14	约15	约60
6	浇筑结束	约20	约60
7	拆模阶段	约30	—

9.6.4　监测预警值

根据《钢结构设计规范》(GB 50017—2014)，弧板、丝杆和门架的强度允许值为205MPa，预警值按照70%设置，即140MPa。Q235钢材弹性模量为2.06×10^5MPa，故应变允许值为700$\mu\varepsilon$。

9.6.5 监测数据分析

1) 1-1 断面

（1）监测点布置

1-1 断面台车监测点布置如图 9-39 所示,共布置应变片 8 个、钢筋计 4 个,应变片编号为 1~8,钢筋计编号为 A~D。图中蓝色为应变片,红色为钢筋计,绿色为两者都布置。

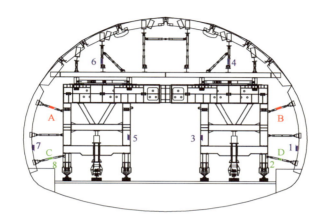

图 9-39　1-1 衬砌断面模板台车监测点布置图

（2）监测结果分析

大跨段 1-1 断面衬砌模板台车自下而上分 5 层开窗,窗口 30 个,附着式平板振动器 30 个。其中,1~4 层窗口采用分仓下料,第 5 层窗口及拱顶采用泵管直接泵送入模。

以边模两丝杆钢筋计监测为例,整个浇筑过程监测结果见表 9-7。

1-1 衬砌断面模板台车钢筋计监测结果　　　　表 9-7

浇筑时间 (min)	丝杆应力值(MPa)				备　注
	A(左上)	B(右上)	C(左下)	D(右下)	
0	0.00	0.00	0.00	0.00	初值
59	-0.10	0.62	-0.50	0.13	开始浇筑
73	-0.28	-0.05	-0.24	0.25	
103	-0.58	-0.07	-0.63	0.23	浇筑右侧第一层
163	-0.71	-0.08	-0.45	0.14	
193	-0.69	-0.13	-0.65	0.13	浇筑右侧第二层
243	-1.00	0.03	-1.13	0.54	浇筑右侧第二层中间
283	-1.76	0.85	-0.28	0.00	A 测点旁下料
341	-2.01	0.40	-1.81	-0.42	B 测点旁下料
399	-3.01	-0.32	-1.47	0.23	
583	-10.66	-11.39	-0.07	4.53	浇筑右侧第三层
613	-10.00	-10.86	-0.14	4.34	

续上表

浇筑时间 (min)	丝杆应力值(MPa)				备　注
	A(左上)	B(右上)	C(左下)	D(右下)	
688	-11.83	-10.39	1.57	1.40	
743	-10.43	-10.47	1.18	0.25	
792	-8.41	-10.72	0.97	-0.76	浇筑左拱肩
853	-8.33	-10.17	0.81	-1.04	
897	-9.38	-9.77	-0.52	0.03	
938	-9.53	-7.35	-0.79	0.52	浇筑右拱肩
985	-9.66	-5.98	-1.18	0.02	
1034	-9.45	-5.28	-1.91	-1.42	拱顶压浆
1076	-8.27	-4.62	-3.16	-3.34	浇筑完成
1893	-6.55	-5.87	-5.36	-2.49	
1904	-6.55	-5.86	-5.32	-2.27	养护12h
3103	-6.37	-6.25	-4.67	-0.90	
3134	-6.29	-6.16	-4.60	-0.93	养护1.5d
4644	-6.99	-7.35	-5.50	-2.18	拆除模板
4653	-7.09	-7.40	-5.50	-2.19	养护2.5d

根据监测结果绘制丝杆应力变化曲线，如图9-40所示。其中正值为拉应力、负值为压应力。

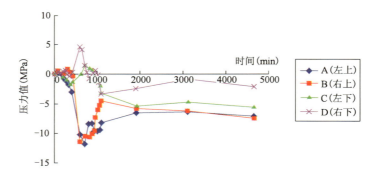

图9-40　1-1断面丝杆应力随浇筑时间变化曲线

从监测结果可以看出：混凝土浇筑初期丝杆应力并不明显。当浇筑到第三层时，边模下侧丝杆(C、D)出现拉应力，最大值为4.5MPa；边模上侧丝杆(A、B)出现压应力，最大值为11.83MPa，这与模板台车轴应力检算结果较为吻合。随着浇筑继续进行，边模下侧丝杆逐渐受压，而边模上侧丝杆受到的压应力逐渐减小，上侧丝杆压力始终大于下侧丝杆。浇筑完成时，边模上侧丝杆最大压应力为8.27MPa，下侧丝杆最大压应力为3.34MPa。养护2.5d后，边模上侧丝杆最大压应力稳定为7.40MPa，下侧丝杆最大压应力稳定为5.50MPa。监测结果均远小于预警值，说明1-1断面衬砌模板台车结构是安全的。

2)2-2 断面

2-2 断面监测点布置与 1-1 断面监测点布置相同。以边模两丝杆钢筋计监测为例,浇筑整个过程监测结果见表 9-8。

2-2 断面衬砌模板台车钢筋计监测结果　　　表 9-8

浇筑时间（min）	丝杆应力值(MPa)				备注
	A(左上)	B(右上)	C(左下)	D(右下)	
0	0.00	0.00	0.00	0.00	初值
61	-0.11	0.92	-0.63	0.15	开始浇筑
72	-0.30	-0.07	-0.40	0.27	
105	-0.62	-0.09	-0.72	0.25	浇筑右侧第一层
160	-0.83	-0.11	-0.55	0.15	
191	-0.82	-0.20	-0.74	0.13	浇筑右侧第二层
246	-1.28	0.036	-1.51	0.59	浇筑右侧第二层中间
285	-2.00	0.96	-0.40	0.00	A 测点旁下料
343	-2.60	0.60	-2.01	-0.60	B 测点旁下料
402	-3.97	-0.45	-1.60	0.24	
585	-12.77	-13.79	-0.08	5.00	浇筑右侧第三层
617	-13.89	-12.00	-0.16	5.10	
699	-12.67	-13.50	1.67	1.51	
754	-11.67	-12.57	1.21	0.30	
800	-9.46	-11.79	1.00	-0.81	浇筑左拱肩
855	-9.34	-12.45	0.90	-1.15	
901	-10.56	-10.59	-0.63	0.04	
940	-11.23	-8.50	-0.90	0.60	浇筑右拱肩
988	-11.78	-7.54	-1.21	0.02	
1045	-11.23	-6.68	-2.00	-1.56	拱顶压浆
1088	-9.12	-6.00	-3.57	-3.90	浇筑完成
1899	-7.66	-7.01	-6.00	-2.99	
1922	-7.68	-7.49	-5.89	-2.70	养护 12h
3108	-7.57	-7.35	-5.03	-1.00	
3121	-7.32	-7.26	-5.00	-1.10	养护 1.5d

根据监测结果绘制丝杆应力变化曲线,如图 9-41 所示。其中正值为拉应力、负值为压应力。

从监测结果可以看出:混凝土浇筑初期,丝杆应力并不明显。当混凝土浇筑到第三层时,边模下侧丝杆(C、D)出现拉应力,最大值为 5.10MPa;边模上侧丝杆(A、B)出现压应力,最大值为 13.79MPa,这与模板台车轴应力检算结果较为吻合。随着浇筑继续进行,压应力逐渐减小,并最终稳定为 7.30MPa。监测结果均远小于预警值,说明 2-2 断面衬砌模板台车结构是安全的。

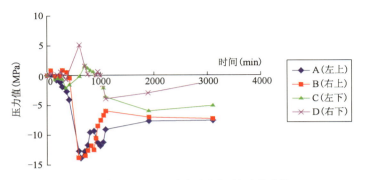

图 9-41 2-2 断面丝杆应力随浇筑时间变化曲线

3)3-3 断面

3-3 断面共布置 13 个钢筋计测点,如图 9-42 所示。

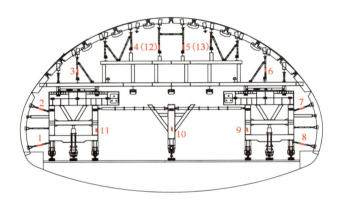

图 9-42 3-3 衬砌断面模板台车监测点布置图

整个浇筑过程监测点最大应力监测结果见表 9-9。

3-3 衬砌断面模板台车钢筋计最大应力监测结果　　表 9-9

编 号	最大应力(MPa)	编 号	最大应力(MPa)	编 号	最大应力(MPa)
1	−8.95	6	−32.04	11	−6.10
2	−27.69	7	−23.78	12	−15.89
3	−33.03	8	−8.25	13	16.17
4	−14.58	9	−5.53		
5	−15.04	10	−7.60		

从监测结果来看:最大应力出现在监测点 3 和监测点 6 位置,最大值为 −33.03MPa。监测结果均远小于预警值,说明 3-3 断面衬砌模板台车结构是安全的。

4)5-5 断面

5-5 断面共布置 11 个钢筋计测点,如图 9-43 所示。

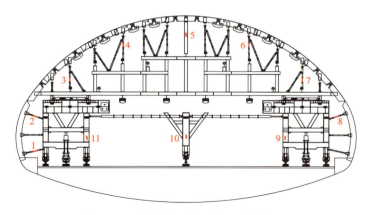

图 9-43　5-5 衬砌断面模板台车监测点布置图

监测点最大应力监测结果见表 9-10。

5-5 衬砌断面模板台车钢筋计最大应力监测结果　　表 9-10

编　号	最大应力值(MPa)	编　号	最大应力值(MPa)	编　号	最大应力值(MPa)
1	-7.95	5	-11.10	9	-15.1
2	-25.00	6	-2.00	10	-7.80
3	-24.18	7	-13.20	11	7.79
4	-12.10	8	-10.30		

从监测结果来看：最大应力出现在监测点 2 和监测点 3 位置，最大值为 -25.0MPa。监测结果均远小于预警值，说明 5-5 断面衬砌模板台车结构是安全的。

第 10 章
复杂洞室群控制爆破技术

京张高铁八达岭地下车站站台层为三洞分离式隧道群,相邻洞室间最小岩盘厚度(净距)为 2.35m,最大岩盘厚度(净距)为 5.98m。图 10-1 为最大岩盘厚度处横断面,洞室群总宽度为 51.44m。

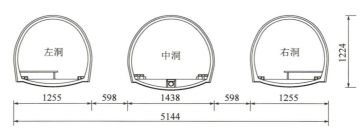

图 10-1 三洞分离式隧道群最大岩盘厚度处横断面图(尺寸单位:cm)

三洞分离式隧道群总长度为 400m,围岩级别主要为 Ⅲ 级和 Ⅴ 级,其中 Ⅲ 级围岩 250m、Ⅴ 级围岩 150m,如图 10-2 所示。

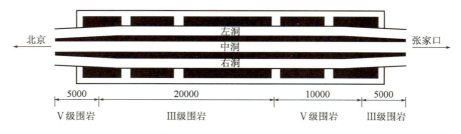

图 10-2 三洞分离式隧道群围岩级别分布图(尺寸单位:cm)

10.1 国内外研究现状

10.1.1 爆破地震波特征

早在 1979 年,亨里奇在《爆炸动力学及其应用》中详细地介绍了爆破地震波的产生与传播。爆破地震波是炸药爆炸的必然产物,是由爆炸时所产生的应力波衰减而来的。自20世纪20年代以来,许多研究者将采集到的天然地震波与各种爆破地震波进行了对比,发现爆破地震波具有以下特征:①爆破地震波类似于脉冲波,具有振幅、频率、持续时间三个要素;②爆破地震波幅值大,衰减快;③爆破地震波持续时间短,一般不到1s,是天然地震波的1/20~1/10;④爆破地震波振动频率高,一般为10~30Hz。

爆破地震波作为一种非稳定信号,其频率成分复杂,其中一个或几个频率为主要成分,不同频率成分对结构或设备影响不同,差别很大,在同一条件下,相邻建筑物的反应也有可能不同,所以有必要了解爆破地震波的参数特征。

受到信息分析以及计算机技术的限制,早期一直停留在爆破地震波的表象特征分析,随着信号分析技术和计算机技术的提高,从纯频域的传统傅氏分析发展到基于时域和频域的研究当中。

人们不仅认识到爆破地震波的特征,而且通过掌握爆破方法,使爆破振动参数符合爆破控制标准,能够更好地满足爆破安全的需求。

10.1.2 爆破地震波传播规律

萨道夫斯基公式自20世纪50年代被研究出来后,一直作为主要的研究途径之一。经过几十年的不断研究,发现爆破地震波主要受到爆源特性、岩土介质影响,与此同时,影响构筑物的因素主要有爆源特性、岩土介质以及构筑物自身的特性。李宝珍、吴其苏等通过对地面质点的速度振动规律测试研究,发现了爆破波的衰减规律。朱瑞赛等总结归纳了爆破地震波的衰减规律经验公式。据相关文献指出,地震波随地下深度的变化规律为:地表测点振动大、衰减快,地下测点振动小、衰减慢。钱胜国发现爆破波的能量主要集中在界面附近,在地表衰减快,随着深度增加,衰减速度变慢。楼伪寿研究了地震波在硬岩中的衰减规律。李玉民通过实测数据得到了以下结论:地下工程产生的地面水平振动的主频较接近于建筑物的自振频率,与垂向振动相比,更容易与建筑物产生共振。

20世纪70年代,随着工程的增多,对爆破的要求也越来越高。在爆破前,爆破振动参数预测成了必然要求,爆破预测也主要通过两种方法实现。第一种,通过对工程地质了解,采用萨道夫公式计算出单段最大装药量;第二种,通过现代计算机技术进行数值模拟,预测工程爆破振动速度。

10.1.3 隧道减振施工技术

爆破振动效应的破坏作用是爆炸公害中最重要的问题之一,从以往对爆破振动公害控制的研究来看,爆破振动危害控制的方法主要有三种:一是针对爆源采取措施,二是针对爆破传播过程采取措施,三是针对保护对象采取措施。目前实际工程中应用最多的都是针对爆源采取减振措施,这也是最经济的一种减振措施,主要方法有控制最大段药量、干扰降振法等手段。这些措施除干扰减振外,其余方法多少都会受到施工成本、场地条件、施工进度等条件制约,从而影响效果。

为了降低爆破地震效应,国内外进行了长期的探讨和研究,并取得了显著的成果,主要措施有:①减少最大段装药量,控制爆炸能量,减轻振动强度;②使用低爆速炸药,研究证明,炸药波阻抗越大,振动越大,当炸药和岩石的波阻抗相近时振动强度最大;③选择合适的装药结构,装药越分散减振效果越好。

10.1.4 爆破损伤检测技术

爆破技术在隧道施工中得到了广泛应用,但爆破开挖使爆区岩体破碎和剥离的同时,也不可避免地对保留的围岩造成扰动和损伤,使岩体的力学性能劣化、强度降低、完整性变差,极大地弱化了地下岩体工程结构的稳定性。长期以来,由于未能正视爆破对围岩损伤的检测而发生安全事故的不在少数,所以对爆破围岩损伤进行检测,从而制订行之有效的解决方案显得至关重要。

岩石爆破损伤程度和准确预判岩石损伤范围是岩体爆破损伤检测的两个较为重要的内容。为了查明爆破对围岩的影响,前人开展了大量的研究工作。1997 年,蔡德所将地震层析成像技术运用到爆破损伤检测中,形成了一条圈定基岩爆破损伤范围的新途径。2001 年,杨小林等从岩石本身的力学性质出发,钻取距爆源不同距离处的岩芯进行单轴压缩和拉伸试验,通过测定其应力—应变曲线、弹性模量和强度等参数,分析不同爆距处的岩石损伤规律。2011 年,明峰、祝文化等采用声波测试技术对大坝基础开挖中岩石爆破损伤进行了检测。随着科技水平的提高,2013 年,朱和玲、周科平等采用核磁共振技术对岩体爆破损伤进行了试验研究,并结合单轴抗压强度等试验,发现核磁共振特征与岩体强度之间具有明显的相关性。

目前爆破岩体损伤检测技术主要有地震 CT 技术、声波检测技术、核磁共振技术等。

(1)地震 CT 技术。地震 CT 技术是在钻孔内不同位置激发地震波,在另一钻孔内不同位置布设多个接收仪,从而获得两孔间介质剖面的地震波数据,建立介质内部速度分布图像。通过对比爆破前后的波速成像图中的差异,圈定爆破损伤边界。

(2)声波检测技术。声波检测技术原理和地震 CT 技术类似。根据地震波在不同介质中的传播速度不同,来圈定爆破围岩损伤范围。通过爆破前后速度比较,推断爆破损伤程度。

(3)核磁共振技术。从本质上来看,爆破对岩体的损伤是爆炸应力波和爆生气体的共同作用触发岩石内部微观孔隙被激活、扩展并不断累积,从而导致岩石力学性能劣化、承载力下降乃至最终破坏。换句话讲,岩体损伤程度和范围是由其内部孔隙数量、长度及空间分布决定的。相比之下,如果能通过直接测定和统计岩体内孔隙分布情况,建立起与之对应的岩体爆破损伤评价模型,无疑将使爆破损伤的界定更为直观和准确。核磁共振岩芯测量的基础是原子核的磁性及其与外加磁场的相互作用,主要测量岩石孔隙中含 H 流体的弛豫特征。将样品放入磁场中之后,通过发射一定频率的射频脉冲,使 H 质子发生共振,H 质子吸收射频脉冲能量。当射频脉冲结束后,H 质子会将所吸收的射频能量释放出来,通过专用线圈就可以检测到 H 质子释放能量的过程,这就是核磁共振信号。对于性质不同的样品,能量释放的快慢是不同的,这些信号的差别可以直观反映岩石孔隙结构的变化特征。核磁共振 T2 分布反映了岩石孔隙大小的分布,大孔隙内的组分对应长的 T2 分布,小孔隙组分对应短的 T2 分布,这就是利用核磁共振研究岩石孔隙结构的基础。

国内外许多学者利用这些方法开展了相关的研究工作,并取得了丰富的成果。杨永明采用数值模型试验的方法,分析并探讨了孔隙结构参数对孔隙砂岩力学性能的影响。Al-Harth-iA. A. 等利用图像分析技术研究了孔隙对玄武岩力学性能的影响,建立了玄武岩单轴抗压强度、弹性模量和泊松比与孔隙参数之间的定量关系。核磁共振技术由于对岩石中孔隙流体反应敏感,通过核磁共振弛豫来获取岩石孔隙分布及孔隙结构特征等信息,目前该技术已成为岩芯物性分析的新方法。通过核磁共振成像技术,还可以直观显示岩石内部的孔隙空间位置及连通性。在国内核磁共振技术是实验周期较长、实验成本较高的检测方法。

10.1.5　爆破振动数值模拟

随着社会科技的快速发展,计算机技术越来越多地运用到工程中,国内外许多学者在研究爆破振动理论的时候,常常会采用数值模拟技术研究爆破振动对既有构筑物的影响,并取得了很好的成果。李庆文等基于准确的爆破动力荷载模型,运用 FLAC3D 数值模拟软件建立三维隧道模型,将软件计算结果与实测数据进行对比分析,验证了数值模拟的准确性,同时推算出爆破安全判据公式。蔡路军等采用 ANSYS 数值模拟软件,分析了上穿隧道爆破开挖对下方供水隧道的影响。贾磊等通过建立不同爆破开挖尺寸、间距等条件下爆破振动影响的数值计算模型,将计算结果与《爆破安全规程》的规定进行对比,判断了既有隧道衬砌结构的安全性,为施工提供了理论依据。吴占瑞等通过 FLAC3D 有限元软件分析风道近接施工对主隧道的影响,确定了施工过程中的风险位置,并对该危险位置进行了重点监测。林达明等通过 FLAC3D 有限元数值模拟软件建立交叉隧道模型,计算分析了围岩应力和位移在施工过程中的变化规律。Singh 等采用数值模拟计算方法对爆破冲击荷载作用下邻近洞室损伤问题进行了研究。JavierTorano 运用有限元软件建立模型,模拟不同条件下的爆破对隧道的影响,从而分析出传播规律。

10.1.6　隧道支护结构允许爆破振动速度标准

随着爆破技术的不断进步,人们对隧道爆破开挖产生的危害越来越关注。在不断的探索中发现,邻近既有隧道爆破施工时,爆破振动对既有隧道产生的破坏影响很大,并以此作为主要依据对爆破进行研究。史雅语等提出了双线隧道中一隧道开挖爆破时在另一隧道边墙临时支护上引起的振动速度控制应在15cm/s 以下。李云鹏等认为,二次衬砌施作对爆破波的传递有明显的抑制作用,但这有可能以二次衬砌出现严重破损或安全稳定性降低为代价,所以建议推迟已有洞室的二次衬砌施作时间。易长平等利用波函数展开法对不同频率的爆破应力波对锚杆的影响进行了研究,给出了砂浆锚杆在不同频率应力波下的安全振动速度范围(表 10-1),可以发现,对于各个频率锚杆的安全振动速度标准最大值都在20cm/s 左右。

不同频率入射波作用下锚杆的安全质点峰值振动速度范围　　　　表 10-1

频率(Hz)	30	60	100	150
振动速度范围(cm/s)	7.0~21.0	7.3~21.9	7.5~22.5	7.6~22.8

根据吴德伦、叶晓明的研究总结,爆破振动效应与质点振动速度关系见表 10-2,其中隧道支护结构的安全振动极限为 10cm/s,岩石介质产生裂缝及裂纹扩展的振动速度为 14cm/s。

爆破振动效应与质点振动速度关系　　　　　表10-2

质点速度(cm/s)	振动效应	质点速度(cm/s)	振动效应
<0.1	人难以感觉到	10	钢筋混凝土结构、隧道支护结构的安全振动极限
0.1	人可以感觉到微弱振动	14	使岩石介质产生裂缝、旧裂纹扩张
0.5	使人产生不舒适感	19	一般民用建筑严重开裂、破坏
1	使人扰动不安,有明显振感	30	无支护隧道岩石振动脱落
3	使人有较强的振感	60	岩石形成新的裂缝
5	一般民用居住建筑的安全振动极限		

表10-3统计了国内部分小净距隧道的爆破振动速度标准,大部分隧道的标准值在10~15cm/s范围内。

国内部分小净距隧道爆破振动速度标准　　　　　表10-3

序号	隧道名称	净距(m)	长度(m)	振动速度临界值(cm/s)
1	招宝山隧道	2.98~4.2	169	12
2	梧桐山隧道	13.5	2270	Ⅲ级围岩4.0,Ⅳ级围岩6.0
3	椒金山隧道	5.0	1100	10
4	小洋山隧道	9.17~9.34	270	10
5	武隆隧道	4~12	4884	25
6	董家山隧道	3.75~21.86	2500	15
7	大帽山隧道	5.89~8.83	600	Ⅱ~Ⅳ级围岩20,Ⅴ级围岩15

《高速铁路隧道工程施工技术规程》(Q/CR 9604—2015)中规定了新浇大体积混凝安全允许振动速度标准,见表10-4。

《高速铁路隧道工程施工技术规程》中新浇大体积混凝土爆破振动速度安全允许标准　　　　　表10-4

序号	新浇混凝土	安全允许振动速度(cm/s)
1	龄期:初凝~3d	2.0~3.0
2	龄期:3~7d	3.0~7.0
3	龄期:7~28d	7.0~12.0

《爆破安全规程》(GB 6722—2014)中对不同主频的爆破振动速度进行了细化,规定了新浇大体积混凝土安全允许振动速度标准,见表10-5。

《爆破安全规程》中新浇大体积混凝土爆破振动安全允许标准　　　　　表10-5

序号	新浇大体积混凝土(C20)	安全允许振动速度(cm/s)		
		$f \leq 10Hz$	$10Hz < f \leq 50Hz$	$f > 50Hz$
1	龄期:初凝~3d	1.5~2.0	2.0~2.5	2.5~3.0
2	龄期:3~7d	3.0~4.0	4.0~5.0	5.0~7.0
3	龄期:7~28d	7.0~8.0	8.0~10.0	10.0~12.0

10.2 三洞分离式隧道群总体施工方案

八达岭地下车站三洞分离式隧道群之间距离较近,为了减少后施工洞室对先施工洞室产生影响,采用数值模拟计算方法对总体施工方案进行研究。

10.2.1 计算模型

采用 FLAC3D 软件进行计算。计算模型尺寸为 100m×100m×65m。岩体选择Ⅲ级围岩,锚杆模拟选择 cable 单元,喷射混凝土模拟选择 shell 单元。岩体参数见表 10-6,计算模型如图 10-3 所示。

岩体参数表 表 10-6

围岩级别	重度(kN/m³)	弹性模量(GPa)	泊松比	内摩擦角(°)	黏聚力(MPa)
Ⅲ	2400	13	0.3	45	1.1

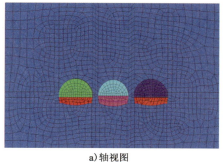

a) 轴视图　　b) 侧视图

图 10-3　计算模型图

根据隧道平均埋深、岩体密度、侧压系数等相关参数,建立初始应力场模型如图 10-4 所示。

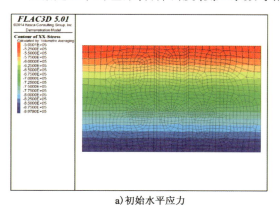
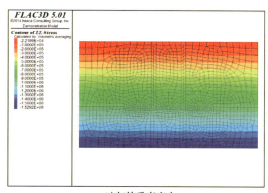

a) 初始水平应力　　b) 初始垂直应力

图 10-4　初始应力场模型

10.2.2 隧道净距 2.35m 时开挖模拟计算

对先开挖边洞再开挖中洞、先开挖中洞再开挖边洞两种工况进行数值模拟计算。

1) 先开挖边洞再开挖中洞

开挖顺序按先左洞、再右洞、最后中洞,采用上、下台阶法施工。依次开挖左洞上台阶、左洞下台阶、右洞上台阶、右洞下台阶、中洞上台阶、中洞下台阶。

(1) 左洞上台阶开挖

模拟计算结果如图10-5所示。

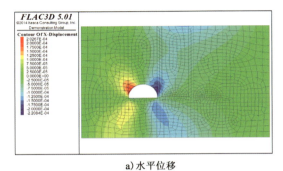

a) 水平位移　　　　　　　　　　　　　　b) 垂直位移

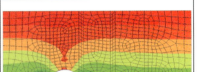

c) 水平应力　　　　　　　　　　　　　　d) 垂直应力

图10-5　左洞上台阶开挖模拟计算结果

从模拟计算结果可以看出:最大水平位移位于两侧,其值为0.22mm。最大垂直位移位于顶部和底部的中间,其值为0.78mm和0.86mm。水平应力和垂直应力在拱脚处出现明显的应力集中,最大水平应力为1.16MPa,最大垂直应力为2.27MPa。

(2) 左洞下台阶开挖

模拟计算结果如图10-6所示。

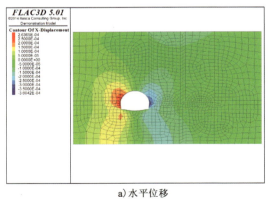

a) 水平位移　　　　　　　　　　　　　　b) 垂直位移

图　10-6

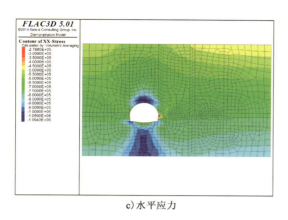
c) 水平应力

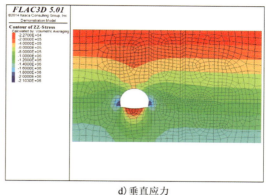
d) 垂直应力

图 10-6 左洞下台阶开挖模拟计算结果

从模拟计算结果可以看出：最大水平位移位于两侧，其值为 0.34mm。最大垂直位移位于顶部和底部中间，其值为 0.76mm 和 0.85mm。水平应力在拱顶和仰拱下 4m 处出现明显的应力集中，最大水平应力约为 1.00MPa。垂直应力在两侧出现明显的应力集中，最大垂直应力为 2.10MPa。

从左洞上、下台阶模拟计算结果相互比较可以看出：下台阶开挖后，最大水平位移由拱脚转移至两侧，位移量由 0.22mm 上升至 0.34mm，最大垂直位移位置基本不变。最大水平应力虽然下降，但是应力集中面积明显增大。最大垂直应力基本不变，但是最小垂直应力明显增大。

(3) 右洞上台阶开挖

模拟计算结果如图 10-7 所示。

从模拟计算结果可以看出：左洞开挖结束并完成支护后再开挖右洞上台阶，左洞水平位移出现明显的不对称，左侧位移为 0.23mm，右侧位移为 0.33mm；右洞最大水平位移为 0.10mm。垂直位移在左洞和右洞顶部明显增大，最大位移为 0.96mm，且在中洞上方出现垂直方向位移，位移量为 0.65mm。左洞水平应力上升至 1.15MPa，右洞最大水平应力在拱脚处为 1.15MPa，垂直应力上升至 2.40MPa。

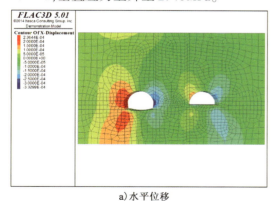
a) 水平位移

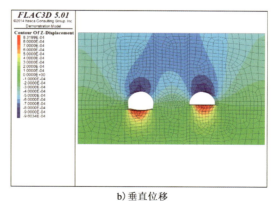
b) 垂直位移

图 10-7

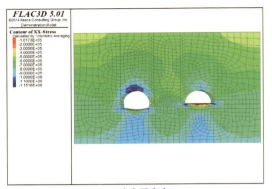
c) 水平应力

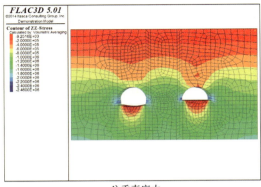
d) 垂直应力

图 10-7　右洞上台阶开挖模拟计算结果

(4) 右洞下台阶开挖

模拟计算结果如图 10-8 所示。

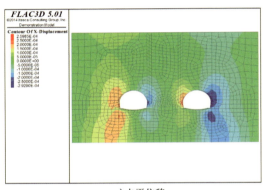
a) 水平位移

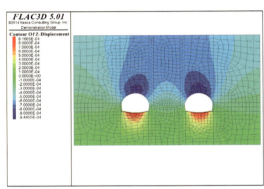
b) 垂直位移

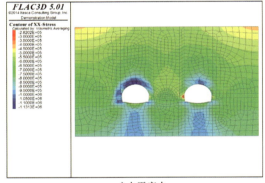
c) 水平应力

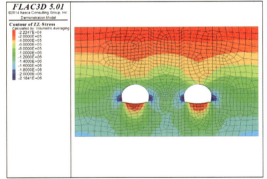
d) 垂直应力

图 10-8　右洞下台阶开挖模拟计算结果

从模拟计算结果可以看出：右洞下台阶开挖后，左洞和右洞水平位移、垂直位移呈对称分布，最大水平位移为 0.29mm，垂直位移基本不变。左洞出现沿隧道表面的水平应力集中，水平应力为 1.30MPa；垂直应力呈对称分布，垂直应力出现在侧部，其值为 2.18MPa。

(5) 中洞上台阶开挖

模拟计算结果如图 10-9 所示。

第10章 复杂洞室群控制爆破技术

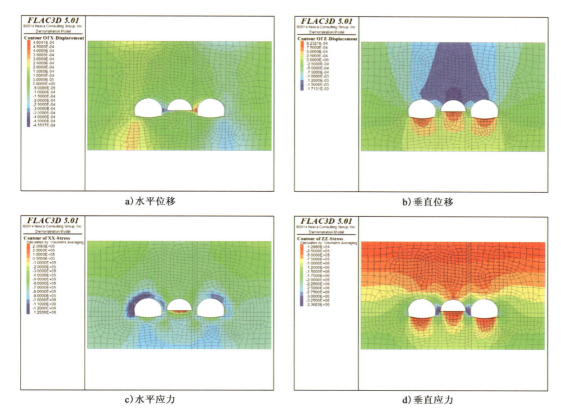

a) 水平位移　　　　　　　　　　　　　　b) 垂直位移

c) 水平应力　　　　　　　　　　　　　　d) 垂直应力

图 10-9　中洞上台阶开挖模拟计算结果

从模拟计算结果可以看出：中洞上台阶开挖后水平位移呈对称状，最大水平位移位于中洞拱脚，为 0.45mm；最大垂直位移位于中洞顶部，其值为 1.71mm，且两个边洞顶部位移增大至 1.50mm，底部位移为 0.80mm。右洞水平应力出现沿隧道表面的应力集中，垂直应力呈对称分布，拱脚处出现垂直应力集中，最大应力为 3.36MPa。

(6) 中洞下台阶开挖

模拟计算结果如图 10-10 所示。

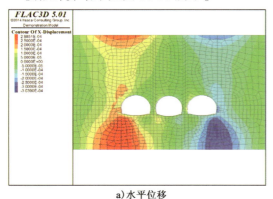

a) 水平位移

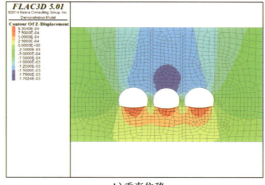

b) 垂直位移

图 10-10

161

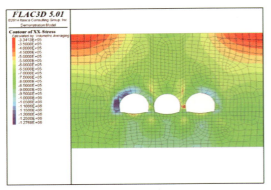

c) 水平应力

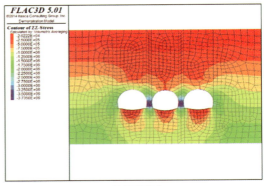

d) 垂直应力

图 10-10　中洞下台阶开挖模拟计算结果

从模拟计算结果可以看出：中洞下台阶开挖后，左洞左侧下方和上方、右洞右侧下方和上方水平位移量较大，位移量为 0.30mm；垂直位移分布基本不变。水平应力在左洞和右洞存在水平应力集中现象；垂直应力在岩柱处存在应力集中现象，最大垂直应力为 3.75MPa。

对施工过程的锚杆、喷射混凝土层进行结构受力模拟，模拟计算结果如图 10-11、图 10-12 所示。

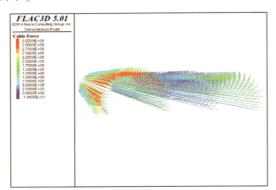

a) 平均轴向力

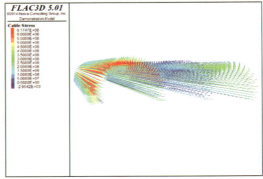

b) 平均轴向应力

图 10-11　锚杆受力模拟计算结果

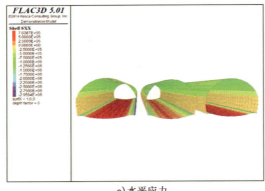

a) 水平应力

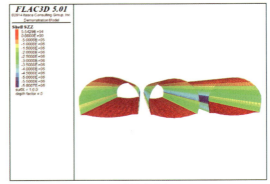

b) 垂直应力

图 10-12　喷射混凝土层模拟计算结果

从模拟计算结果可以看出：锚杆平均轴向力最大为3000kN，平均轴向应力为617MPa。喷射混凝土层最大水平应力为2.90MPa，在拱脚处出现应力集中；最大垂直应力为5.80MPa，在左洞右侧和右洞左侧均出现明显的应力集中。

2) 先开挖中洞再开挖边洞

开挖顺序按先中洞、再左洞、最后右洞，采用上、下台阶法施工。依次开挖中洞上台阶、中洞下台阶、左洞上台阶、左洞下台阶、右洞上台阶、右洞下台阶。

(1) 中洞上台阶开挖

模拟计算结果如图10-13所示。

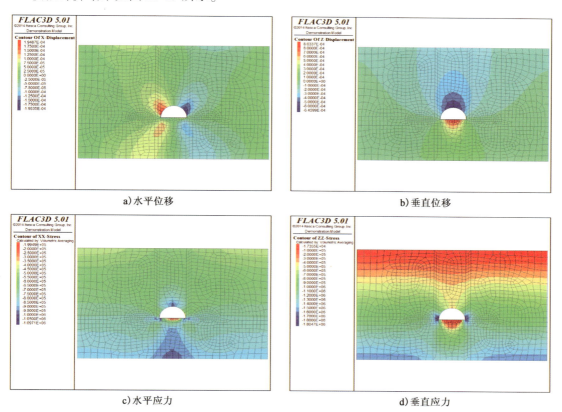

a) 水平位移　　b) 垂直位移

c) 水平应力　　d) 垂直应力

图10-13　中洞上台阶开挖模拟计算结果

从模拟计算结果可以看出：中洞上台阶开挖后，水平位移在两侧最大，位移量为0.19mm；顶部垂直位移为0.64mm；底部垂直位移为0.80mm。水平应力在拱脚和顶部出现应力集中，应力值为1.00MPa；垂直应力在拱脚出现应力集中，应力值为1.80MPa。

(2) 中洞下台阶开挖

模拟计算结果如图10-14所示。

从模拟计算结果可以看出：中洞下台阶开挖后水平位移明显增大，最大水平位移出现在两侧，位移量为0.33mm；顶部垂直位移为0.61mm；底部垂直位移为0.76mm。水平应力在顶部中间出现应力集中，应力值为1.12MPa；垂直应力在两侧出现应力集中，应力值为1.94MPa。

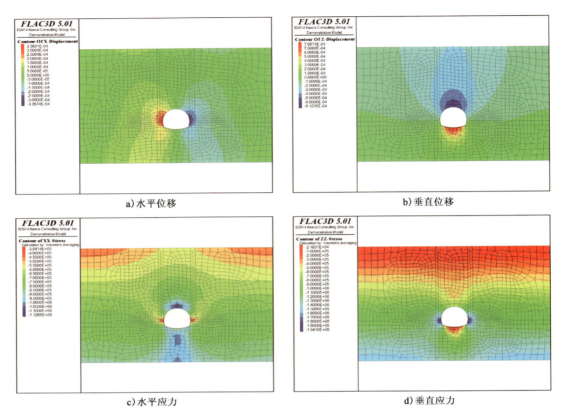

a) 水平位移 b) 垂直位移

c) 水平应力 d) 垂直应力

图 10-14　中洞下台阶开挖模拟计算结果

(3) 左洞上台阶开挖

模拟计算结果如图 10-15 所示。

从模拟计算结果可以看出：左洞上台阶开挖后，中洞左侧水平位移增加至 0.42mm，右侧水平位移基本不变；左洞顶部垂直位移最大，其值为 1.24mm；左洞和中洞上方形成三角形沉降区。水平应力在中洞和左洞下方出现明显应力集中；垂直应力在岩柱处出现明显应力增加，最大垂直应力由 1.94MPa 上升至 3.71MPa。

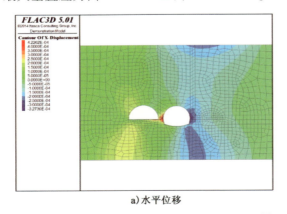

a) 水平位移 b) 垂直位移

图 10-15

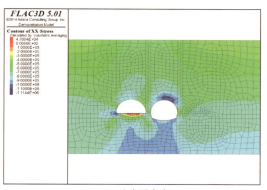
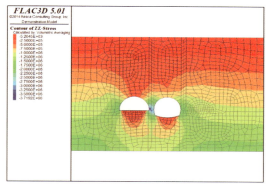

c)水平应力　　　　　　　　　　　　　　d)垂直应力

图 10-15　左洞上台阶开挖模拟计算结果

(4)左洞下台阶开挖

模拟计算结果如图 10-16 所示。

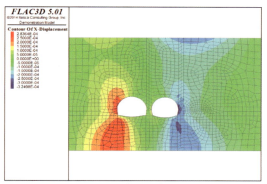

a)水平位移　　　　　　　　　　　　　　b)垂直位移

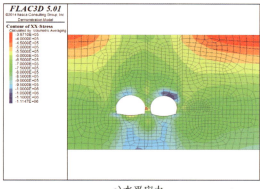
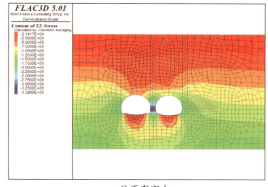

c)水平应力　　　　　　　　　　　　　　d)垂直应力

图 10-16　左洞下台阶开挖模拟计算结果

从模拟计算结果可以看出:下台阶开挖后,左洞侧部及拱脚下方水平位移明显增加,位移量为 0.28mm;右侧位移基本不变;垂直位移区继续发展,由三角形发展为梯形。水平应力在中洞和左洞下方出现明显应力集中,岩柱处出现明显应力集中。

(5)右洞上台阶开挖

模拟计算结果如图 10-17 所示。

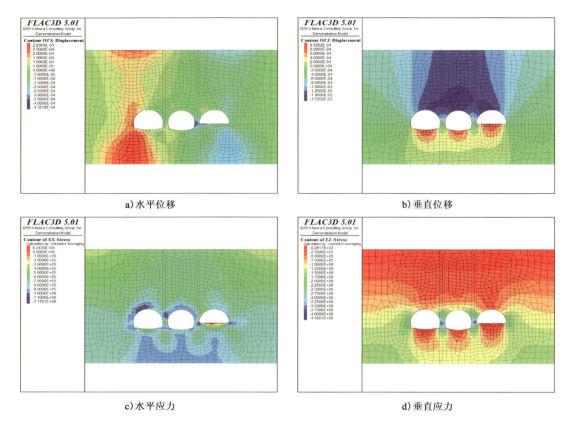

a) 水平位移　　　　　　　　　b) 垂直位移

c) 水平应力　　　　　　　　　d) 垂直应力

图 10-17　右洞上台阶开挖模拟计算结果

从模拟计算结果可以看出：右洞上台阶开挖后，中洞右侧水平位移明显增加，位移量为 0.43mm；右洞右拱脚下部水平位移明显增加；右洞上台阶开挖后引起的垂直位移与原始梯形位移相结合，在开挖部分上部出现矩形下沉区，最大位移量为 1.50mm。

（6）右洞下台阶开挖

模拟计算结果如图 10-18 所示。

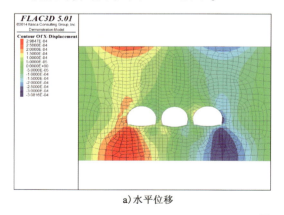
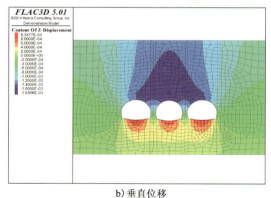

a) 水平位移　　　　　　　　　b) 垂直位移

图　10-18

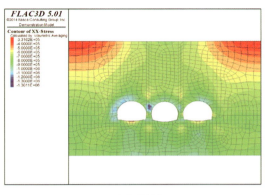 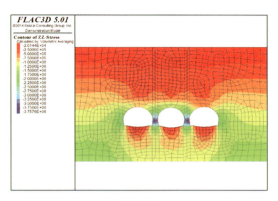

c) 水平应力　　　　　　　　　　　　　　d) 垂直应力

图 10-18　右洞下台阶开挖模拟计算结果

从模拟计算结果可以看出：全部开挖结束后，水平位移量在左洞左侧和右洞右侧的上下区域明显增加，其中下部区域最为明显，位移值为 0.30mm；垂直位移在隧道上方形成矩形状下沉区域，最大下沉量位于中洞上方，位移值为 1.63mm。水平应力在左洞和右洞表面出现应力集中；垂直应力在岩柱出现应力集中，应力值为 3.75MPa。

对施工过程的锚杆进行结构受力模拟，模拟计算结果如图 10-19 所示。

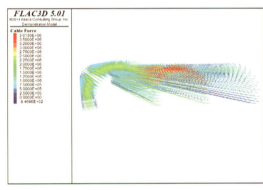 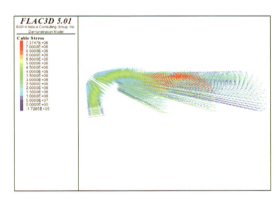

a) 锚杆平均轴向力　　　　　　　　　　　b) 锚杆平均轴向应力

图 10-19　锚杆受力模拟计算结果

从模拟计算结果可以看出：锚杆最大平均轴向力为 3613kN，最大平均轴向应力为 737MPa。

10.2.3　隧道净距 5.98m 时开挖模拟计算

对先开挖边洞再开挖中洞、先开挖中洞再开挖边洞两种工况进行模拟计算。
1) 先开挖边洞再开挖中洞
(1) 左洞上台阶开挖
模拟计算结果如图 10-20 所示。

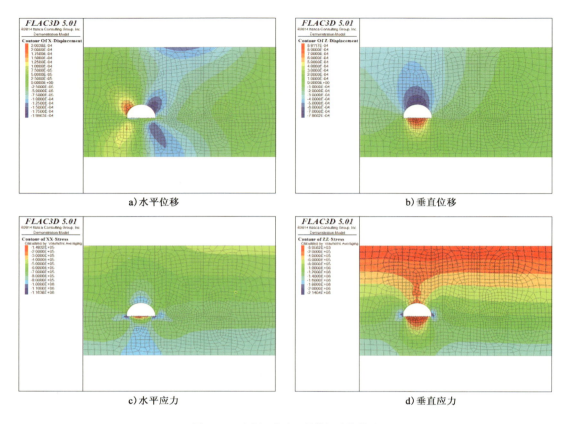

图 10-20　左洞上台阶开挖模拟计算结果

从模拟计算结果可以看出：左洞上台阶开挖后最大水平位移位于隧道两侧，位移量为 0.20mm；顶部和底部垂直位移最大，顶部垂直位移为 0.79mm，底部垂直位移为 0.89mm。拱脚处出现水平应力和垂直应力集中，最大水平应力为 1.16MPa，最大垂直应力为 2.10MPa。

（2）左洞下台阶开挖

模拟计算结果如图 10-21 所示。

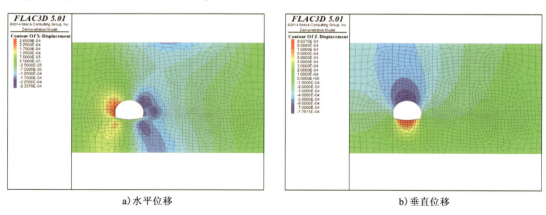

图　10-21

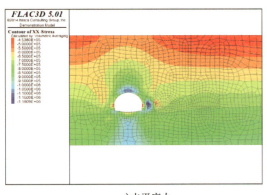
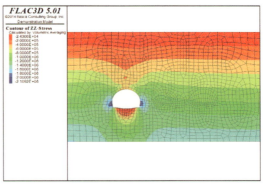

c) 水平应力   d) 垂直应力

图 10-21 左洞下台阶开挖模拟计算结果

从模拟计算结果可以看出：左洞下台阶开挖后最大水平位移位于隧道两侧，位移量为 0.25mm；顶部和底部的垂直位移最大，顶部垂直位移为 0.79mm，底部垂直位移为 0.89mm。拱脚处出现水平应力和垂直应力集中，最大水平应力为 1.19MPa，最大垂直应力为 2.10MPa。

（3）右洞上台阶开挖

模拟计算结果如图 10-22 所示。

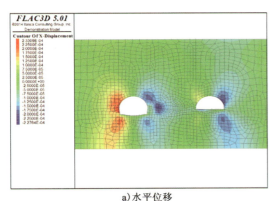

a) 水平位移   b) 垂直位移

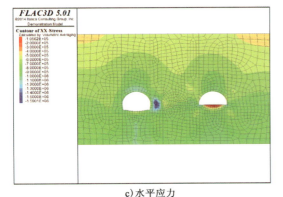
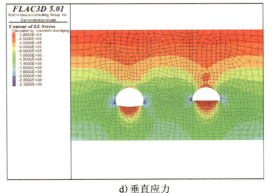

c) 水平应力   d) 垂直应力

图 10-22 右洞上台阶开挖模拟计算结果

从模拟计算结果可以看出：右洞上台阶开挖后，右洞右侧和拱脚下方水平位移量明显增大，位移量为0.26mm；左洞和右洞的顶部位移上升至0.91mm，底部位移为0.84mm。水平应力在左洞右侧出现强烈应力集中，应力值达到1.59MPa；垂直应力在两侧出现应力集中，应力值为2.32MPa。

（4）右洞下台阶开挖

模拟计算结果如图10-23所示。

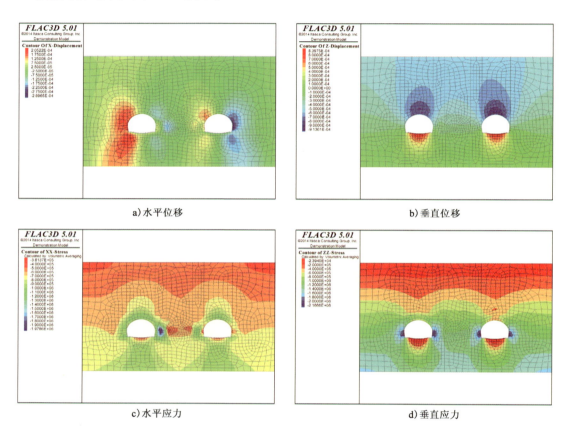

a）水平位移　　　　　　　　　　b）垂直位移

c）水平应力　　　　　　　　　　d）垂直应力

图10-23　右洞下台阶开挖模拟计算结果

从模拟计算结果可以看出：右洞下台阶开挖后，左洞左侧、右洞右侧的水平位移基本呈对称分布，右洞右侧位移为0.29mm；左洞和右洞的顶部位移为0.91mm，底部位移为0.84mm。左洞表面形成沿表面的水平应力集中，应力值为1.20MPa，右洞也有相同的趋势；左洞右侧深部形成水平应力集中，应力值为1.97MPa；垂直应力在左、右洞两侧形成应力集中，应力值为2.10MPa。

（5）中洞上台阶开挖

模拟计算结果如图10-24所示。

从模拟计算结果可以看出：中洞上台阶开挖后，左侧和底部相交的地方水平位移最大，位移量为0.39mm，右洞的位移量整体大于左侧；中洞顶部最大位移量为1.34mm，左洞和右洞的顶部位移为1.20mm，底部位移为0.81mm。在顶部上方形成大范围的沉降区。水平应力在隧道表面形成应力集中,左洞与中洞之间的岩柱形成应力集中,应力值为 2.57MPa;垂直应力在岩柱出现应力集中,最大应力值为 2.57MPa。

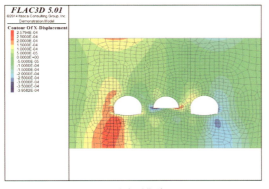

a)水平位移

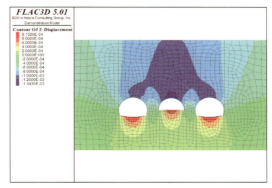

b)垂直位移

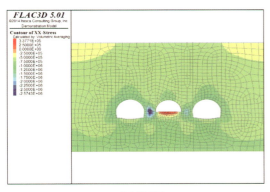

c)水平应力

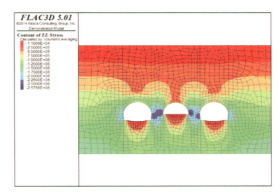

d)垂直应力

图 10-24　中洞上台阶开挖模拟计算结果

(6)中洞下台阶开挖

模拟计算结果如图 10-25 所示。

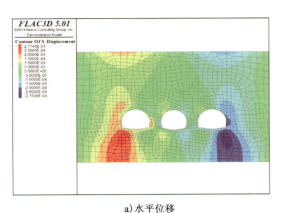

a)水平位移　　　　　　　　　　　　　　　　b)垂直位移

图　10-25

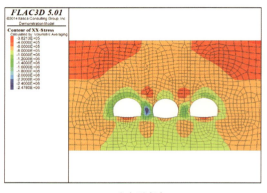 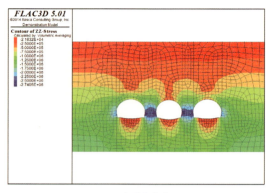

c) 水平应力　　　　　　　　　　　d) 垂直应力

图 10-25　中洞下台阶开挖模拟计算结果

从模拟计算结果可以看出：中洞下台阶开挖后，水平应力呈对称分布，右侧和右侧底部位移量最大，最大位移量为 0.27mm；中洞顶部垂直位移为 1.38mm，左右洞顶部垂直位移为 1.20mm，底部垂直位移为 0.80mm。水平应力在隧道表面的周围出现明显应力集中，应力值为 1.40MPa；左洞和中洞的岩柱出现明显应力集中，应力值为 2.40MPa；垂直应力在岩柱处出现应力集中，应力值为 2.74MPa。

对施工过程的锚杆进行结构受力模拟，模拟计算结果如图 10-26 所示。

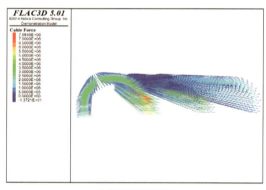 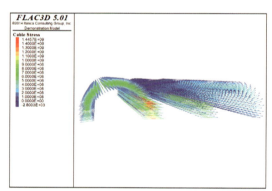

a) 锚杆平均轴向力　　　　　　　　　　b) 锚杆平均轴向应力

图 10-26　锚杆受力模拟计算结果

从模拟计算结果可以看出：锚杆最大平均轴向力为 3613kN，最大平均轴向应力为 737MPa。

2）先开挖中洞再开挖边洞

（1）中洞上台阶开挖

模拟计算结果如图 10-27 所示。

从模拟计算结果可以看出：上台阶开挖后，两侧位移量为 0.17mm，顶部位移量为 0.65mm，底部位移量为 0.81mm。水平应力在拱脚深部、顶部出现应力集中，最大水平应力为 1.07MPa；垂直应力在两侧出现应力集中，最大垂直应力为 1.83MPa。

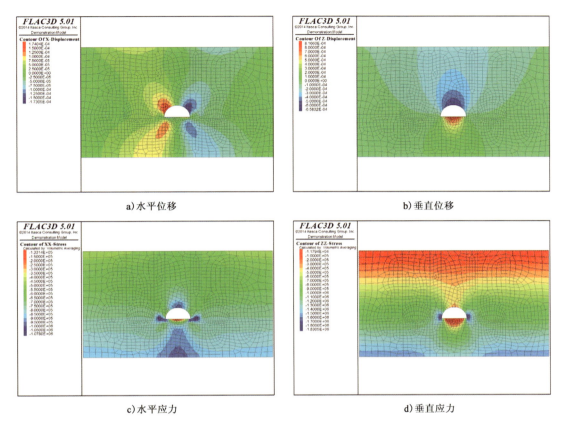

图 10-27　中洞上台阶开挖模拟计算结果

(2) 中洞下台阶开挖

模拟计算结果如图 10-28 所示。

从模拟计算结果可以看出：下台阶开挖后，水平位移在两侧呈现对称分布，位移量为 0.22mm，顶部位移量为 0.60mm，底部位移量为 0.78mm。水平应力在两侧深部、顶部出现应力集中，应力值为 1.17MPa；垂直应力在两侧出现应力集中，最大应力值为 1.96MPa。

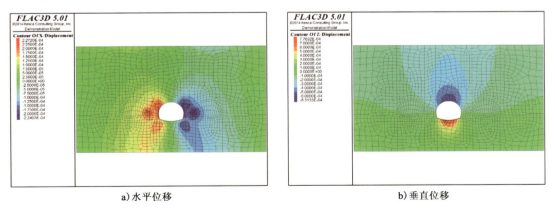

图　10-28

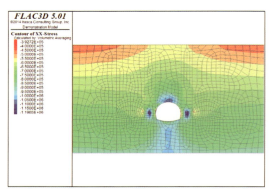
c）水平应力

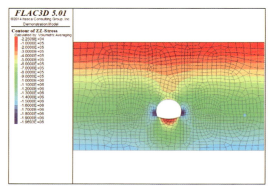
d）垂直应力

图 10-28　中洞下台阶开挖模拟计算结果

（3）左洞上台阶开挖

模拟计算结果如图 10-29 所示。

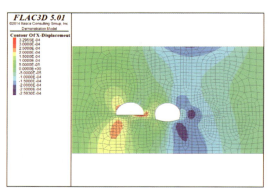

a）水平位移　　　　　　　　　　　　　　b）垂直位移

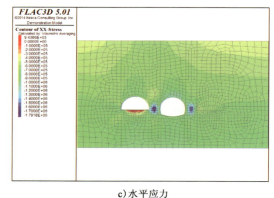
c）水平应力

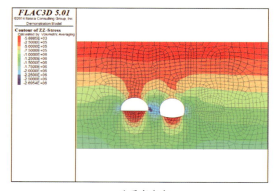
d）垂直应力

图 10-29　左洞上台阶开挖模拟计算结果

从模拟计算结果可以看出：左洞上台阶开挖后，左洞左侧、底部右下方水平位移较大，位移量为 0.2mm，右侧下方最大水平位移量为 0.33mm，中洞右侧水平位移量上升至 0.26mm，左洞顶部和中洞上方形成三角状沉降区,左洞顶部位移量为1.10mm,中洞顶部位移量为0.90mm。左洞开挖后,中洞顶部水平应力集中现象消失,但最大水平应力上升至1.79MPa;垂直应力在岩柱处出现应力集中,应力值为2.69MPa。

(4)左洞下台阶开挖

模拟计算结果如图10-30所示。

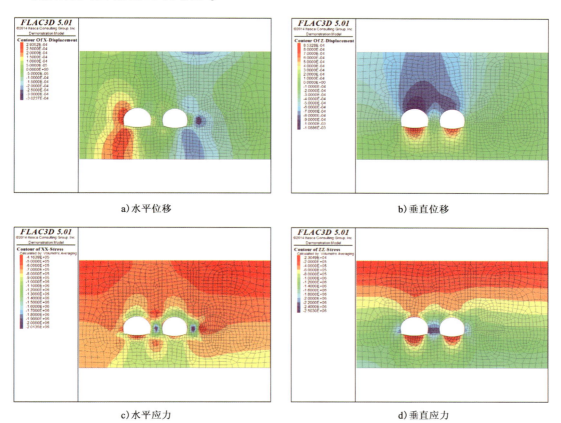

图10-30　左洞下台阶开挖模拟计算结果

从模拟计算结果可以看出:左洞下台阶开挖后,左洞左侧和底部左下方位移量较大,位移量由0.20mm上升至0.29mm,右侧下方水平位移下降;中洞右侧深部水平位移上升至0.30mm;上台阶开挖后形成的沉降区由三角形发展为梯形,位移量为1.00mm。水平应力集中区基本不变,但应力值上升至2.00MPa;垂直应力集中区也基本不变,但应力值略微下降。

(5)右洞上台阶开挖

模拟计算结果如图10-31所示。

从模拟计算结果可以看出:右洞上台阶开挖后,右洞底部左侧水平位移最大,最大位移量为0.47mm,三洞上方下沉区由梯形发展为矩形,顶部位移最大,最大位移量为1.25mm。水平应力集中区基本不变,但应力值上升至2.68MPa;岩柱处出现垂直应力集中,最大应力值为2.80MPa。

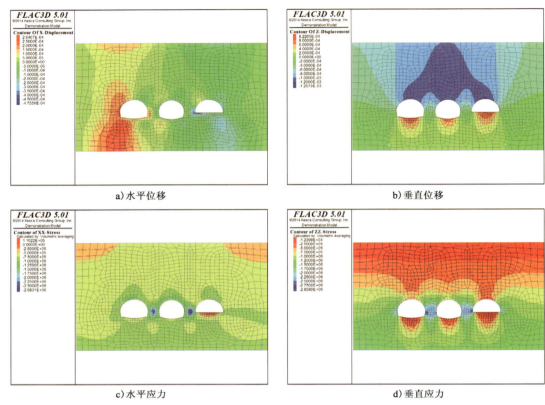

图 10-31 右洞上台阶开挖模拟计算结果

(6) 右洞下台阶开挖

模拟计算结果如图 10-32 所示。

从模拟计算结果可以看出：水平位移呈现对称分布，左洞左侧、底部左下角、右洞右侧、右洞底部右下角的位移最大，左洞最大位移量为 0.27mm，右洞最大位移量为 0.30mm。三洞上方沉降区继续发展，但最大位移的位置和值基本不变。水平应力集中区基本不变，但应力值上升至 2.91MPa；岩柱处出现垂直应力集中，最大应力值为 2.76MPa。

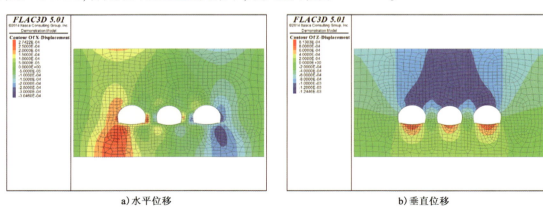

图 10-32

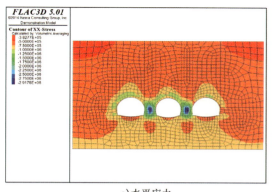
c) 水平应力

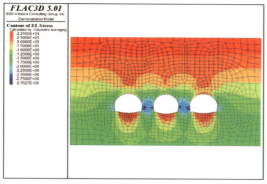
d) 垂直应力

图 10-32　右洞下台阶开挖模拟计算结果

对施工过程的锚杆进行结构受力模拟，模拟计算结果如图 10-33 所示。

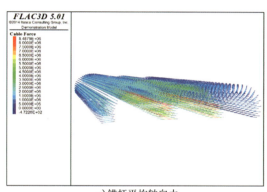
a) 锚杆平均轴向力

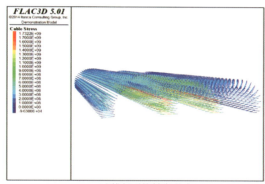
b) 锚杆平均轴向应力

图 10-33　锚杆受力模拟计算结果

从模拟计算结果可以看出：锚杆最大平均轴向力为 8487.9kN，最大平均轴向应力为 1732MPa。

10.2.4　模拟计算结果分析

汇总模拟计算结果，见表 10-7～表 10-10。

隧道净距 2.35m 时"先边洞后中洞"开挖模拟计算结果　表 10-7

工　序	最大水平位移(mm)	最大垂直位移(mm)	最大水平应力(MPa)	最大垂直应力(MPa)
左洞上台阶开挖	0.22	0.88	1.16	2.27
左洞下台阶开挖	0.36	0.85	1.09	2.10
右洞上台阶开挖	0.33	0.96	1.15	2.46
右洞下台阶开挖	0.29	0.94	1.13	2.18
中洞上台阶开挖	0.45	1.71	1.29	3.36
中洞下台阶开挖	0.30	1.76	1.27	3.73

隧道净距 2.35m 时"先中洞后边洞"开挖模拟计算结果　　　表 10-8

工　序	最大水平位移（mm）	最大垂直位移（mm）	最大水平应力（MPa）	最大垂直应力（MPa）
中洞上台阶开挖	0.19	0.80	1.09	1.80
中洞下台阶开挖	0.33	0.61	1.12	1.94
左洞上台阶开挖	0.42	1.24	1.11	3.71
左洞下台阶开挖	0.32	1.22	1.11	3.32
右洞上台阶开挖	0.43	1.53	1.17	4.16
右洞下台阶开挖	0.30	1.63	1.3	3.75

隧道净距 5.98m 时"先边洞后中洞"开挖模拟计算结果　　　表 10-9

工　序	最大水平位移（mm）	最大垂直位移（mm）	最大水平应力（MPa）	最大垂直应力（MPa）
左洞上台阶开挖	0.20	0.89	1.16	2.14
左洞下台阶开挖	0.26	0.77	1.19	2.10
右洞上台阶开挖	0.22	0.92	1.59	2.32
右洞下台阶开挖	0.28	0.91	1.97	2.16
中洞上台阶开挖	0.39	1.34	2.57	2.57
中洞下台阶开挖	0.27	1.28	2.47	2.74

隧道净距 5.98m 时"先中洞后边洞"开挖模拟计算结果　　　表 10-10

工　序	最大水平位移（mm）	最大垂直位移（mm）	最大水平应力（MPa）	最大垂直应力（MPa）
中洞上台阶开挖	0.17	0.81	1.07	1.83
中洞下台阶开挖	0.22	0.77	1.19	1.96
左洞上台阶开挖	0.32	1.10	1.79	2.69
左洞下台阶开挖	0.30	1.08	2.01	2.50
右洞上台阶开挖	0.47	1.25	2.68	2.85
右洞下台阶开挖	0.30	1.24	2.91	2.76

1) 最大水平位移对比

根据模拟计算结果，绘制不同工况下最大水平位移对比曲线，如图 10-34 所示。

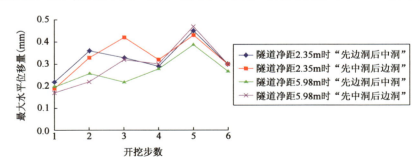

图 10-34　不同工况下最大水平位移对比曲线

从不同工况对比曲线可以看出：由第四步到第五步开挖，无论采用哪种开挖方式和间距大小，最大水平位移明显增加。由第五步到第六步开挖，最大水平位移明显减小，因此，开挖第五步时应注意水平位移变化。

2)最大垂直位移对比

根据模拟计算结果,绘制不同工况下最大垂直位移对比曲线,如图10-35所示。

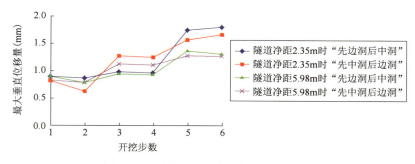

图10-35 不同工况下最大垂直位移对比曲线

从不同工况对比曲线可以看出:间距为5.98m时的垂直位移明显小于间距为2.35m时的垂直位移。先开挖边洞再开挖中洞的垂直位移略大于先开挖中洞再开挖边洞的垂直位移。

3)最大水平应力对比

根据模拟计算结果,绘制不同工况下最大水平应力对比曲线,如图10-36所示。

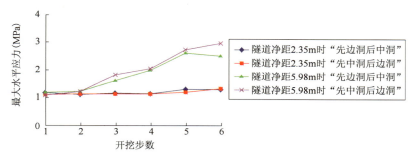

图10-36 不同工况下最大水平应力对比曲线

从不同工况对比曲线可以看出:当间距为2.35m时,无论采用哪种开挖方式,水平应力在1.00~1.30MPa之间,且变化不大。当间距为5.98m时,由于应力集中,随着开挖水平应力逐渐增大,开挖结束后最大水平应力为间距2.35m时的两倍。

4)最大垂直应力对比

根据模拟计算结果,绘制不同工况下最大垂直应力对比曲线,如图10-37所示。

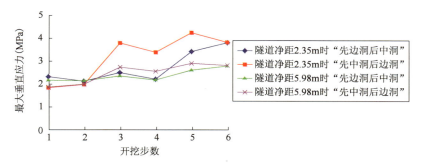

图10-37 不同工况下最大垂直应力对比曲线

从不同工况对比曲线可以看出：先开挖中洞再开挖边洞引起的最大垂直应力大于先开挖边洞再开挖中洞，在间距为 2.35m 时最为明显。开挖完成后，间距为 2.35m 时的最大垂直应力远大于间距为 5.98m 时的最大垂直应力。

5）控制爆破要求对比

先开挖中洞再开挖两侧边洞方案，两侧边洞爆破时与先开挖的中洞间距只有 2.35～5.98m，对两侧边洞的控制爆破要求很高。而先开挖两侧边洞再开挖中洞方案，开挖另一侧边洞时，与先开挖一侧边洞间距为 18.46～26.00m，对控制爆破要求不高；中洞开挖时，控制爆破间距为 2.35～5.98m，对控制爆破要求很高。

10.2.5 小结

通过数值模拟分析对比两种工况的变形和应力，并比较控制爆破要求，最终确定三洞分离式隧道群施工方案为：先开挖左侧边洞，滞后 50m 开挖右侧边洞，滞后右洞 50m 开挖中洞。左洞、右洞采用常规爆破方法施工，中洞采用控制爆破方法施工。

10.3 近邻爆破振动速度控制标准

10.3.1 爆破振动动应变检测

通过监测爆破振动动应变，了解爆破振动应力波引起的隧道结构动应变的实测时程曲线和频谱情况，分析动应变在隧道迎爆侧及背爆侧、隧道环向及纵向的分布规律，测出隧道结构最大动应变，最后根据初期支护受到的爆破振动影响，确定八达岭地下车站近邻爆破的安全振动速度控制标准。

1）检测方案

根据现场施工状况，选择在左洞 DK68+160、DK68+165 两处测试爆破振动动应变，如图 10-38 所示。每个测试断面在左洞拱腰处迎爆侧及背爆侧均布置环向及纵向应变片，测试隧道初期支护表面沿隧道环向及纵向的应变，如图 10-39 所示。每个断面 4 个测试点，两个断面共 8 个测试点，用 1～8 号进行编号，其中环向应变片测试点用奇数编号，纵向应变片测试点用偶数编号。检测仪器采用 DH5920 动态信号采集分析系统。

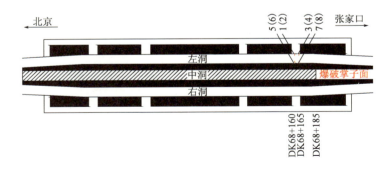

图 10-38　爆破振动动应变检测点布置平面图

图 10-39　爆破振动动应变检测点布置横断面图

2）现场测点布置

测试的应变片采用 100mm 长的电阻应变片。隧道初期支护表面非常粗糙，为了保证应变片能准确地反映混凝土应变，首先将初期支护混凝土表面打磨光滑，涂上一层尽可能薄的环氧树脂（其弹性模量应与混凝土大致相等），以填充混凝土表面可能存在的孔隙，提高应变片与混凝土之间的密贴性；然后将应变片贴在环氧树脂上，最后在应变片外涂一层 703 胶以保护应变片不受空气中的水汽影响。现场测试照片如图 10-40 所示。

a)　　　　　　　　　b)　　　　　　　　　c)

图 10-40　动应变现场测点布置照片

为去除温度对应变的影响，对每个应变片均设置温度补偿片。温度补偿片以同样的方法贴在 150mm×150mm×150mm 的混凝土试块上，在测点旁打孔插入钢筋，将试块放置在钢筋上。在桥盒中按照半桥方式连接应变片与补偿片，再连接 DH5920 动态信号采集仪，最后将数据实时传递至计算机。

3）检测方法的调整与改进

为了确保现场爆破动应变检测结果的准确性，对隧道爆破进行若干次试验性测试，从而逐步对动应变检测进行调整和改进。首先按照传统混凝土动应变检测方法进行试验，但结果很不理想，主要有以下几个方面的表现及原因：

（1）测到的动应变峰值数据经常达到 4000$\mu\varepsilon$ 左右。然而，一般 C30 混凝土抗拉强度为 2.01MPa，弹性模量为 3.0×10^4MPa，对应的混凝土静态允许拉应变仅为 67$\mu\varepsilon$，两者差别过大，显然检测到的动应变数据是错误的。

主要原因分析：隧道爆破产生巨大振动，动应变测试的数据线与数据线之间以及数据线与其他物体之间可能发生强烈碰撞，数据线受到较大的外界冲击荷载，从而对测试数据造成影响。因此，应采取一些减振措施来固定数据线，保证其既不会与其他物体发生碰撞，也不会由于固定不牢而受到较大的荷载。

(2) 从测到的动应变曲线来看，动应变虽然可以从峰值看出较明显的段别，但各段爆破后动应变难以归零。

主要原因分析：数据线接头在爆破振动作用下出现松动，影响接头处电阻，从而导致爆破后应变难以归零。在尝试多种解决方法后，最终采用以下两个方面对测试方法进行改进，并成功测得较准确的动应变数值：

①用聚乙烯泡沫塑料包裹数据线，再利用胶带或铁丝将数据线固定。对放置混凝土补偿块的钢筋采用聚乙烯泡沫塑料进行包裹，减少爆破振动对混凝土补偿块的冲击。在动态信号采集仪下垫泡沫塑料减振。

②对应变电阻信号传输过程中的各处接头进行加固。应变片与数据线之间的接头，先用绝缘胶带将接头包裹，再用透明胶带将接头缠牢。数据线和桥盒之间的连接，为了确保完全可靠，均采用焊接。

采用上述方法调整和改进后，测到的爆破最大峰值动应变为 $50\mu\varepsilon$ 左右，略小于 $67\mu\varepsilon$，且爆破结束后爆破动应变数值基本归 0。

此外，在现场恶劣环境中，为确保测试准确性，还需要保证测量仪器有可靠的接地，以及爆破测试时周围没有进行电焊。由于现场条件所限，接地只能通过在地下埋入钢筋来实现，实际埋入深度仅为 1m，因此，仪器测试过程中应变干扰信号较大，干扰应变最大可达到 $3\mu\varepsilon$。

4) 爆破方案

中洞采取台阶法施工，为降低爆破振动，上台阶采用"一次打孔、两次爆破"的爆破方案。第一次爆破结束后进行出渣、清孔，再进行第二次装药及爆破。这样，提前打好的第二次爆破炮孔，在第一次爆破时也起到减振孔作用，降低了掏槽孔的爆破振动影响。

爆破设计如图 10-41 所示。炮孔孔径为 42mm，爆破炸药采用 ϕ32mm 岩石乳化炸药。爆破雷管采用不耦合装药，分段爆破，Ⅲ级围岩爆破设计参数见表 10-11。

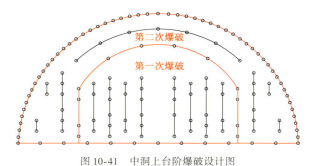

图 10-41 中洞上台阶爆破设计图

中洞上台阶爆破设计参数表　　表 10-11

爆破部位	炮孔类型	炮孔数量（个）	孔深（m）	雷管段数（段）	单孔药量（kg）	每段药量（kg）
上台阶第一次爆破	掏槽孔	12	2.4	1	1.68	20.16
	扩槽孔	8	2.3	3	1.38	11.04
	辅助孔	12	2.2	5	1.32	15.84
	辅助孔	8	2.2	7	1.32	10.56

续上表

爆破部位	炮孔类型	炮孔数量（个）	孔深（m）	雷管段数（段）	单孔药量（kg）	每段药量（kg）
上台阶第一次爆破	辅助孔	4	2.2	9	1.32	5.28
	辅助孔	8	2.2	11	1.32	10.56
	底孔	7	2.2	13	1.32	9.24
	总计	59				82.68
上台阶第二次爆破	破碎孔	12	2.2	1	1.32	15.84
	破碎孔	8	2.2	3	1.32	10.56
	辅助孔	7	2.2	5	1.32	9.24
	周边孔	55	2.2	7	0.44	24.2
	底孔	4	2.2	9	1.32	5.28
	总计	86				65.12

5）检测结果分析

现场累计对左洞初期支护进行了 12 次爆破动应变检测。中洞爆破里程为 DK68+157~DK68+179，均为Ⅲ级围岩。

以第 5 次、第 10 次检测的 4 号、5 号测点为例，爆破振动动应变波形及 FFT 变换后的频谱如图 10-42~图 10-45 所示。

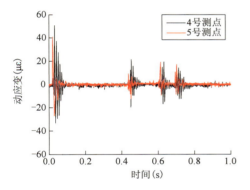

图 10-42　第 5 次检测时域波形图

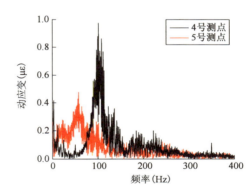

图 10-43　第 5 次检测频谱图

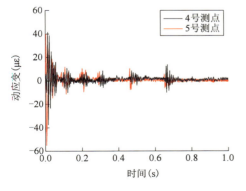

图 10-44　第 10 次检测时域波形图

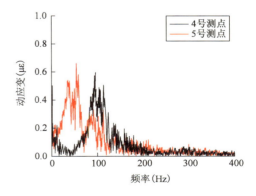

图 10-45　第 10 次检测频谱图

从检测结果来看:①爆破振动动应变波形呈现多个峰值,最大峰值出现在第一段爆破时;②动应变波形第一个峰值与最后一个峰值时间差大约为0.65s,与雷管第1段与第13段的间隔时间基本一致,爆破振动动应变峰值与各段别爆破时刻也基本对应;③爆破振动动应变的频率主要集中在50~100Hz。

6)小结

(1)从爆破振动动应变的空间分布来看,隧道结构迎爆侧的动应变比背爆侧大,沿隧道环向的动应变比沿隧道纵向大,隧道交叉口附近区域的纵向动应变显著增大。

(2)上台阶采用两步法开挖,最大动应变为$53.09\mu\varepsilon$,略小于$67\mu\varepsilon$的临界标准。在工程实践中,需要警惕隧道交叉口处由于爆破纵向动应力而产生沿隧道环向的裂缝。现场隧道交叉口处初期支护开裂照片如图10-46所示。

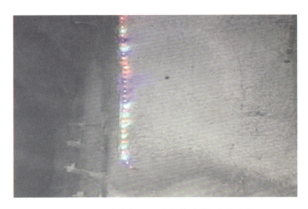

图10-46 隧道交叉口处初期支护开裂照片

10.3.2 爆破损伤测试

1)测试方案

如图10-47、图10-48所示。在中洞开挖前,分别在左洞、右洞迎爆侧边墙中部打2个超声波检测孔,孔深5m,左洞的孔为S1,距掌子面10m,测试非电导爆管爆破的围岩松动圈情况;右洞孔为S2,距掌子面20m,测试采用电子雷管起爆的围岩松动圈情况。钻孔方向与水平成3°~5°夹角,便于检测时灌水。第一次爆前测一次,之后每次爆后测一次,测试数据与上一次进行对比分析。现场检测照片如图10-49所示。

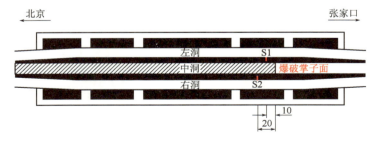

图10-47 超声波测试测点布置平面图(尺寸单位:m)

图 10-48　超声波测试测点布置横断面图

图 10-49　超声波测试现场照片

2) 数据分析

经过连续一个月的测试,对导爆管雷管、电子雷管等不同爆破方法的围岩损伤情况进行了对比分析。

(1) 爆前

如图 10-50、图 10-51 所示分别为 S1、S2 测孔爆前的波速图。

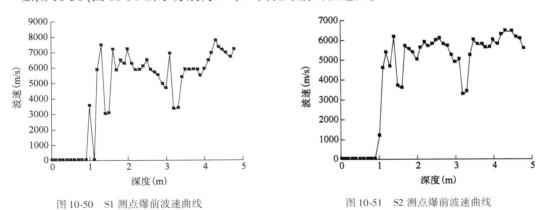

图 10-50　S1 测点爆前波速曲线　　　　　图 10-51　S2 测点爆前波速曲线

从 S1 测点测试数据来看:在深度 1.0m 之外出现波速,在 1.3m 处波速达到峰值,说明围岩表面至深度 1.0m 的范围内,围岩破裂严重;在深度 1.1m、1.5m 和 3.2m 位置,波速剧烈减小,说明位置存在夹层,但深部围岩强度较高;1.3m 位置以外除夹层位置波速逐渐稳定未出现较大变化,4.0m 以后波速呈增大趋势。该位置可以认为松动圈厚度为 1.3m。

从 S2 测点测试数据来看:在深度 1.0m 处出现波速,1.4m 处出现峰值,说明围岩表面至深度 0.9m 范围内,围岩处于松散破裂状态;在深度 1.6m 和 3.2m 位置,波速明显减小,说明位置存在夹层;1.4m 位置以外波速逐渐较为稳定未出现较大变化,可以认为该位置之外围岩未受影响。该位置可以认为松动圈厚度为 1.4m。

由于左洞、右洞均采用台阶法开挖,非电导爆管雷管起爆,两侧围岩经过一次扰动后出现损伤松动,松动圈范围为 1.3~1.4m。左洞波速稳定在 6000~8000m/s,右洞波速稳定在 5000~7000m/s,说明左侧中岩柱的完整性要好于右侧中岩柱。

(2)非电导爆管爆破后

前 12m 为非电导爆管雷管起爆试验段,共进行了 6 次试验,正好穿过 S1 测孔位置,每次爆破后对围岩进行超声波检测。掌子面在距测点较远时,超声波检测结果略有变化,但影响不大;掌子面正对测孔位置时,对围岩的波速影响较大。如图 10-52、图 10-53 所示分别为非电导爆管雷管试验 S1、S2 测点波速曲线。

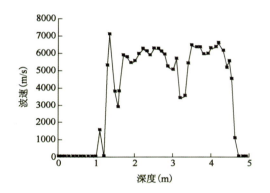 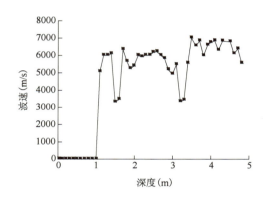

图 10-52　S1 测点非电导爆管雷管爆破后波速曲线　　　图 10-53　S2 测点非电导爆管雷管爆破波后速曲线

从 S1 测点测试数据来看:在孔口端的松动圈厚度未变,仍为 1.3m,但整体波速比未爆前有所降低,在中间夹层段波速降低更明显。在孔末端 4.6m 位置开始波速突然下降,在 4.7m 时波速降为 0,说明中洞爆破对中岩柱造成了 2 次损伤,在中洞一侧出现松动圈,松动圈厚度为 1.4m。

从 S2 测点测试数据来看:右侧 S2 测孔测线的波速值整体有轻微变化,个别测点波速降低,其中 1.6m 的夹层处波速明显降低,但松动圈厚度仍为 1.4m。

(3)电子雷管爆破后

后面的试验采用电子雷管起爆网路进行爆破,如图 10-54、图 10-55 所示分别为 S1、S2 测点电子雷管网路爆破后波速曲线。

对比非电导爆管 S1 和 S2 测点测试数据来看:两者的波速曲线除个别点有变化外,大多数点都保持一致,说明掌子面通过后,爆破振动对已形成的岩柱的强度影响很小。

对比电子雷管 S1 和 S2 测点测试数据来看:入孔前半段的超声波速几乎未变,只是中间夹层的波速有微弱的变化,孔口处松动圈厚度仍为 1.4m;在孔深 4.9m 时波速突然降低,在孔深

5m时波速降为0,说明在中洞侧围岩松动圈厚度为1.1m。由此可以说明,通过电子雷管逐孔起爆,炸药爆炸能量能均匀释放,产生的振动值也显著降低,对周边围岩损伤也最小,采用电子雷管起爆产生的围岩松动圈为1.1m,与非电导爆管雷管相比降低了14%~21%。

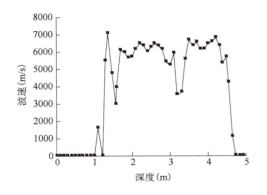
图 10-54　S1 测点电子雷管爆破后波速曲线

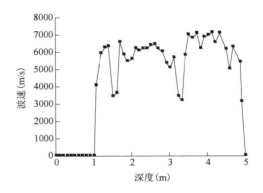
图 10-55　S2 测点电子雷管爆破后波速图曲线

10.3.3　近邻洞室爆破振动控制标准

目前,对于隧道爆破振动速度与动应变之间关系研究较少,一般基于一维弹性波传播得到的振动速度与动应变之间关系式,认为两者成正比,该关系式为:

$$\varepsilon = \frac{\sigma}{E} = \frac{\rho c}{E} v \tag{10-1}$$

式中: ε ——动应变;

σ ——动应力(MPa);

v ——振动速度(cm/s);

E ——岩体弹性模量(MPa);

ρ ——岩体密度(kg/m³);

c ——纵波速度(cm/s);

ρc ——波阻抗。

因为 E、ρ、c 均为常量,故 $\varepsilon \propto v$。

对于隧道爆破振动来说,隧道表面某质点振动动应力与速度之间的比例因子比较复杂,不仅仅是波阻抗。已有文献表明,基于隧道爆破数值模拟分析,不同大小的爆破冲击波传播至同一隧道表面质点上,该点的动应力或动应变与振动速度之间仍满足正线性相关。但是,很少有学者基于在建隧道爆破现场实测研究隧道爆破振动速度与动应变之间的相关性。

在第5次、第7次和第8次爆破动应变测试时,同时也测试了7(8)号测点处的径向、切向及垂向振动速度,因此拟对上述三次隧道爆破中7(8)号测点处的振动速度及动应变进行相关性分析。

以第5次测试为例,该次隧道爆破中7(8)号测点处的振动速度及动应变时程曲线如图10-56所示,爆破振动速度与动应变的各段峰值时刻基本一致。将各次测试的各个峰值振动速度与峰值动应变在不同方向上进行回归分析,如图 10-57 所示,可以发现在同一点上不同方向上的振动速度与动应变均呈正线性相关。对于单次测试数据,其相关性较高,回归曲线的拟合优度 R2 均在 0.97 以上。对于多次测试数据,其相关性稍低,三次测试数据回归曲线的拟合优度 R2 在 0.70 左右。

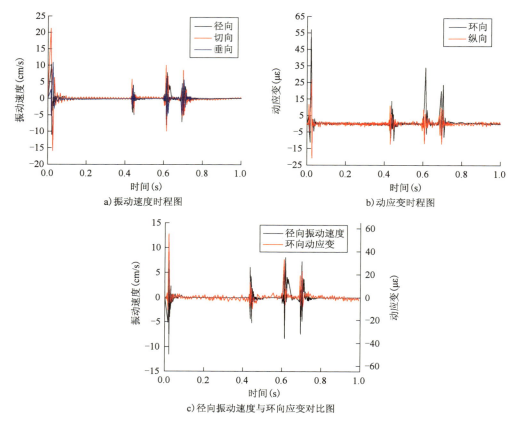

图 10-56 爆破振动速度与动应变时程曲线对比

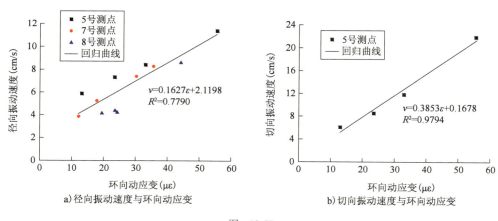

图 10-57

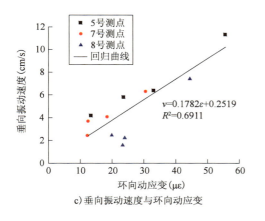
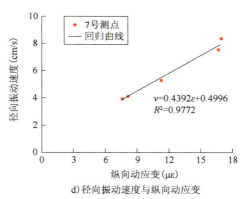

图10-57 爆破峰值振动速度与动应变回归关系

由于爆破振动速度测试的便利性远优于振动动应变测试,因此目前大多数隧道爆破控制仍采用爆破允许振动速度指标。目前《爆破安全规程》中仅有已建交通隧道爆破振动速度允许标准,其二次衬砌已施作完成。对于在建交通隧道,如已施作初期支护尚未施作二次衬砌或已浇筑二次衬砌尚未拆模的隧道,并没有明确的爆破振动速度允许标准。因此,拟提出一种基于现场实测的在建隧道结构允许爆破振动速度标准的确定方法,为今后在建隧道结构的爆破振动保护提供参考。

该方法具体实施步骤如下:①采用偏保守的弱爆破对隧道或地下结构进行爆破开挖,同时监测需要保护的隧道结构的动应变及振动速度;②对实测得到的动应变及振动速度数据进行线性回归,得到两者的相关性公式;③根据该隧道结构材料的特性确定其允许动应力或动应变;④将允许动应变代入应变与振动速度的相关性公式,确定该隧道结构的爆破振动允许振动速度。

以八达岭地下车站三洞分离隧道为例,说明该方法的具体运用。

八达岭地下车站三洞分离隧道中洞爆破时,左洞仅完成初期支护,为 C30 喷射混凝土。在动态荷载下,混凝土的拉伸强度均会随着应变率的升高而明显增加。因此,对动应变难以提出一个合理的允许应变量,规范中也没有关于混凝土的允许动应变量。从保守角度出发,采用规范中准静态条件下的混凝土抗拉允许应变标准作为允许动应变标准值。C30 抗拉强度标准值为 2.01MPa,弹性模量为 3.0×10^4 MPa,可计算得到 C30 喷射混凝土允许拉应变为 67με,即初期支护允许动应变为 67με。

对于远离交叉口或联络通道的交通隧道段,其隧道最大振动速度方向大多为隧道径向,因此可以建立隧道初期支护的径向振动速度与环向应变间的相关性公式,如图 10-57a)中所示。将隧道初期支护允许动应变 67με 代入上述相关性公式,可反推得到允许振动速度为 13.02cm/s。这表明,若爆破振动速度超过上述值,隧道初期支护可能由于环向应力过大而产生沿隧道纵向发展的裂缝。

通过总结以往研究成果,大部分隧道爆破振动速度选定范围为 10~15cm/s。八达岭地下车站隧道通过爆破动应变监测试验研究,最后推算出 C30 喷射混凝土初期支护允许振动速度为 13.02cm/s,两种结果具有较高的一致性,说明八达岭地下车站隧道爆破动应变监测结果是可靠的。

10.4 雷管爆破试验

为了达到八达岭地下车站隧道精准微损伤控制爆破的效果,在中洞施工中分别采用普通导爆管雷管和数码电子雷管起爆方式进行爆破振动试验。

10.4.1 试验方案

1)爆破方案

采用台阶法施工,爆破设计如图 10-58 所示。上台阶采用楔形掏槽方式进行爆破施工,钻孔直径为 40mm,爆破炸药采用直径 ϕ32mm 的乳化炸药,掏槽孔设计孔深为 3.5~4.5m,辅助孔、底孔和周边孔设计孔深比掏槽孔浅 0.5m。

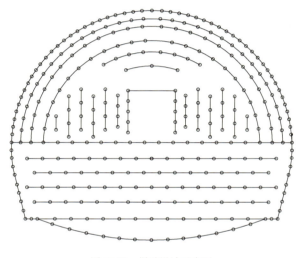

图 10-58　爆破设计示意图

2)爆破振动监测

中洞爆破掌子面与左洞初期支护之间的中隔墙厚度为 5.98m,中洞爆破时左洞初期支护迎爆侧所受爆破振动影响较大,因此将测点布设在左洞初期支护迎爆侧边墙处。试验共布设 5 个监测点,测点布设位置如图 10-59 所示。与中洞掌子面正对的为 2 号测点,1 号测点布设在已爆破开挖区,距离 2 号测点-5m;3 号、4 号、5 号测点分别布设在中洞未开挖区,与 2 号测点的距离分别为 5m、13m、23m。爆破振动监测期间,各测点紧随掌子面向前推进而跟进,并始终保持 2 号测点与爆破掌子面正对,各测点之间的距离也保持不变。布置测点不仅要考虑到距离掌子面最近处的振动情况,还应考虑到远离爆破掌子面处的测点振动情况,将 5 个测点形成一条测线,用于分析研究左洞初期支护迎爆侧处的爆破振动传播衰减规律和不同测点处的振动变化情况。通过监测导爆管雷管毫秒延时爆破和数码电子雷管爆破,分别分析在不同控制爆破技术条件下,掌子面爆破开挖对左洞初期支护产生的振动影响情况。

现场测点布设情况如图 10-60 所示,其中 a)图为 TC-4850 传感器现场加固方式,b)图为 TC-4850 设备现场测点布设位置。

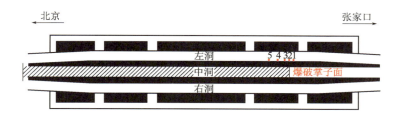

图 10-59 爆破振动监测点布置示意图

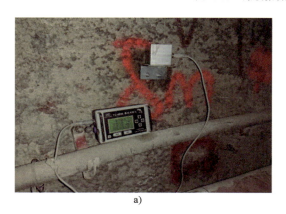
a)

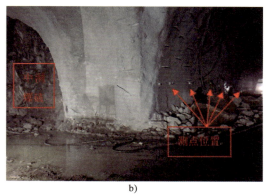
b)

图 10-60 现场测点布设情况

10.4.2 普通导爆管雷管起爆试验

中洞爆破采用导爆管雷管起爆的爆破方式。试验时,爆破岩石围岩级别为Ⅲ级,左洞、右洞均已完成开挖并施作了初期支护。

1) 试验方案

现场试验采用一次性全上台阶起爆和分部起爆两种爆破方式,图 10-61 为现场爆破分部起爆设计图。分部爆破时,首先起爆中间的掏槽孔、部分辅助孔和底孔,然后再起爆剩余辅助孔、底孔和周边孔。

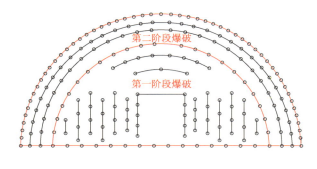

图 10-61 分部起爆爆破设计图

普通导爆管雷管起爆试验共进行了三组,每组试验依次对应中线掌子面里程分别为

DK68+180、DK68+164 和 DK68+158。试验主要的爆破参数见表 10-12。第一组试验时,炮孔深为 3.5m,孔径为 42mm,总装药量为 120kg,雷管采用了 1 段、5 段、7 段、9 段和 11 段导爆管雷管进行起爆;第二组试验时,炮孔深为 3.5m,孔径 42mm,总装药量为 143.5kg,雷管采用了 1 段、3 段、5 段、7 段和 9 段导爆管雷管进行起爆;第三组试验时孔深为 3.5m,孔径为 42mm,总装药量为 120kg,试验中采用了 1 段、10 段、12 段、13 段导爆管雷管。

导爆管雷管试验爆破参数表 表 10-12

组别	序号	雷管段数(段)	延迟时间(ms)	装药量(kg)	孔深(m)	孔径(mm)
第一组	1	1	0	37.6	3.6	42
	2	5	110	22.4	3.5	42
	3	7	200	18.0	3.5	42
	4	9	310	19.4	3.5	42
	5	11	460	22.6	3.5	42
第二组	1	1	0	33	3.6	42
	2	3	50	28.6	3.5	42
	3	5	110	28.6	3.5	42
	4	7	200	30.9	3.5	42
	5	9	310	22.4	3.5	42
第三组	1	1	0	37.0	3.6	42
	2	10	380	31.0	3.5	42
	3	12	550	28.0	3.5	42
	4	13	650	24.0	3.5	42

2)试验结论

使用导爆管雷管毫秒延时爆破时,在左洞初期支护边墙上布置 5 台设备,进行了多次监测,监测结果见表 10-13。

导爆管雷管控制爆破振动监测结果 表 10-13

测点编号	与掌子面水平距离(m)	峰值振动速度(cm/s)				频率(Hz)		
		X 方向	Y 方向	Z 方向	合速度	X 方向	Y 方向	Z 方向
1	-5	14.75	14.53	9.15	16.44	50.76	43.54	76.49
2	0	23.14	21.26	11.97	24.55	39.22	60.61	142.85
3	5	15.72	12.74	9.24	18.07	80.64	60.58	49.51
4	13	6.72	4.17	2.76	6.63	67.42	105.3	57.98
5	23	3.76	4.11	2.18	3.95	47.85	58.94	74.33

整理分析多次的监测结果,得到的左线初期支护边墙振动规律基本一致,选取规律比较明显的其中一个断面监测结果进行研究。图 10-62 为 5 个测点的爆破振动速度波形图,图 10-63 为 5 个测点的爆破振动速度矢量合。

第10章 复杂洞室群控制爆破技术

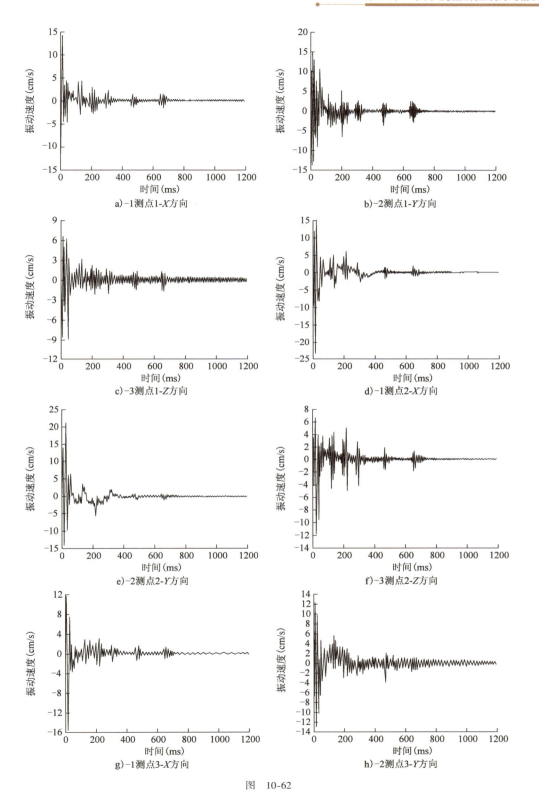

图 10-62

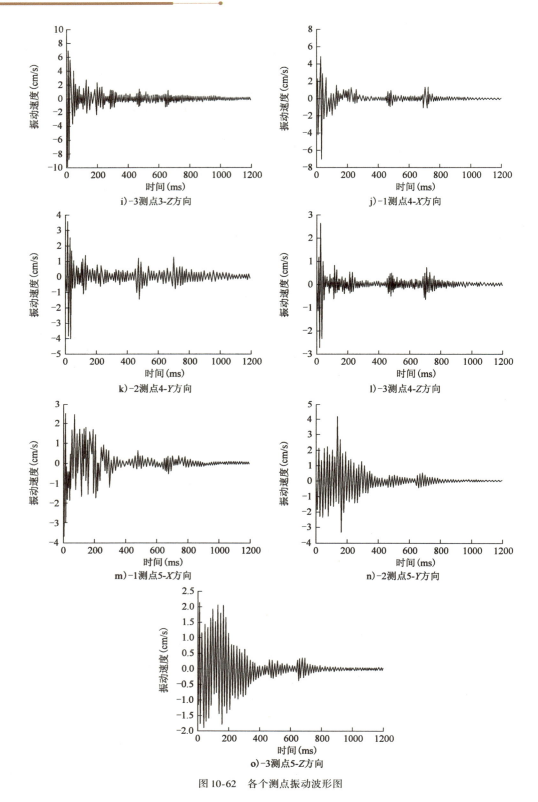

图 10-62 各个测点振动波形图

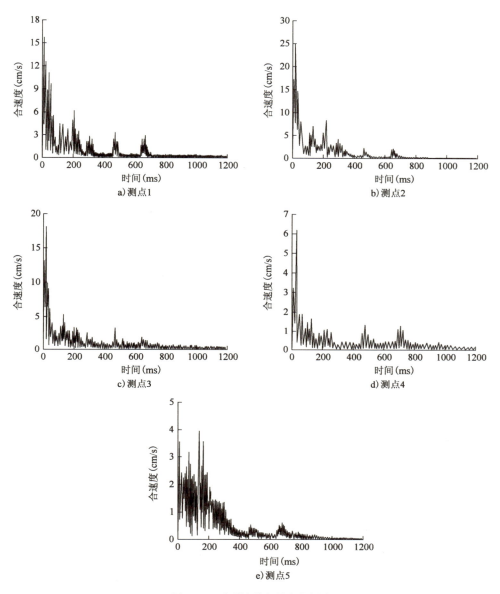

图 10-63 各测点的矢量合速度图

由试验监测数据来看：

（1）左洞初期支护迎爆侧边墙各个测点处的爆破振动波形图中出现 7 个波峰波谷，与实际爆破采用 7 个段位雷管相对应。比如从测点 1 处各振动速度分量中划分出与爆破设计方案相符的雷管段位，分别是 1 段、3 段、5 段、7 段、9 段、11 段、13 段；其中 1 段雷管对应着掏槽孔爆破，各个监测点的振动速度最大值均出现在这段雷管爆破处，说明在掏槽孔爆破时，由于只有一个爆破临空面，岩石对炸药产生了巨大的夹制作用，炸药爆炸时大部分能量以地震波形式向外传播，导致掏槽孔爆破时各个测点处振动速度均达到最大；3 段雷管对应着扩槽孔爆破，相比 1 段雷管，爆破振动速度稍微有所降低，各测点扩槽孔爆破时，峰值振动速度比较大，说明虽然临空面有所扩大,但不足够大,同时,3段雷管紧跟1段雷管起爆,间隔较短,导致出现了爆破振动的相互叠加增强现象;5、7段雷管对应着辅助孔爆破,爆破产生的振动峰值速度大致相等,说明单响药量的逐渐增加和临空面扩大,两者影响作用相互抵消,导致峰值振动速度减小的程度不明显;9段雷管对应着底板孔爆破,11、13段雷管对应着周边孔爆破,各段雷管产生的峰值振动速度明显变小,出现这种现象的原因是炸药量的增加不如爆破临空面扩大作用影响显著。

(2)由于距离爆破掌子面最近,左洞初期支护最大振动速度出现在测点2,X、Y、Z三个方向的峰值振动速度均达到最大,最大合速度为24.55cm/s,但是测点2处的混凝土层并没有出现裂纹等破坏现象,说明初期支护还能承受比24.55cm/s更大的振动速度。依据现有条件,无法通过试验找出初期支护所能承受的最大爆破振动速度,只能依靠数值计算。测点3相比测点2处的峰值振动速度有所降低,是由于地震波沿岩体传播途中,因节理构造等地质条件的存在,衰减相对较大。测点1处爆破峰值振动速度小于测点3,产生这种现象的原因是测点1布设在中洞已爆破开挖区,在地震波传播到测点1的途径上相当于有了空洞,且已爆区中隔墙围岩或多或少已有损伤,产生了松动,从而导致测点1处的爆破振动速度有一定程度的降低。测点4和测点5监测到的爆破振动速度降低了很多,随着距离不断增加,爆破振动强度大幅度衰减。

质点爆破振动速度的大小与爆心距、最大单段药量、地质情况以及所使用的起爆方式等有密切关系,为了得到中洞爆破对左线初期支护振动影响的传播衰减规律,根据萨道夫斯基经验公式,采用最小二乘法对多次监测结果进行曲线拟合,曲线如图10-64所示。

$$v = K\left(\frac{\sqrt[3]{Q}}{R}\right)^{\alpha} \tag{10-2}$$

式中:v——矢量合成最大速度(cm/s);

Q——最大单段装药量(掏槽段的装药量)(kg);

R——测点到爆源的距离(m);

K、α——与地质地形条件有关的系数和衰减指数。

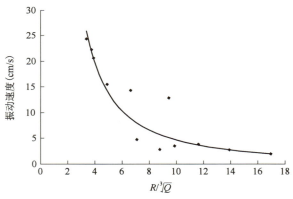

图10-64 左洞初期支护迎爆侧振动传播拟合曲线

拟合得到K、α值分别为142.17和1.396,从而可以得到左洞初期支护迎爆侧边墙处的爆破振动速度传播衰减公式:

$$v = 142 \times \left(\frac{\sqrt[3]{Q}}{R}\right)^{1.40} \tag{10-3}$$

在后期爆破施工过程中,可采用该公式对左洞初期支护迎爆侧边墙振动速度进行预测,辅助优化爆破设计,控制最大单响药量,降低爆破振动对初期支护的危害。

最大段装药量计算可根据 K、α 值,按照初期支护和二次衬砌的振动速度控制标准,以及爆破时与初期支护和二次衬砌的最小距离来计算允许的最大单段装药量,计算结果见表 10-14。

最大单段装药量计算表　　　　　　表 10-14

序号	K	α	振动速度（cm/s）	测点到爆源的距离（m）	最大段装药量（kg）	备 注
1	142	1.40	3	30	6.95	中洞爆破时保护左、右洞二次衬砌
2	142	1.40	3	60	55.57	右洞爆破时保护右洞二次衬砌
3	142	1.40	13.02	18.46	37.59	右洞爆破时保护左洞初期支护
4	142	1.40	13.02	2.23	0.07	中洞爆破时保护左、右洞初期支护
5	142	1.40	13.02	3	0.16	中洞爆破时保护左、右洞初期支护
6	142	1.40	13.02	4	0.38	中洞爆破时保护左、右洞初期支护
7	142	1.40	13.02	5	0.75	中洞爆破时保护左、右洞初期支护
8	142	1.40	13.02	6	1.29	中洞爆破时保护左、右洞初期支护

通过计算,右洞爆破时最大单段装药量为 55.57kg,可以采取常规的爆破方案。中洞爆破时最大单段装药量为 0.07kg,则需逐孔爆破,且必须采用电子雷管爆破。

10.4.3 电子雷管起爆试验

1) 试验方案

数码电子雷管起爆的试验研究选取与普通导爆管雷管起爆试验类似的工况下进行,试验目的是确定数码电子雷管最佳的延迟时间,得到振动波在迎爆侧洞壁处的传播规律和数码电子雷管起爆的减振效果。

数码电子雷管现场试验采用一次性全上台阶爆破方式,图 10-65 为数码电子雷管爆破设计图。炮孔的 5 种形式分别为斜眼掏槽孔、辅助掏槽孔、内部孔、底孔和周边孔。

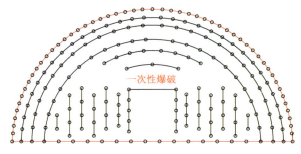

图 10-65　数码电子雷管爆破设计示意图

现场试验时,孔间采用了 4 种不同的短延迟时间。炮孔直径为 42mm,总装药量为 240kg,炮孔总数为 122 个,炮孔深度为 3.5m。经现场统计,中间掏槽孔 20 个、辅助掏槽孔 26 个、底孔 7 个、内部孔 17 个、周边孔 52 个,其孔间延迟时间见表 10-15。

数码电子雷管时间设置表　　　　　　　表10-15

序 号	雷管编号	位 置	间隔时间(ms)	持续时间(ms)
1	1~20	掏槽孔	15	0~285
2	21~46	扩槽孔	20	400~900
3	47~53	底部炮孔	6	1000~1036
4	54~70	辅助孔	25	1100~1500
5	71~122	周边孔	6	1550~1856

2) 试验结论

对多次监测结果分析表明，左洞初期支护迎爆侧边墙各测点的爆破振动规律大致相同，因此选取其中一次中洞爆破的监测结果进行分析，见表10-16。图10-66为各测点的爆破振动波形图，图10-67为各测点三向速度的矢量合成图。

电子雷管爆破振动监测结果　　　　　　　表10-16

测点编号	与掌子面水平距离(m)	峰值振动速度(cm/s)				频率(Hz)		
		X方向	Y方向	Z方向	合速度	X方向	Y方向	Z方向
1	-5	7.13	8.67	7.79	10.03	124.2	104.5	118.5
2	0	10.26	13.51	12.16	15.45	129.6	143.5	92.5
3	5	8.65	10.95	8.11	12.27	119.8	135.6	138.6
4	13	6.89	5.01	6.32	8.53	146.3	95.3	176.9
5	23	1.98	2.35	2.12	2.65	137.4	162.6	142.8

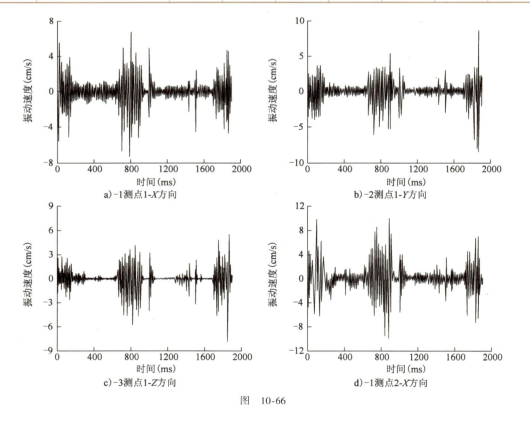

图 10-66

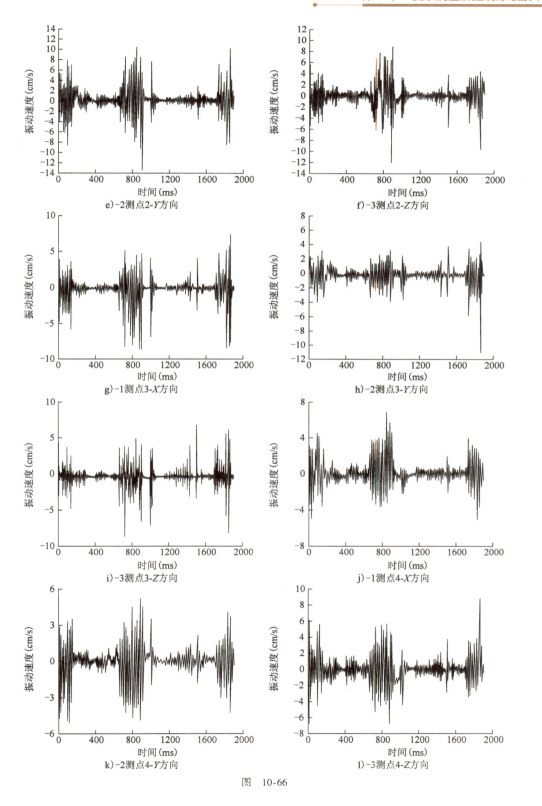

图 10-66

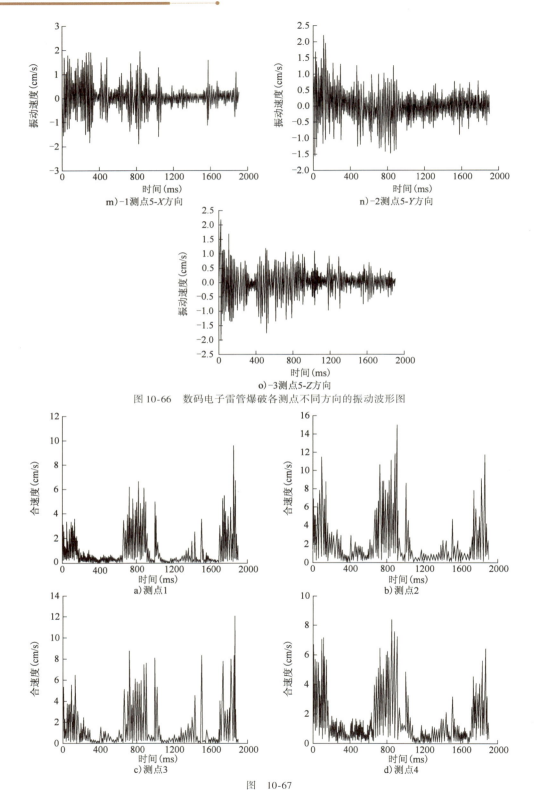

图 10-66 数码电子雷管爆破各测点不同方向的振动波形图

图 10-67

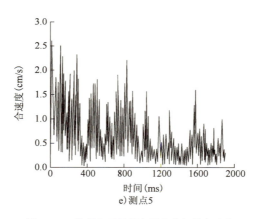

图 10-67　数码电子雷管各测点的矢量合速度

由试验监测数据来看：

(1) 数码电子雷管爆破时，左洞初期支护迎爆侧边墙各个测点的爆破振动速度明显偏低。在距离爆破掌子面最近的测点 2 处的最大爆破振动合速度降到 15.45cm/s，相比降低了 37%。数码电子雷管爆破时各测点处产生的振动速度主频率大部分在 100Hz 以上，相比导爆管雷管爆破，振动速度主频的提高有利于减轻爆破对左洞初期支护的危害，说明数码电子雷管爆破降振效果更好。虽然测点 1 和测点 3 与爆破掌子面的距离相等，但是由于测点 1 处于已爆区，中间隔墙围岩已受到爆破损伤，地震波传播衰减较快，测点 3 处于未爆区，围岩较完整，地震波传播衰减较慢，导致测点 1 的合速度 10.03cm/s 小于测点 3 的合速度 12.27cm/s；测点 4 和测点 5 处的合速度分别降到 8.53cm/s 和 2.65cm/s，说明距离爆源越远，爆破地震波传播衰减越显著。

(2) 各个测点的爆破振动波形图可分成 5 个区域，分别对应着数码电子雷管设置的 5 个延时区段。测点 1 的爆破振动速度波形第 1 个区段 0～300ms 之间采用的孔间延时为 15ms，是掏槽孔逐孔起爆，0～200ms 之间峰值振动速度较为集中，振动速度较大；200～300ms 之间掏槽孔爆破产生的振动强度减弱，应该出现了干扰降振；300～400ms 之间掏槽孔爆破后产生的余震基本衰减为 0。第 2 个区段 400～900ms 之间采用的孔间延时为 20ms，是扩槽孔逐孔起爆，400～650ms 之间振动较弱；650～900ms 之间扩槽孔爆破产生的振动逐渐增强，原因是扩槽孔的先爆孔产生的振动还未完全衰减，后爆孔就开始起爆，发生了振动叠加增强，3 个方向上均比掏槽孔产生的振动强度大；900～1000ms 之间的爆破振动速度很小，是扩槽孔爆破余震，基本为 0，说明扩槽孔爆破产生的振动已经完全衰减。第 3 个区段 1000～1040ms 之间采用的孔间延时为 6ms，是底板孔逐孔起爆，产生的振动持续时间较短，出现较大峰值，3 个方向上振动强度均和扩槽孔爆破时大致相同。第 4 个区段 1100～1500ms 之间采用的孔间延时为 25ms，是辅助孔逐孔起爆，产生的振动很小，在后期出现振动叠加增强现象。第 5 个区段 1550～1900ms 之间采用的孔间延时为 6ms，是周边孔逐孔起爆，1550～1700ms 之间周边孔逐孔起爆产生的振动强度较小；1700～1900ms 之间爆破产生的振动强度增大，孔间爆破产生的振动相互叠加增强。由测点 1 的水平和竖直方向振动速度波形图可知，孔间延时为 15ms，掏槽孔爆破振动速度先是比较大，在 200ms 时出现转折，振动速度变小，应该是振动波出现了干扰降振或者未产生叠加增强。采用 20ms 时，扩槽孔爆破开始产生的振动速度较小，在 650ms

时振动强度增大,没有出现干扰降振,并且持续时间较长。采用 6ms 时,底板孔和周边孔爆破产生的振动速度都很大。采用 25ms 时,左洞初期支护爆破振动强度较弱,应该是炮孔爆破出现干扰降振。孔间延时分别为 15ms 和 25ms 时炮孔爆破均出现干扰降振现象,从图中可知,其他测点的爆破振动波形规律与测点 1 的大致相同,结合各个测点振动情况来看,15ms 时的降振效果不如 25ms 的明显。

10.4.4 小结

(1)通过对三洞分离隧道进行爆破监测,拟合萨道夫斯基公式,得到 K、α 值分别为 142.17 和 1.396。同时,推算出间距为 2.35m 时中洞爆破最大单段装药量为 0.07kg,需要逐孔爆破,必须采用电子雷管。

(2)采用电子雷管进行中洞爆破开挖,爆破振动速度明显小于普通雷管开挖,其最大振动速度为 13.51cm/s,基本满足 13.02cm/s 的控制标准。同时,根据试验结果显示,将辅助孔孔间微差设计成 25ms 时具有较好的减振效果。

10.5 中洞施工爆破方案

针对八达岭地下车站三洞分离式隧道群中洞施工,分别采用台阶法、超前导洞法、导洞先爆法三种爆破工况进行模拟计算,研究确定现场最优施工方案。

10.5.1 台阶法爆破模拟计算

1)爆破设计参数

采用台阶法施工,台阶长度为 5~8m(模型计算中台阶长度取 8m),按上、下台阶顺序爆破施工,循环进尺为 2m。炮孔采用手持风钻钻孔,炮孔直径为 42mm,爆破炸药采用 φ32mm 岩石乳化炸药。装药结构采用分层装药和不耦合装药。以三洞分离段中洞Ⅲ级围岩为例,爆破设计如图 10-68 所示。

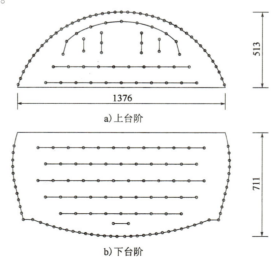

图 10-68 台阶法爆破设计图(尺寸单位:cm)

台阶法施工爆破雷管分 1、3、5、7、9、11、13 段依次爆破,各段别延期时间为 0ms、50ms、110ms、200ms、310ms、460ms、650ms。以中洞Ⅲ级围岩为例,爆破参数见表 10-17。

中洞Ⅲ级围岩台阶法施工爆破参数表　　　　表 10-17

部位	项目名称	炮眼		毫秒雷管		装药		总药量（kg）
		个数（个）	深度（m）	段数（段）	个数（个）	单孔装药量（kg）	装药系数	
上台阶	掏槽孔	6	2.6	1	6	2.08	80%	12.48
	扩槽眼	4	2.4	3	4	1.68	70%	6.72
	辅助孔	11	2.2	5	11	1.54	70%	16.94
	破碎孔	10	2.2	7	10	1.54	70%	15.4
	破碎孔	11	2.2	9	11	1.54	70%	16.94
	周边孔	38	2.2	11	38	0.88	40%	33.44
	总计	80						101.92
下台阶	破碎孔	12	2.2	1	12	1.54	70%	18.48
	破碎孔	11	2.2	3	11	1.54	70%	16.94
	破碎孔	12	2.2	5	12	1.54	70%	18.48
	破碎孔	11	2.2	7	11	1.54	70%	16.94
	破碎孔	9	2.2	9	9	1.54	70%	13.86
	破碎孔	2	2.2	11	2	1.54	70%	3.08
	周边孔	50	2.2	13	50	0.88	40%	44
	总计	106						131.78

2）模型建立

采用 FLAC 3D 建立隧道及围岩模型。围岩级别取Ⅲ级,选取模型边界尺寸横向为 200m、竖向为 196m、纵向为 100m,即 200m×196m×100m,如图 10-69 所示。

 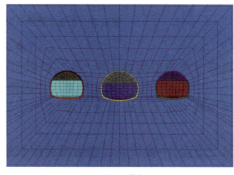

a）轴测图　　　　　b）正面图

图 10-69　计算模型图

3）开挖过程模拟

（1）开挖左、右洞,施作初期支护和二次衬砌,如图 10-70 所示。

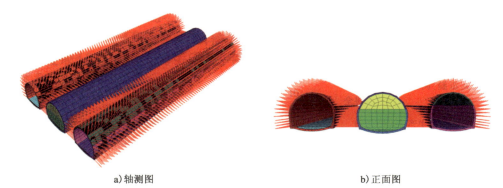

a) 轴测图　　　　　　　　　b) 正面图

图 10-70　左、右洞开挖模型图

（2）待变形稳定后，以循环进尺 2m 开挖中洞，并及时施作初期支护，上台阶长度为 8m。施作 24 个循环进尺，正洞上台阶开挖至 48m，下台阶开挖至 40m，如图 10-71 所示。

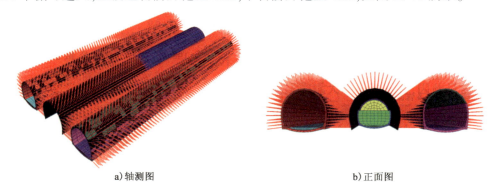

a) 轴测图　　　　　　　　　b) 正面图

图 10-71　中洞开挖模型图

（3）开挖上台阶 48~50m 部分，施加爆破荷载在该开挖的 2m 围岩洞周上，如图 10-72 所示，分析上台阶爆破荷载的影响。

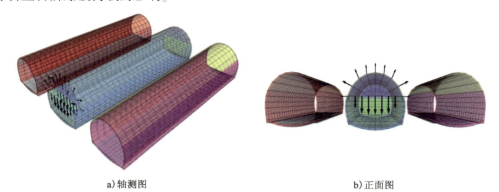

a) 轴测图　　　　　　　　　b) 正面图

图 10-72　上台阶爆破荷载位置模型图（模型纵向从 48m 处截取）

（4）对已开挖的上台阶 48~50m 部分施作初期支护，再开挖下台阶 40~42m 部分，施加爆破荷载在该开挖的 2m 围岩洞周上，如图 10-73 所示，分析下台阶爆破荷载的影响。

4）上台阶爆破计算结果分析

根据上台阶洞周处各个段别爆破的峰值荷载计算方法以及加、卸载时间的计算结果，计算上台阶中洞洞周各处的爆破荷载时程函数。其中,上台阶左边墙的爆破荷载各分量的时程函数曲线如图10-74所示,在周边孔爆破0.47s时有最大峰值荷载。周边孔爆破时,对中洞洞周施加的爆破荷载如图10-75所示,其中,左边墙处施加峰值荷载为35.7MPa,拱顶处施加峰值荷载为42.9MPa。

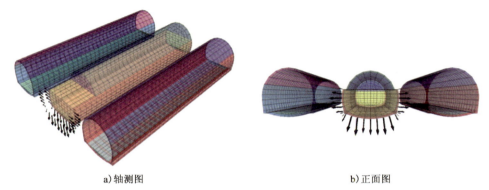

图10-73 下台阶爆破荷载位置模型图(模型纵向从40m处截取)

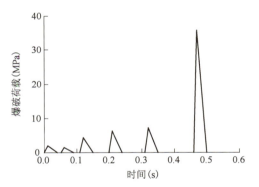

图10-74 上台阶左边墙的爆破荷载时程曲线

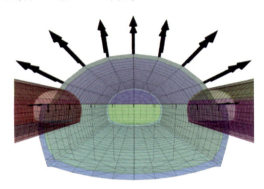

图10-75 周边孔爆破时洞周施加荷载图

(1)振动速度分析

上台阶爆破荷载对开挖面处(纵向50m位置)左、右洞隧道二次衬砌迎爆侧各关键点的速度时程曲线如图10-76所示,各关键点最大振动速度值见表10-18。

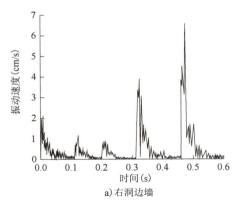

a)右洞边墙

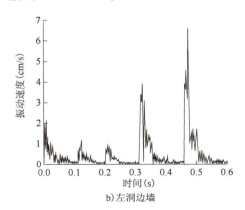

b)左洞边墙

图 10-76

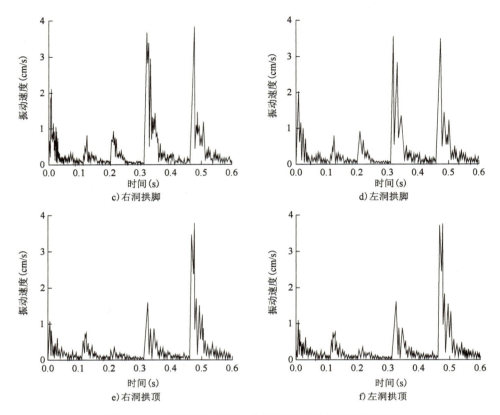

图 10-76 上台阶爆破时侧洞二次衬砌关键点处的速度时程曲线

上台阶爆破时侧洞二次衬砌关键点处的最大振动速度值　　　表 10-18

位　　置	最大振动速度(cm/s)		
	边墙	拱脚	拱顶
右洞	6.48	3.80	4.14
左洞	6.27	3.64	4.06

从模拟计算结果可以看出：上台阶爆破时，左、右洞相应位置的振动速度时程曲线基本一致。边墙产生的振动速度最大，最大峰值振动速度为 6.48cm/s。拱脚和拱顶的振动速度较小，峰值振动速度为 4cm/s 左右。最大峰值振动速度基本都出现在周边孔爆破时。

考虑周边孔爆破时对侧洞二次衬砌影响较大，周边孔爆破时开挖截面(纵向 50m 位置)振动速度云图如图 10-77 所示，正洞拱部振动速度最大为 0.93m/s，随着振动传播而逐渐衰减，到两侧洞处衰减至 0.05m/s 左右。

(2) 应力分析

在静力计算基础上，右洞二次衬砌边墙的最大、最小主应力时程曲线如图 10-78 所示，最大压应力为 7.43MPa，未出现拉应力。周边孔爆破时，开挖截面(纵向 50m 位置)最大、最小主应力云图如图 10-79 所示，其瞬时最大拉应力出现在未开挖前方岩体上，最大压应力出现在中洞拱部。爆破过程中围岩发生塑性破坏,其开挖截面处的塑性区域如图10-80所示,拱顶塑性区域厚度较大,为8m;两侧塑性区域厚度为3m。

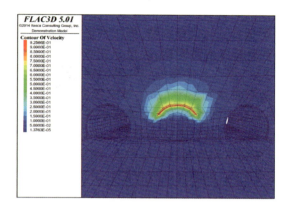

图10-77　周边孔爆破时开挖截面振动速度云图

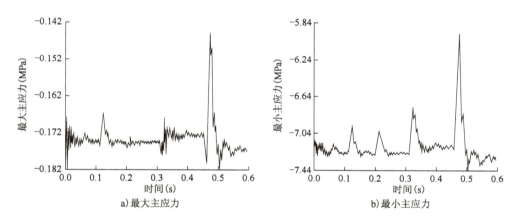

a) 最大主应力　　　　　　　　　　　b) 最小主应力

图10-78　侧洞二次衬砌边墙主应力时程曲线

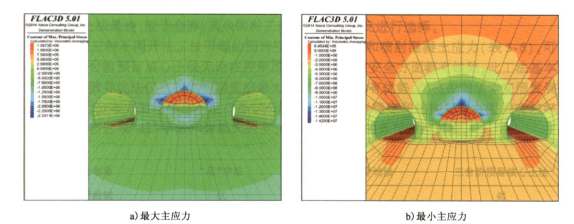

a) 最大主应力　　　　　　　　　　　b) 最小主应力

图10-79　周边孔爆破时主应力云图

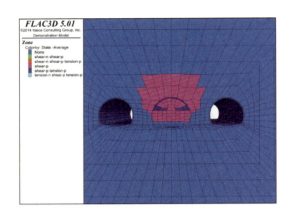

图10-80 开挖截面处的塑性区域图

5）下台阶爆破计算结果分析

根据下台阶洞周处各个段别爆破的峰值荷载计算方法以及加、卸载时间的计算结果，计算下台阶正洞洞周各处的爆破荷载的时程函数。其中，下台阶左边墙的爆破荷载各分量的时程函数曲线如图10-81所示，在周边孔爆破0.66s时有最大峰值荷载。周边孔爆破时，对正洞洞周施加的爆破荷载如图10-82所示，其中，左边墙处施加峰值荷载为36.7MPa，隧道底部处施加峰值荷载为23.0MPa。

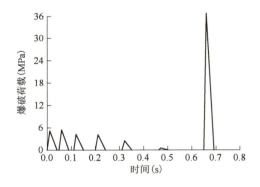

图10-81 下台阶左边墙的爆破荷载的时程曲线

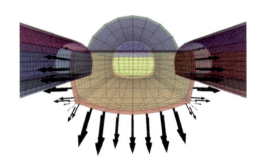

图10-82 周边孔爆破时洞周施加荷载图

（1）振动速度分析

下台阶爆破荷载对开挖截面处（纵向42m位置）侧洞隧道二次衬砌迎爆侧各关键点的速度时程曲线如图10-83所示，各关键点最大振动速度值见表10-19。

下台阶爆破时侧洞二次衬砌关键点处的最大振动速度值　　　表10-19

位置	最大振动速度（cm/s）		
	边墙	拱脚	拱顶
右洞	10.34	8.35	2.83
左洞	9.70	7.70	2.79

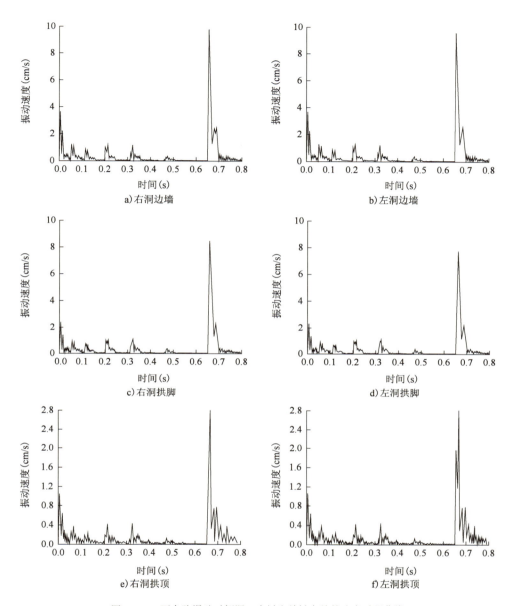

图 10-83　下台阶爆破时侧洞二次衬砌关键点处的速度时程曲线

从模拟计算结果可以看出：上台阶爆破时，左、右洞相应位置的振动速度时程曲线基本一致。边墙产生的振动速度最大，最大峰值振动速度为 10.34cm/s；拱脚振动速度其次，峰值振动速度为 8cm/s 左右；拱顶振动速度最小，峰值振动速度仅为 2.8cm/s。最大峰值振动速度都出现在周边孔爆破时。

考虑周边孔爆破时对侧洞二次衬砌影响较大，周边孔爆破时开挖截面（纵向 42m 位置）振动速度云图如图 10-84 所示，中洞洞周振动速度最大为 0.53m/s，随着振动传播而逐渐衰减，传到两侧洞二次衬砌边墙处为 0.1m/s，传到侧洞二次衬砌拱肩和底板处为 0.05m/s。

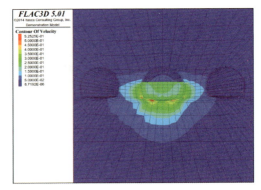

图 10-84 周边孔爆破时开挖截面振动速度云图

(2) 应力分析

在静力计算基础上,右洞二次衬砌边墙的最大、最小主应力时程曲线如图 10-85 所示,瞬时最大拉应力达到 1.34MPa,出现在周边孔爆破时,该拉应力可能对二次衬砌有较大影响。最大压应力为 7.64MPa。周边孔爆破时,开挖截面(纵向 42m 位置)最大、最小主应力云图如图 10-86 所示,其瞬时最大拉应力出现在两侧洞的边墙处,并且未开挖的下台阶前方岩体也出现拉应力。瞬时最大压应力出现在中洞拱脚处。爆破过程中围岩发生塑性破坏,其开挖截面处的塑性区域如图 10-87 所示,两侧塑性区域厚度较大,其值为 4.5m,隧道底部塑性区域厚度为 4m。

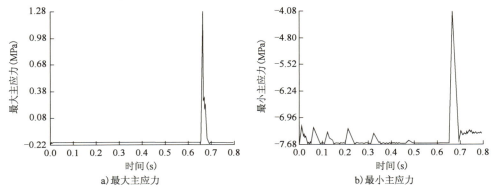

a) 最大主应力　　　　　　　　　　　　b) 最小主应力

图 10-85 侧洞二次衬砌边墙主应力时程曲线

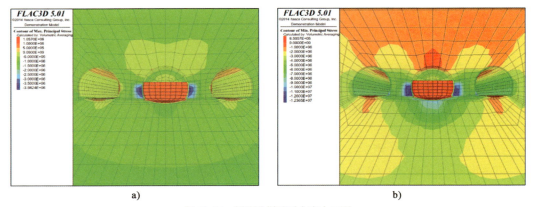

a)　　　　　　　　　　　　b)

图 10-86 周边孔爆破时主应力云图

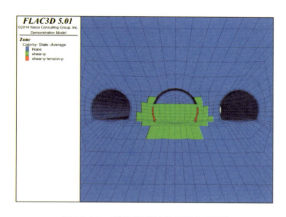

图 10-87 开挖截面处的塑性区域图

6)小结

(1)下台阶爆破时产生的振动速度比上台阶爆破时产生的振动速度大,爆破对侧洞迎爆侧二次衬砌边墙产生的振动速度比拱脚和拱顶产生的振动速度大,周边孔爆破对侧洞二次衬砌产生的振动速度比其他段爆破产生的振动速度大。

(2)根据模拟计算,下台阶周边孔爆破时,侧洞二次衬砌迎爆侧边墙产生的最大振动速度为 10.34cm/s,并且该处将产生 1.34MPa 瞬时拉应力,对侧洞二次衬砌有较大影响。因此,三洞分离式隧道侧洞应先不施作二次衬砌,对两侧洞的初期支护进行加强,待中洞开挖完成后统一施作二次衬砌。

10.5.2 超前导洞法爆破模拟计算

1)爆破设计参数

采用超前导洞法分 6 步爆破施工,如图 10-88 所示,各分步滞后长度分别为 100m、6m、20m、6m、4m,Ⅲ级围岩爆破设计如图 10-89 所示。

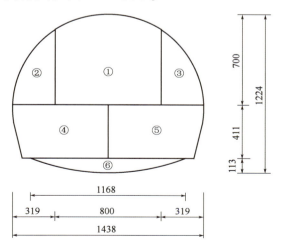

图 10-88 超前导洞法爆破分步示意图(尺寸单位:cm)

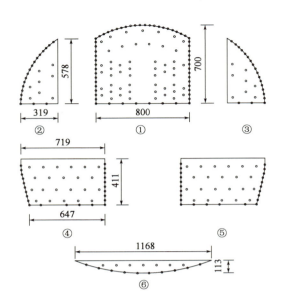

图 10-89　超前导洞法爆破设计图(尺寸单位:cm)

超前导洞法施工爆破雷管分 1、3、5、7、9、11 段依次爆破,各段别延期时间分别为 0ms、50ms、110ms、200ms、310ms、460ms。以中洞Ⅲ级围岩为例,爆破参数表 10-20。

超前导洞法施工爆破参数表　　　　　　　　表 10-20

部位	项目名称	炮眼 个数(个)	炮眼 深度(m)	毫秒雷管 段数(段)	毫秒雷管 个数(个)	装药 装药系数	装药 单孔装药量(kg)	总药量(kg)
①(第一步)	掏槽孔	12	2.4	1	12	0.7	1.68	20.16
	扩槽眼	8	2.3	3	8	0.6	1.38	11.04
	辅助孔	12	2.2	5	12	0.6	1.32	15.84
	辅助孔	8	2.2	7	8	0.6	1.32	10.56
	辅助孔	6	2.2	5	6	0.6	1.32	7.92
	辅助孔	7	2.2	7	7	0.6	1.32	9.24
	周边孔	52	2.2	9	52	0.2	0.44	22.88
	底孔	6	2.2	11	6	0.6	1.32	7.92
	总计	111	—	—	111	—	—	105.56
②(第二步)	辅助孔	5	2.2	1	5	0.6	1.32	6.6
	辅助孔	3	2.2	3	3	0.6	1.32	3.96
	辅助孔	2	2.2	5	2	0.6	1.32	2.64
	周边孔	17	2.2	7	17	0.2	0.44	7.48
	底孔	2	2.2	9	2	0.6	1.32	2.64
	总计	29	—	—	29	—	—	23.32
③(第三步)	辅助孔	5	2.2	1	5	0.6	1.32	6.6
	辅助孔	3	2.2	3	3	0.6	1.32	3.96
	辅助孔	2	2.2	5	2	0.6	1.32	2.64

续上表

部位	项目名称	炮眼		毫秒雷管		装药		总药量(kg)
		个数(个)	深度(m)	段数(段)	个数(个)	装药系数	单孔装药量(kg)	
③(第三步)	周边孔	17	2.2	7	17	0.2	0.44	7.48
	底孔	2	2.2	9	2	0.6	1.32	2.64
	总计	29	—	—	29	—	—	23.32
④(第四步)	辅助孔	6	2.2	1	6	0.6	1.32	7.92
	辅助孔	5	2.2	3	5	0.6	1.32	6.6
	辅助孔	6	2.2	5	6	0.6	1.32	7.92
	辅助孔	5	2.2	7	5	0.6	1.32	6.6
	底孔	5	2.2	11	5	0.6	1.32	6.6
	周边孔	18	2.2	9	18	0.2	0.44	7.92
	总计	45	—	—	45	—	—	43.56
⑤(第五步)	辅助孔	6	2.2	1	6	0.6	1.32	7.92
	辅助孔	5	2.2	3	5	0.6	1.32	6.6
	辅助孔	6	2.2	5	6	0.6	1.32	7.92
	辅助孔	5	2.2	7	5	0.6	1.32	6.6
	底孔	5	2.2	11	5	0.6	1.32	6.6
	周边孔	18	2.2	9	18	0.2	0.44	7.92
	总计	45	—	—	45	—	—	43.56
⑥(第六步)	辅助孔	7	2.2	1	7	0.6	1.32	9.24
	底孔	10	2.2	3	10	0.6	1.32	13.2
	总计	17	—	—	17	—	—	22.44

2）模型建立

根据爆破设计参数建立隧道模型如图10-90所示，模型尺寸为200m×196m×100m。

 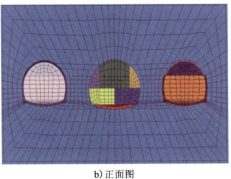

a) 轴测图　　　　　　　　　　b) 正面图

图10-90　超前导洞法爆破计算模型

3）开挖过程模拟

（1）开挖左洞、右洞，施作初期支护，按静力计算初期支护稳定收敛后的受力变形，如图10-91所示。

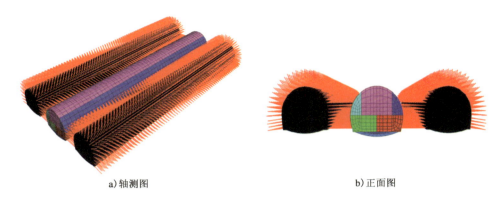

a) 轴测图　　　　　　　　　　　　　　b) 正面图

图 10-91　开挖两侧洞模型

（2）待变形稳定后，以循环进尺 2m 开挖中洞的第一步，并及时施作初期支护，按静力进行计算。施作 24 个循环进尺，中洞的第一步开挖至 48m，如图 10-92 所示。

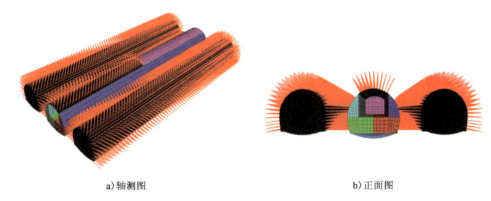

a) 轴测图　　　　　　　　　　　　　　b) 正面图

图 10-92　中洞开挖第一步的模型

（3）开挖中洞第一步 48～50m 部分，施加爆破荷载在第一步开挖轮廓线的 2m 洞周上，按动力计算爆破荷载的影响，如图 10-93 所示，施加的爆破荷载时程曲线如图 10-94 所示。

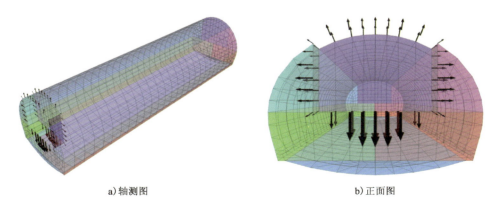

a) 轴测图　　　　　　　　　　　　　　b) 正面图

图 10-93　第一步开挖爆破荷载位置模型（模型纵向从 48m 处截取）

第10章 复杂洞室群控制爆破技术

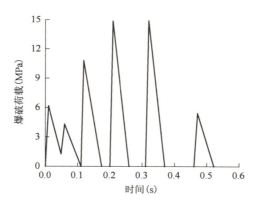

图 10-94 第一步开挖左边墙处爆破荷载时程曲线

（4）继续开挖中洞第一步，第一步先行 100m 后开始开挖第二步，其他也按照滞后长度依次跟进开挖，按 2m 的循环进尺进行静力计算，直至第二步施工至 70m 处，如图 10-95 所示。

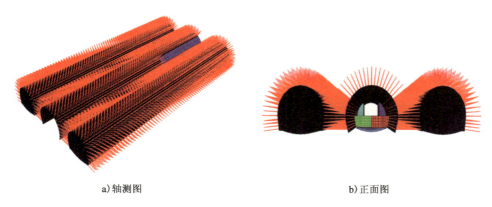

a）轴测图　　　　　　　　　　　　　b）正面图

图 10-95　中洞开挖第二步至第六步的模型

（5）进行下一个循环，分别按 2m 进尺开挖第二步至第六步，并施加爆破荷载在每一步开挖轮廓线上，并分别按动力计算爆破荷载的影响，如图 10-96～图 10-100 所示。

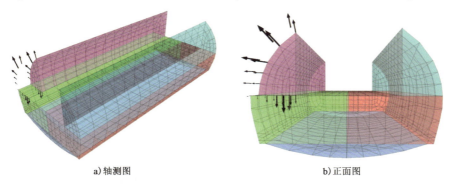

a）轴测图　　　　　　　　　　　　　b）正面图

图 10-96　第二步爆破荷载位置模型

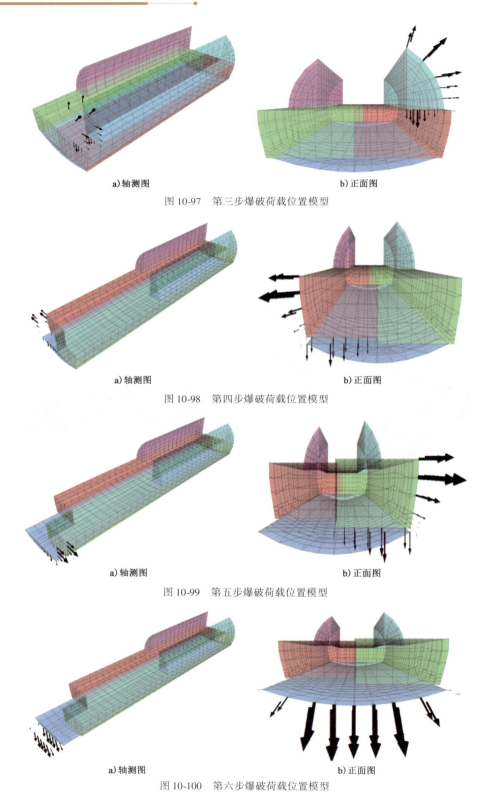

a) 轴测图　　　　　　　　　　　　　　b) 正面图
图 10-97　第三步爆破荷载位置模型

a) 轴测图　　　　　　　　　　　　　　b) 正面图
图 10-98　第四步爆破荷载位置模型

a) 轴测图　　　　　　　　　　　　　　b) 正面图
图 10-99　第五步爆破荷载位置模型

a) 轴测图　　　　　　　　　　　　　　b) 正面图
图 10-100　第六步爆破荷载位置模型

4）爆破计算结果分析

（1）振动速度分析

以右洞为例，分析三洞分离隧道中洞采用超前导洞法爆破对其影响。各施工步爆破时开挖截面上右洞迎爆侧边墙的速度时程曲线如图 10-101 所示，各施工步爆破时右洞迎爆侧边墙、拱脚及拱顶的最大振动速度值见表 10-21。

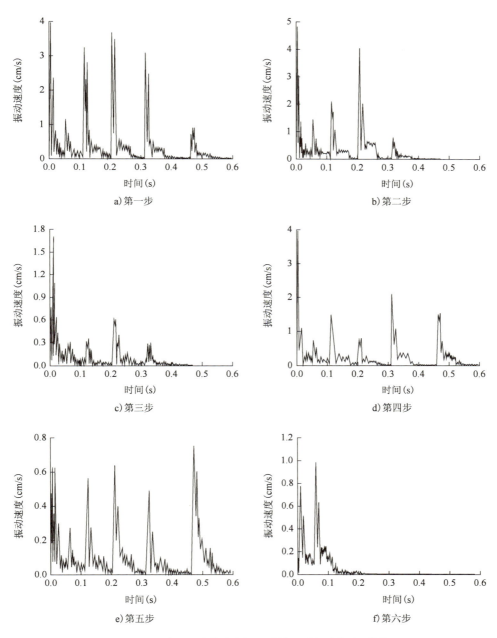

图 10-101　各施工步爆破时右洞迎爆侧边墙的速度时程曲线

各施工步爆破时右洞各关键点处的最大振动速度值　　　　　　　　　　表 10-21

施工步序		第一步	第二步	第三步	第四步	第五步	第六步
最大振动速度（cm/s）	边墙	3.83	4.90	1.77	4.00	0.73	1.04
	拱脚	2.99	2.71	1.33	1.82	0.82	1.05
	拱顶	1.39	1.50	0.79	0.73	0.28	0.34

从模拟计算结果可以看出：从右洞最大振动速度的位置上看，各施工步爆破时，除第五、六步迎爆侧拱脚最大振动速度略高于边墙外，其他各步爆破时均是在迎爆侧边墙处振动速度值最大，而拱顶处振动速度值最小。从最大振动速度产生时间上看，最大振动速度大多在第 1 段别时出现最大值。从最大振动速度的量值上看，第一步、第二步、第四步爆破施工产生振动速度较大，最大振动速度为 4.90cm/s。

为分析边墙振动速度横向及竖向分量，统计各施工步爆破时右洞迎爆侧边墙振动速度的各分量的最大值，见表 10-22。第一步、第二步及第四步爆破施工时右洞迎爆侧边墙各分量振动速度时程曲线如图 10-102 所示。

各施工步爆破时右洞迎爆侧边墙振动速度各分量最大值　　　　　　　　表 10-22

施工步序	第一步	第二步	第三步	第四步	第五步	第六步
横向分量（cm/s）	3.48	4.86	1.75	3.33	0.52	0.65
竖向分量（cm/s）	1.4	3.26	1.3	2.32	0.61	0.82

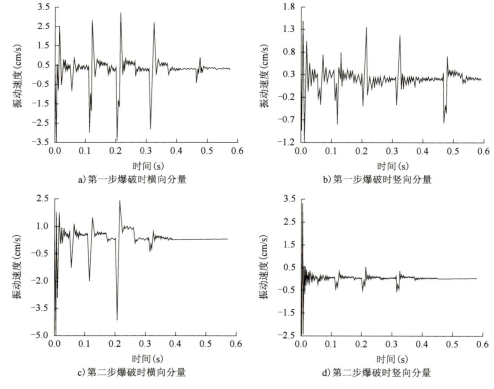

图　10-102

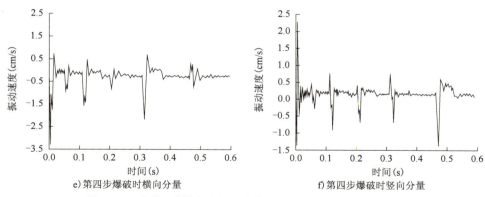

e) 第四步爆破时横向分量   f) 第四步爆破时竖向分量

图 10-102　各施工步爆破时右洞迎爆侧边墙各分量振动速度时程曲线

从模拟计算结果可以看出：对于边墙位置，除第五步、第六步振动速度竖向分量略大于横向分量外，其他步爆破时横向分量均大于竖向分量。从各分量最大振动速度产生时间上看，最大振动速度大多在第 1 段别时出现最大值。

图 10-103 为第一步掏槽眼爆破时开挖截面处围岩的振动速度云图，可以看出振动速度从中洞的第一步轮廓线向两侧洞逐渐衰减。

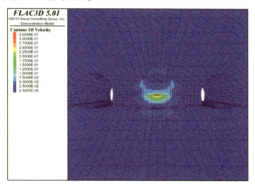

图 10-103　第一步掏槽眼爆破时开挖截面处围岩的振动速度云图

(2) 应力分析

各施工步第 1 段别炸药爆破时，开挖截面最大主应力如图 10-104 所示。

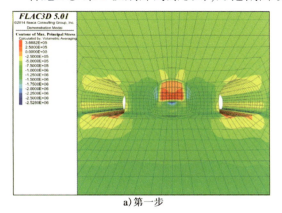
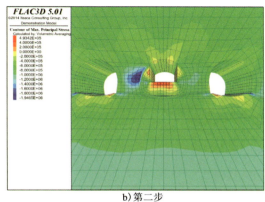

a) 第一步   b) 第二步

图　10-104

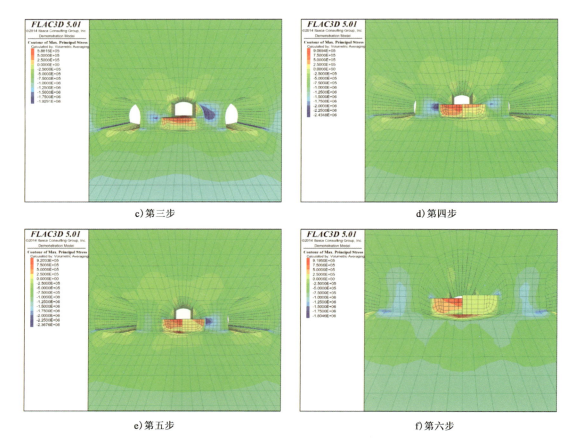

c）第三步　　　　　　　　　　　　　　d）第四步

e）第五步　　　　　　　　　　　　　　f）第六步

图 10-104　各施工步第 1 段别炸药爆破时开挖截面处围岩的最大主应力云图

从模拟计算结果可以看出：拉应力主要位于中洞开挖面前方未开挖岩体处以及第一步开挖后的洞底，左、右洞边墙处均未产生拉应力。

各施工步爆破时开挖截面处塑性区域如图 10-105 所示。

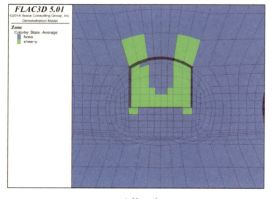

a）第一步

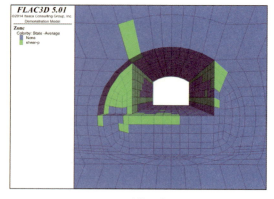

b）第二步

图　10-105

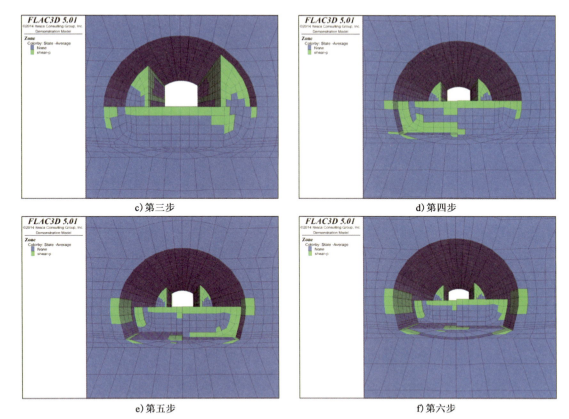

图 10-105　各施工步爆破时开挖截面处围岩的塑性区域图

从模拟计算结果可以看出：塑性区域主要集中在中洞前方未开挖岩体处。中洞隧道轮廓线外的塑性区域较小，塑性区域厚度在 1m 左右，主要集中在中洞的拱顶和拱腰处。

5）小结

（1）从振动速度分析来看，两侧洞迎爆侧边墙振动速度最大，拱脚其次，拱顶最小；对于两侧洞迎爆侧边墙的振动速度，以横向振动速度为主；第一步爆破以及对应侧扩挖爆破时该侧已开挖的边洞振动速度较大，第二步及第四步爆破时应该加强右洞边墙处的振动速度监测，第三步及第五步爆破时应加强左洞边墙处的振动速度监测；最大振动速度大多出现在各施工步第 1 段别炸药爆破时，计算得到的侧洞处最大振动速度为 4.90cm/s。

（2）从应力分析来看，在两侧洞边墙处未产生拉应力。中洞隧道轮廓线外的塑性区域也较小，塑性区域厚度为 1m 左右。

10.5.3　导洞先爆法爆破模拟计算

1）爆破设计参数

采用导洞先爆法，分上、下台阶共 6 步爆破施工，如图 10-106 所示。

上台阶开挖时，一次打眼，分三次依次爆破①、②、③步。再在距上台阶掌子面约 50m 处开挖下台阶时，下台阶同样是一次打眼，分两次分别爆破④、⑤步，最后距离下台阶约 40m 处爆破第⑥步仰拱。爆破设计如图 10-107 所示，爆破参数见表 10-23。

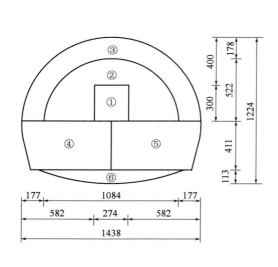
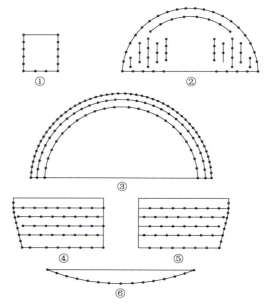

图 10-106 导洞先爆法爆破分步示意图(尺寸单位:cm)　　图 10-107 导洞先爆法爆破设计图

导洞先爆法施工爆破参数表　　表 10-23

爆破位置	名称	眼数（个）	雷管数（个）	段数（段）	药卷直径（mm）	装药系数	孔深（m）	单孔装药量（kg）	总药量（kg）
①（第一步）	掏槽孔	2	2	1	φ32	0.7	2.54	1.778	3.556
	掏槽孔	2	2	3	φ32	0.7	2.54	1.778	3.556
	掏槽孔	2	2	5	φ32	0.7	2.54	1.778	3.556
	掏槽孔	2	2	7	φ32	0.7	2.54	1.778	3.556
	掏槽孔	2	2	9	φ32	0.7	2.54	1.778	3.556
	底孔	4	4	11	φ32	0.6	2.2	1.32	5.28
	合计	14	14	—	—	—	—	—	23.06
②（第二步）	辅助孔	4	4	1	φ32	0.6	2	1.2	4.8
	辅助孔	4	4	2	φ32	0.6	2	1.2	4.8
	辅助孔	3	3	3	φ32	0.6	2	1.2	3.6
	辅助孔	3	3	4	φ32	0.6	2	1.2	3.6
	辅助孔	4	4	5	φ32	0.6	2	1.2	4.8
	辅助孔	4	4	6	φ32	0.6	2	1.2	4.8
	辅助孔	3	3	7	φ32	0.6	2	1.2	3.6
	辅助孔	3	3	8	φ32	0.6	2	1.2	3.6
	辅助孔	4	4	9	φ32	0.6	2	1.2	4.8
	辅助孔	5	5	10	φ32	0.6	2	1.2	6
	辅助孔	4	4	11	φ32	0.6	2	1.2	4.8
	辅助孔	4	4	12	φ32	0.6	2	1.2	4.8

续上表

爆破位置	名称	眼数（个）	雷管数（个）	段数（段）	药卷直径（mm）	装药系数	孔深（m）	单孔装药量（kg）	总药量（kg）
②（第二步）	辅助孔	10	10	13	φ32	0.6	2	1.2	12
	辅助孔	10	10	14	φ32	0.6	2	1.2	12
	底孔	5	5	15	φ32	0.6	2	1.2	6
	底孔	5	5	16	φ32	0.6	2	1.2	6
	合计	75	75	—	—	—	—	—	90
③（第三步）	辅助孔	8	8	1	φ32	0.6	2	1.2	9.6
	辅助孔	7	7	3	φ32	0.6	2	1.2	8.4
	辅助孔	8	8	5	φ32	0.6	2	1.2	9.6
	辅助孔	10	10	7	φ32	0.6	2	1.2	12
	辅助孔	9	9	9	φ32	0.6	2	1.2	10.8
	辅助孔	10	10	11	φ32	0.6	2	1.2	12
	周边孔	16	16	12	φ32	0.2	2	0.4	6.4
	周边孔	16	16	13	φ32	0.2	2	0.4	6.4
	周边孔	16	16	14	φ32	0.2	2	0.4	6.4
	底孔	3	3	15	φ32	0.6	2	1.2	3.6
	底孔	3	3	16	φ32	0.6	2	1.2	3.6
	合计	106	106	—	—	—	—	—	88.8
④（第四步）	辅助孔	8	8	1	φ32	0.6	2	1.2	9.6
	辅助孔	8	8	3	φ32	0.6	2	1.2	9.6
	辅助孔	8	8	5	φ32	0.6	2	1.2	9.6
	辅助孔	7	7	7	φ32	0.6	2	1.2	8.4
	周边孔	8	8	9	φ32	0.2	2	0.4	3.2
	底孔	8	8	11	φ32	0.6	2	1.2	9.6
	合计	47	47	—	—	—	—	—	50
⑤（第五步）	辅助孔	7	7	1	φ32	0.6	2	1.2	8.4
	辅助孔	8	8	3	φ32	0.6	2	1.2	9.6
	辅助孔	7	7	5	φ32	0.6	2	1.2	8.4
	辅助孔	7	7	7	φ32	0.6	2	1.2	8.4
	周边孔	8	8	9	φ32	0.2	2	0.4	3.2
	底孔	7	7	11	φ32	0.6	2	1.2	8.4
	合计	44	44	—	—	—	—	—	46.4
⑥（第六步）	底孔	7	7	3	φ32	0.7	2.2	1.54	10.78
	底孔	8	8	5	φ32	0.7	2.2	1.54	12.32
	合计	15	15	—	—	—	—	—	23.1

2)模型建立

结合施工工法,建立隧道模型如图 10-108 所示,模型尺寸为 200m×196m×100m。

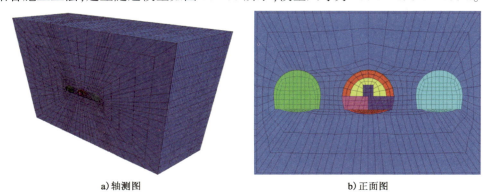

a)轴测图　　　　　　　　　　　　　　　b)正面图

图 10-108　导洞先爆法计算模型

3)爆破计算结果分析

导洞先爆法的计算模型中,通过三步爆破开挖上台阶,分别模拟第一、二、三步爆破的开挖和爆破荷载,计算并分析爆破对已开挖的左洞的影响。

上台阶各步爆破时,左洞迎爆侧边墙的速度时程曲线如图 10-109 所示。左洞迎爆侧边墙、拱脚及拱顶的最大振动速度值见表 10-24。

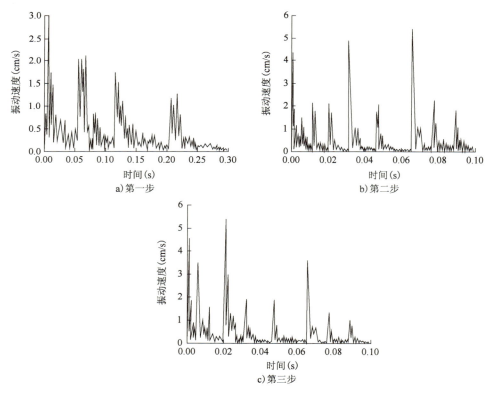

图 10-109　上台阶开挖时左洞迎爆侧边墙的速度时程曲线

第10章 复杂洞室群控制爆破技术

上台阶开挖时左洞各关键点处的最大振动速度值　　　　　　　　　　　表 10-24

施工步序		第一步	第二步	第三步
最大振动速度（cm/s）	边墙	2.98	5.40	5.69
	拱脚	1.87	3.22	2.93
	拱顶	1.13	2.16	1.80

从模拟计算结果可以看出：侧洞迎爆侧边墙处振动速度最大，拱脚其次，拱顶最小；最大振动速度在第三步爆破施工时，最大振动速度为 5.69cm/s。

上台阶爆破时中洞塑性区域如图 10-110 所示。

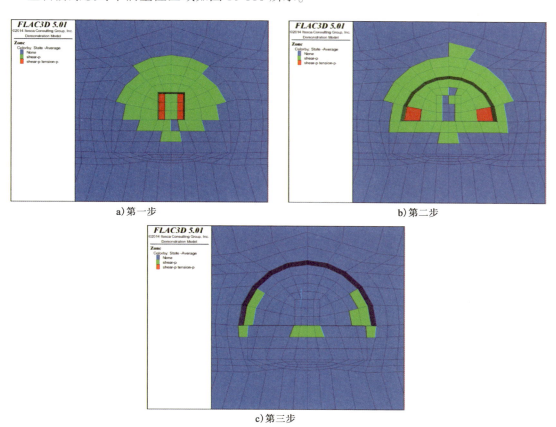

图 10-110　上台阶爆破时围岩的塑性区域图

从模拟计算结果可以看出：塑性区域主要集中在中洞轮廓线内，对两侧岩柱的影响较小。

4）数值模拟与实测数据对比

2017 年 4 月 19 日，采用普通雷管按照导洞先爆法对三洞分离段中洞进行爆破试验。选取普通雷管 2 号测点的数据，其距离掌子面 6~8m，位于左洞上台阶拱脚，大致相当于计算模型中掌子面前方左洞拱腰位置的监测点，中洞各步爆破时两者振动速度时程曲线的对比如图 10-111 所示。

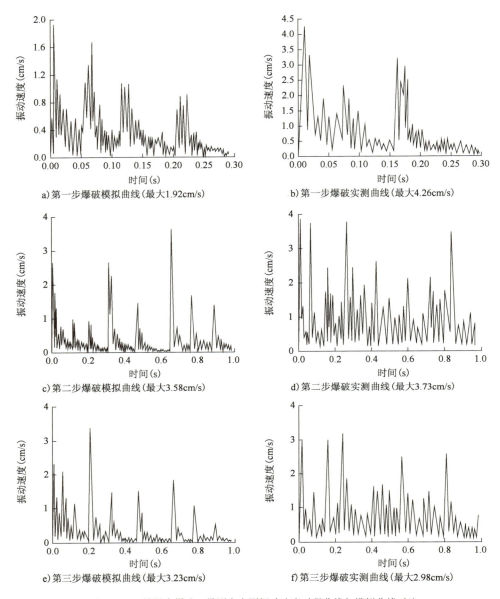

图 10-111　导洞先爆法 2 号测点实测振动速度时程曲线与模拟曲线对比

从对比结果可以看出：除第一步爆破模拟得到的最大振动速度偏差较大外，其他两步爆破模拟结果相差较小。第一步爆破模拟存在较大偏差，主要是由于没有模拟掏槽眼这种仅在隧道纵向存在临空面的情况，导致围岩受到的爆破荷载比计算值偏大。

5）小结

（1）三洞分离段中洞采用导洞先爆法施工时，根据数值模拟计算结果，最大爆破振动速度为 5.69cm/s，侧洞迎爆侧边墙处振动速度最大。爆破导致的围岩塑性区域主要集中在中洞轮廓线内，对两侧岩柱的影响较小。

（2）对比模拟计算得到的振动速度时程曲线与该爆破实测曲线，爆破模拟最大振动速度值相差较小。

10.5.4 小结

（1）数值模拟计算结果表明，三洞分离式隧道中洞爆破开挖会对两侧洞产生较大的影响，会影响二次衬砌的质量，因此，原则上中洞爆破完成前，三洞分离式隧道左、右洞先不施作二次衬砌。结合施工组织要求，若需要施作二次衬砌时，根据《高速铁路隧道工程施工技术规程》（Q/CR 9604—2015），爆破振动速度宜控制在 5cm/s 以内。

（2）三洞分离式隧道中洞采用台阶法爆破，对侧洞产生的振动影响较大，最大振动速度为 10.34cm/s。采用分六步爆破开挖的超前导洞法、导洞先爆法，对侧洞产生的振动影响较小，最大振动速度均在 5cm/s 左右。考虑到施工效率，中洞宜采用导洞先爆法进行爆破施工。现场采用了导洞先爆法施工，取得了较好的控制爆破效果。

第11章 复杂洞室群施工通风技术

京张高铁八达岭地下车站地下建筑面积为3.6万 m^2，是目前世界上建设规模最大、结构最复杂的暗挖地下车站。车站内交叉节点密集、交贯面多，共设计各类洞室78个、断面形式88种、不同洞室交贯面63处。同时，该工程施工工期极为紧张。为满足施工组织要求，车站及两端大跨过渡段通过2号斜井组织施工。

如图11-1所示，2号斜井工区设置了2个支洞——8条分通道，其中1号、8号分通道施工车站两端正洞，2号、3号、7号分通道施工大跨过渡段，4号、5号、6号分通道施工车站。施工高峰期共有13个工作面同时作业，洞群效应明显、物流组织复杂、施工组织困难、通风要求极高。施工中研究并实施了分阶段压入式通风技术、机械混合式通风技术(压入式+竖井抽出式)，保证了工程的顺利进行。

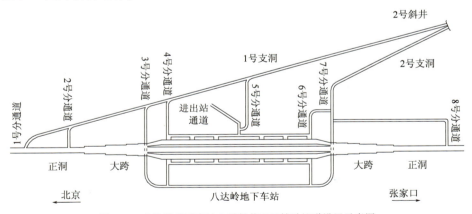

图11-1 八达岭地下车站2号斜井工区辅助坑道设置示意图

11.1 国内外研究现状

地下洞室群施工通风是将洞外新鲜空气输送到工作面附近，稀释施工作业产生的有害气体，同时将污浊空气排出洞外，使得工作面空气质量达到安全卫生标准。施工通风有3种形式,即自然通风、巷道式通风、机械式通风。

11.1.1　自然通风

自然通风是地下洞室不借助辅助通风机通风,而是利用竖井、斜井或钻孔内外的温差和高差造成空气对流,在洞内形成自然风来排除污浊空气。尽管自然风压也是一种可利用的能源,但洞室内外的温差只有在冬季和夏季较大,而在春秋两季,温差较小,形成的自然风很小,难以实现稳定的自然通风。此外,竖井两侧隧道中温差所形成的自然风在某一侧的隧道中往往与过往车辆活塞风相干扰而对该段通风不利,因此不能期望竖井实现可靠的自然通风,通过对我国铁路隧道竖井自然通风情况进行调查,也证实了这一点。

Guian SK 通过数值模拟对隧道自然通风与温度控制之间的关系进行了研究,研究表明,温度升高可以促进隧道通风。Chan-Hoon Yoon 通过热力学分析,得出了隧道自然风压引起的自然风速可以有效地提高隧道通风效率。Molina-Aiz 运用有限元法和有限体积法两种不同计算方法,对公路隧道自然通风的通风效率进行了模拟研究,对比分析了计算软件相对于流体力学求解计算的先进性。R. Letan 通过模型试验和计算机模拟,对自然通风的多层结构洞室群进行了研究,对实际中的某个五层地下结构进行了模拟仿真,结果表明,即便太阳能辐射热流较小,冬季和夏季的自然通风依然可以进行。Bilgen 对竖直式通风井的导热和对流传热进行研究,得出了通风井如果扩大断面面积将显著提高通风效率。晁峰等通过理论分析,研究了自然风压的主要影响因素,得出了一般隧道自然风压的计算方法。于燕玲等通过计算分析,对自然通风条件下的有竖井和无竖井隧道进行污染空气流动状况、风压与热压关系研究,得出了无竖井状况下洞内气体流动主要受外界自然风压影响,有竖井状况下洞内气体流动热压作用效果大于风压。曾艳华等采用回路自然风压理论对有竖井公路隧道自然风通风的风压状况进行了分析研究,得出了有竖井隧道通风系统中,由于竖井通风道产生热位差,改变了隧道内自然风压的大小和流向。王光辉等通过对贯通后的圆梁山长大隧道自然风影响的分析研究,得出了隧道自然风通风的产生原因——两洞口的超静压差及热位差,结合能量方程引出等效压差,进而计算隧道自然通风的风量,结合隧道自然通风规律,给出了隧道贯通后自然通风的利用方法。肖益民等对自然通风的可行性进行了研究分析,建立了基于网络模型的通风模拟分析方法,同时运用 Matlab 语言设计了自然通风网络的数值模拟计算程序。刘承思详细给出了自然风压在地下矿井中采用时的风压测算方法,地下矿井中的气体状态变化是多变过程,按照这一过程计算地下矿井工程的自然风压,比简单运用等容过程及等温过程计算自然风压更为准确,同时给出了按照网络理论计算井筒自然通风风压新方法。梁晓春对合理利用天然的通风能量自然风压进行了系统的研究分析,以期望在矿山通风中辅助或代替机械通风;通过对自然通风量的长期监测,同时借助主扇作用的间接计算,精确地求解出自然风压值及矿井风阻值;试验研究证明,冬季在矿井中利用自然风压进行矿井通风时,通风量能满足矿区井下作业要求,同时还可以节省通风费用,降低能源消耗,实现可持续发展。李雨成等对井巷中热力效应时的自然风压计算方法进行了研究分析,依据热力学能量守恒定律推导了自然风压分析方法,考虑空气与巷道壁的热量交换作用,计算出水平巷道自然风压值。

11.1.2 巷道式通风

巷道式通风基本原理是利用风机的增压作用,在洞室群中形成主风流,使新鲜空气从一个隧道进入,并在局部风机(压入式)作用下通过风管分别压送至各施工掌子面,将洞内污染空气从掌子面流回主通风通道,进入另一个隧道即排风洞,与从该洞掌子面流回的污染空气汇合,并最终从该隧洞洞口流出。根据风机作用,巷道式通风可以分为射流式和主扇式。

早期隧道施工期间的巷道式通风仍局限于传统的矿山巷道式通风,多设置风门以实现洞内外空气交换,具体方法为:设置一风门在平导(或隧道)洞口,将大功率主扇安装在平导(或隧道)外侧,局扇架设在平导(或隧道)和横通道内向各掘进工作面送风。京广铁路复线大瑶山隧道、侯月线云台山隧道、南昆铁路米花岭隧道等长大隧道均使用这种方法。大瑶山隧道进口平导的通风方式为:在平导外侧架设460kW轴流风机1台,平导洞口设风门,在临近掌子面的平导内设置局扇,经横通道把新鲜风流送入隧道正洞工作面。

无风门射流通风技术在公路隧道运营通风中运用较为广泛,但在隧道施工通风中极少运用,国外也很少有这方面的研究。广渝高速公路华蓥山隧道首次成功地将公路隧道运营通风的射流通风理念引入到隧道施工通风中。华蓥山隧道为双洞单向行车的特长直线人字坡隧道,左、右隧道全长9412m(左、右隧道等长)。钻爆法全断面开挖,断面面积Ⅱ、Ⅲ级围岩为85m^2、Ⅳ、Ⅴ级围岩为130.5m^2。施工通风面临的主要问题:一是全断面开挖揭煤时的高压、高浓度的瓦斯;二是无轨运输车辆的废气。通风整体采用独头压入式通风方案,局部采用射流风机产生的风速加大横通道以后的风速。隧道独头施工通风西口最大距离为2200m、东口为2800m,取得了长大公路瓦斯隧道施工通风的好成绩。此通风方式充分发挥了巷道式通风的优势,具有通风效果好、能耗低、现场操作简单、可靠性高等优势。

摩天岭隧道全长7353m,为双向四车道分离式隧道,最大断面面积为95m^2,位于杭州至兰州高速公路巫山至奉节段,每间隔400m左右设置人行通道或车行通道。隧道独头掘进3600m,全断面开挖采用钻爆法施工,装砟采用装载机,出砟为无轨运输。施工通风需解决的问题主要是来源于爆破炮烟,无轨运输车辆柴油机废气等毒害气体和来源于岩尘、炮烟、水泥尘、烟尘的粉尘等。施工通风方案分为两个阶段。第一阶段为压入式通风,在隧道洞口布置两台DKS-NO11轴流风机向隧道掌子面直接送风,随着掘进长度增加,隧道通风效果逐步降低,一般而言,压入式通风可实现的通风长度距离为1500~1800m。如果采用更大功率的轴流通风机,则可增加通风长度。第二阶段为巷道式通风,在隧道出口右线洞内300m处安设两台QSF-1250强力射流风机(后期增加为三台)向洞内送风,在右线车行通道后40m处布置两台DKS-NO11轴流式通风机分别向隧道掌子面直接送风(左线风管需要穿过车行通道向左线工作面送风),将轴流风机后的通道封死,位于轴流风机前的通道架设30kW射流风机由右线向左线通风。

渝怀铁路圆梁山隧道全长11068m,隧道右侧30m处设置平导,全长1186m,隧道正洞与平导之间设置26个横通道,其中顺通道18个,反通道8个。双线隧道普通开挖断面面积为123m^2,单线隧道普通开挖断面面积为56m^2。采用钻爆法施工,装载机装砟,有轨运输出砟。该隧道为特长瓦斯隧道,需要攻克施工中长距离送风以及过煤层瓦斯和天然气段时的通风难题。经过论证,放弃原设计的主扇通风方案,采用了射流通风方案。进、出口工区通风布置均分为四个阶段。第一阶段,在正洞和平导之间的横通道连通之前,进、出口工区的正洞和平导各自采用独立风管进行压入式通风。第二阶段,在正洞和平导通过横通道连通后构成通风回路时,使用射流通风,新鲜风流由平导口流入,污风由正洞口排出,各开挖面采用风管进行压入式通风。平导揭煤时,为了加大平导工作面风量,则从正洞分风。第三阶段,通风方式和第二阶段基本一致;但随着开挖面向前推进,需要增加射流风机台数,当正洞揭煤时,提高该整洞开挖面风量,其他开挖面暂停施工。第四阶段,通风方式和第二阶段基本一致。

秦岭特长隧道设计为两座平行的单线隧道,线间距为30m,最大埋深为1600m。Ⅰ线隧道长度为18459m,以TBM法施工为主,断面为$\phi 8.8$m圆形;Ⅱ线隧道长度为18456m,采用钻爆法施工,两隧道间每隔420m设置横通道。先期在Ⅱ线隧道中线位置采用钻爆法开挖面积为26m^{2}的导洞,待Ⅰ线隧道建成后,再将导洞扩大成Ⅱ线隧道。秦岭隧道Ⅱ线导洞在有轨运输条件下,采用柔性风管压入式通风,具体实施过程中,在6300m处开设通风斜井,利用辅助坑道进行巷道式通风,使施工独头掘进达到了9050m。

锦屏山隧道是锦屏水电枢纽前期控制性工程,是上、下行分离式双洞隧道,单洞全长约17.5km,双洞间相距约35m。隧洞每掘进500~800m设置连接通道。锦屏山隧道最大埋深为2375m,埋深超过1500m的洞段占隧道总长度的73%,无条件在隧道中间合理设置竖井或斜井等辅助坑道,仅能从正东西向的两个工作面相向掘进,其中隧洞西端独头掘进超过9500m,为国内钻爆法施工、无轨运输的独头距离最长隧道。为在无轨运输情况下确保施工快速进行,将公路运营通风理念引入施工通风中,摒弃了传统的采用大功率主扇向洞内输送新鲜空气的通风方式,提出了无风门巷道式射流通风与传统轴流通风相结合的混合式通风方案。在隧道洞挖2300m前,采用传统的压入式通风。在洞挖2300m后,采用了巷道式和压入式混合的通风方式。其做法是,利用A、B线两条隧道和一个横通道(通常为最靠近掌子面的那一个)作为风管,将其他已开挖的横通道设封堵墙防止中途漏风,使之形成循环风流,并在最前端横通道附近设置轴流风机,采用风管通风解决掌子面通风问题。

11.1.3 机械式通风

机械式通风是利用辅助通风机往隧道内输送新鲜空气、排除污浊空气的通风方式。按照通风机安装位置不同,机械式通风可分为压入式、抽出式和混合式三种。

1)压入式通风

压入式风机布置在距施工隧道洞口大于30m地方,风筒沿隧道伸至工作面附近,洞外新鲜空气由风筒出口喷射而出,对有害气体进行稀释和排送,有害气体在回流作用下由隧道洞口排出。为了取得较好的通风效果,风筒出口至工作面的距离应小于风流有效作用长度。压入式通风优点为:能较快地稀释和排除工作面有害气体,工作面附近的空气质量较好;可采用长管节软管,拆装简单;通风设备受到的污染较少,在有瓦斯涌出的工作面采用这种方式比较安全;用于长隧道时,工作面附近的有害气体排出时流经整个隧道,能一并排除洞内沿程的污浊空气。缺点为:洞内工作人员将长时间处于污风中;需要的风量大,通风排烟时间较长。

压入式通风中新鲜风流由风筒出口射出,沿着隧道顶部流动形成了附壁射流,射流对有害气体的有效作用范围有限。如果风筒出口至工作面过远,工作面附近的风速太小,风流对有害气体的稀释和排送作用就会大大降低,容易引起有害气体滞留现象。为了取得良好的通风效果,防止有害气体在工作面滞留,风筒出口至开挖面的距离应小于风流有效作用长度。风流有效作用长度是压入式通风的一个重要参数,在施工通风中有着十分实际的应用,不少学者提出了风流有效长度的定义并推导了其计算公式。

射流分为自由射流、半无限空间射流及有限空间射流,压入式通风属于末端封闭的有限空间射流。目前,对于自由射流和半无限空间射流,已有不少学者进行了试验研究,并得到了大量的经典试验结果。Tollmien 是最早用普兰特的边界层理论对二元紊流射流做出分析的学者。Goertler 用普兰特的第二假设,经过分析得到了二元紊流射流的解析解,经过 Foerthman、Reichardt、Albertson 等人对紊流自由射流进行流速分布的试验测定,总结出了紊流射流流速分布函数。Rajaratnam 和 Pani 对圆形、正方形、矩形等一系列不同形状喷口的半无限空间三维附壁射流进行了试验研究,试验观测结果表明,在附壁射流的充分发展区域,无量纲速度分布大致相似。对于有限空间射流,尤其是末端封闭的有限空间射流,由于其流场较为复杂,相关的研究工作相对较少。魏润柏根据试验结果,总结了有关有限射流的经验计算公式,尽管是由试验得到的,但对于解决实际工程问题仍具有一定的价值。吴中立认为压入式通风中有限空间的附壁射流虽然与自由射流的情况有所不同,但其扩张角并没有显著的变化。风筒出口射出的风流到达巷道侧壁时,受到侧壁限制而转变了流向。吴中立将射流的转向点到风筒出口之间的距离定义为风流有效作用长度。B·H·伏洛宁博士根据他所创立的二次自由风流理论,推导出计算风流有效作用长度的公式。日本学者根据风筒不同的安装位置,给出了比较明确的风流有效作用长度计算公式。郭志武根据末端封闭有限空间射流的各段长度计算公式,提出了末端封闭有限空间附壁射流的风流有效作用长度计算公式。总的来说,关于压入式通风的风流有效作用长度的定义和计算方法有多种,适用于小断面独头掘进隧道通风计算,且各计算公式之间差异较大。王礼等定量分析了隧道独头掘进通风系统中使用大直径风筒通风的优点,认为在现场条件适宜的情况下,选用大直径风筒能有效改善独头工作面通风效果。随着长大型地下洞室群、大断面隧洞的不断增多,大功率风机、大直径风筒的应用也越来越广泛。

铁路隧道施工规范和水电站地下厂房施工规范中并没有给出风筒出口至工作面的适合距离或明确的计算公式,这也反映了目前对压入式通风的风流有效作用长度的认识还不够清晰。

2)抽出式通风

抽出式通风与压入式相反,在抽出式风机作用下,工作面附近的有害气体经风筒被抽出洞外,新鲜空气由洞口流入隧洞,改善了工作面的工作环境。随着离风筒吸入口距离的增加,风速急剧下降,因此抽出式通风的吸风有效作用长度有限,有效吸程范围之外的炮烟呈涡流状态,要求抽出式风筒吸风口至工作面的距离不超过 10m。抽出式通风的优点是有效吸程内的排烟效果好,排除有害气体所需的风量小,隧道沿程的空气受到的污染少。缺点是风管末端因要避免爆破飞石破坏而不能太过靠近工作面,因而许多工地将风筒吸风口远离工作面布置,导致工作面风速较小,排烟速度慢,通风效果差,易产生有害气体停滞现象;新鲜空气流经全洞,到达工作面时已不太新鲜;由于抽风机的卷吸作用,风筒内为负压,因此只能用塑料硬管或钢管抽风,所需费用较高,且不便安装拆卸。

隧道施工采用抽出式通风时,风筒吸入口附近的风速随着离风筒吸入口距离的增加而急剧降低,风流对有害气体的卷吸作用也急速减弱。因此,抽出式通风的吸风有效作用长度有限,远小于压入式通风的风流有效作用长度。若风筒吸入口至工作面过远,工作面附近极易产生炮烟停滞区。如果要用最小的风量在较短的时间内将爆破后的炮烟排出洞外,需要将风筒吸入口布置在靠近工作面的地方。吸风有效作用长度是抽出式通风设计和风筒布置的一个重要参数,但由于吸入口附近风流较为复杂,各学者提出的吸风有效作用长度计算公式主要建立在经验基础上,各计算公式相差很大,这给实际计算带来了很多不确定性和麻烦。吴中立认为,对吸风有效作用长度,伏洛宁公式的计算结果偏低,而克生诺冯托娃的计算结果则偏高,他提出吸入口到风流直接冲刷作用之最远处的距离就是吸风有效作用长度。暨朝颂认为,风筒吸入口的卷吸作用改变了吸入口附近的流场,风流逐渐向着风筒吸入口集中。一部分风流被卷吸进风筒吸入口排出洞外,另一部分则摆脱了卷吸作用,继续前进撞击隧道边壁,再从边壁上反射回来形成涡流区。涡流区对工作面有害气体进行稀释和掺混作用,因此风筒吸入口至涡流区边界之间的距离即吸风有效作用长度。

3)混合式通风

混合式通风方式综合了压入式通风和抽出式通风的优点,要求隧道净空要大,适合于大断面、长距离隧道通风,对于小断面隧道安装不便。现场根据掘进方式不同,选择不同的混合式通风。对于应用钻爆法开挖的工作面以及采用喷锚支护的隧道,常使用前压后抽式通风;对于应用TBM掘进的工作面,常采用前抽后压式通风。

11.1.4 通风数值模拟

瑞典Axel Bring等在IDA环境下编制的一套利用模块模拟的程序最具有代表性。该程序将隧道按通风特性分为几个模块,通过输入隧道几何参数、风流摩擦系数和损失、污染物生成量、风机效率参数、车辆参数和隧道出入口空气参数等,推算出隧道中任意路段的通风要素。以稳定流能量方程作为计算基础,能量损失以类似于一般的管流计算方式进行模拟。美国Levy和Sandzimier利用CFD方法进行了三维瞬态模拟,探讨了Ted Williams隧道排风量和烟气效果之间的关系。瑞士学者Rudin对特长隧道的烟气扩散进行了模拟。法国Alan Vardy以法国泰斯公路隧道通风为研究背景,针对隧道通风系统计算机模拟的理论基础、通风系统的优化和通风卫生标准的选用、峰值浓度或平均浓度的影响因素等方面做了重点讨论和简述。W. K. Chow等学者通过PHOENICS软件利用CFD方法对公路隧道火灾通风系统进行优化设计,对通风方式、通风量、隧道几何结构、热通量等诸多影响参数进行深入研究,并得到参数选取对通风系统影响关系,为以后实际工程的通风设计与方案制定提供了可靠的理论依据。Tomita Shinji等采用模型试验和数值模拟对掌子面瓦斯溢出进行研究,分析了不同风管位置对瓦斯浓度分布的影响。R. Klemens研究了粉尘在上层有障碍物的矩形隧道中的扩散规律。Khosro Ashrafi等利用Fluent对城市隧道的CO浓度分布规律进行研究,并将数值模拟结果与现场测试数据进行分析,得出两者之间的关联。Peter Vidmar等基于计算流体力学(CFD)对隧道通风系统进行研究,优化风机、风管配置,实现对隧道现有通风系统升级,以减少投入运营成本。Peter Ridley等建立各种数学模型来描述隧道内汽车尾气排放量、空气流量和污染物浓度之间的动态响应。石平利用Fluent软件对公路隧道通风局部效应进行了研究,将结论应用于雁门关隧道通风系统优化。方勇采用计算流体力学(CFD)软件对三车道公路隧道的射流风机放置高度,纵向布置间距和横向布置间距进行了研究,分析了其对隧道内流场的影响。张恒等以锦屏交通辅洞为例,利用流体力学软件 Fluent 对射流巷道式通风方式进行优化,得出了横通道附近的射流风机最佳布置位置。时亚昕以大相岭泥巴山隧道为研究对象,以数值模拟与理论计算相结合的方法,对隧道各段的最大自然通风与风速频率进行分析,建立了利用自然通风的隧道分段纵向式通风方案。周莹以玄真观隧道为工程背景,利用 Fluent 对瓦斯隧道通风进行模拟,并参考数值模拟结果对施工通风方案进行改进。方飞龙采用现场测试与 CFD 数值模拟结合的方法,对隧道纵向射流通风场进行研究,分析了隧道纵向通风射流风机的综合影响系数。彭佩以华蓥山隧道为工程依托,使用流体力学软件 Fluent 对射流巷道式通风进行三维数值模拟,研究了隧道内速度场与局部场有毒有害气体的分布规律,并结合现场有害气体监测数据对通风效果进行分析。张静建立了三维独头引水隧道风流和粉尘扩散的非稳态欧拉两相流模型,在动量方程中考虑了升力、虚拟质量力和曳力的作用,依托云南南汀河引水隧道工程,对独头掘进掌子面爆破通风过程进行了模拟,研究了隧道内的风流结构,分析了祸流、壁面粗糙度对粉尘扩散的影响。危宁通过数值模拟比较了吸出式通风、压入式通风和混合式通风对隧道炮烟的排出效果。

11.2　施工通风方案

《高速铁路隧道工程施工技术规程》(Q/CR 9604—2015)规定隧道作业环境应满足下列卫生及安全标准的要求:

(1)空气中氧气含量,按体积计不得小于 20%。

(2)粉尘容许浓度,每立方米空气中含有 10% 以上的游离二氧化硅的粉尘不得大于 2mg。每立方米空气中含有 10% 以下的游离二氧化硅的矿物性粉尘不得大于 4mg。

(3)有害气体最高容许浓度:①一氧化碳最高容许浓度为 $30mg/m^3$;在特殊情况下,施工人员必须进入开挖工作面时,浓度可为 $100mg/m^3$,但工作时间不得大于 30min;②二氧化碳按体积计不得大于 0.5%;③氮氧化物换算成二氧化氮浓度应在 $5mg/m^3$ 以下;④硫化氢浓度不得大于 $10mg/m^3$。

(4)隧道施工通风应能提供洞内各项作业所需的最小风量,每人应供应新鲜空气 $3m^3/min$。

(5)隧道施工通风的风速,全断面开挖时不应小于 0.15m/s,分部开挖的坑道内不应小于 0.25m/s,并均不应大于 6m/s。

根据京张高铁八达岭地下车站施工组织,结合洞室群通风特点、卫生及安全标准的要求,为满足各阶段施工作业通风需要,同时以节能降耗为目的,共分六个阶段进行通风方案设计。

11.2.1　第一阶段

第一阶段采用压入式通风方式,如图 11-2 所示。持续时间为 2016 年 6 月至 2016 年 11 月。

在 2 号斜井洞口设置 2 台 132×2kW 轴流风机供应 1 号、7 号分通道新鲜风,污风通过 1 号、7 号分通道排出。

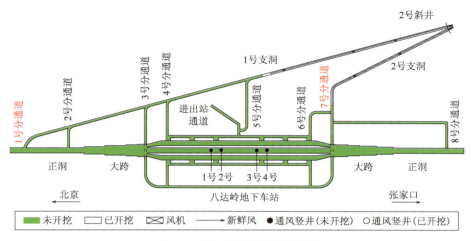

图 11-2　第一阶段压入式通风方案

11.2.2　第二阶段

第二阶段采用压入式通风方式,如图 11-3 所示。持续时间为 2016 年 12 月至 2017 年 1 月。

在 2 号斜井洞口设置 3 台 132×2kW 轴流风机供应 1 号、8 号分通道及车站左洞(左到发线)新鲜风,污风通过 1 号、7 号分通道排出。

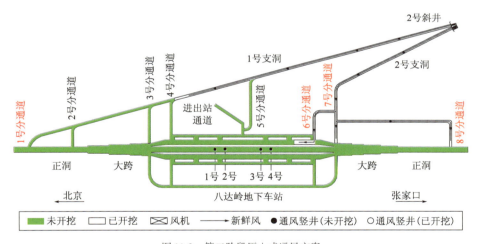

图 11-3　第二阶段压入式通风方案

11.2.3　第三阶段

第三阶段采用压入式通风方式,如图 11-4 所示。持续时间为 2017 年 1 月至 2017 年 8 月。

在 2 号斜井洞口设置 4 台 132×2kW 轴流风机供应 1 号分通道正洞小里程、小里程大跨、小里程端左洞(左到发线)及右洞(右到发线)、大里程端左洞(左到发线)及右洞(右到发线)、5 号分通道、8 号分通正洞大里程、大里程大跨新鲜风,污风通过 1 号、7 号分通道排出。

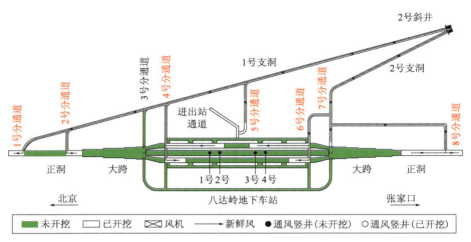

图 11-4　第三阶段压入式通风方案

11.2.4　第四阶段

第四阶段采用压入式通风方式,如图 11-5 所示。持续时间为 2017 年 8 月至 2018 年 3 月。该阶段左洞(左到发线)贯通。

在 2 号斜井洞口设置 4 台 132×2kW 轴流风机供应 1 号分通道正洞小里程、小里程大跨、小里程端右洞(右到发线)、大里程端左洞(左到发线)及右洞(右到发线)、5 号分通道、8 号分通道正洞大里程、大里程大跨新鲜风,污风通过 1 号、7 号分通道排出。

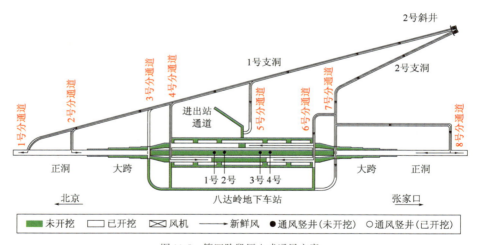

图 11-5　第四阶段压入式通风方案

11.2.5　第五阶段

第五阶段采用压入式通风方式,如图 11-6 所示。持续时间为 2018 年 3 月至 2018 年 7 月。该阶段右洞(右到发线)贯通。

在 2 号斜井洞口设置 4 台 132×2kW 轴流风机供应 1 号分通道正洞小里程、小里程大跨、设备层、大里程端右洞(右到发线)、8号分通道正洞大里程、大里程大跨新鲜风,污风通过1号、7号分通道排出。

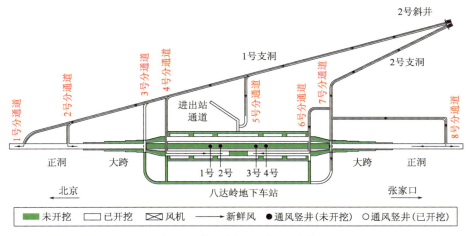

图 11-6 第五阶段压入式通风方案

11.2.6 第六阶段

第六阶段采用混合式通风方式,如图11-7所示。持续时间为2018年7月至工程完成。该阶段小里程三连拱、大里程三连拱贯通。

在2号斜井洞口设置4台132×2kW轴流风机供应1号分通道正洞小里程、设备层、大里程端右洞(右到发线)、8号分通道正洞大里程新鲜风,污风通过3号、4号通风竖井排出。

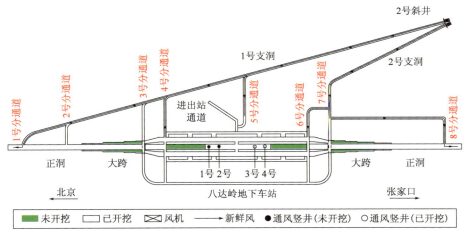

图 11-7 第六阶段混合式通风方案

11.3 通风方案数值模拟计算

隧道施工通风规范对洞内的最小风速作出了规定,而回流的强弱对有害气体的排除起着关键作用。应用数值模拟的方法,首先建立隧道压入式通风数值模型,分析隧道压入式通风的流场分布;然后对洞内同时工作最多人数呼吸需风量、允许最低风速计算工作面供风量、稀释和排出内燃机废气计算供风量、压入式通风工作面有害气体降至允许浓度需风量、稀释粉尘五种情况进行数学建模,模拟分析通风方案中设计风量和风机的作用效果。

11.3.1 压入式通风风速分布

1) 风速模型及参数设置

隧道风流分层流和紊流两种状态。按照相关规范规定,隧道中最低风速为0.15(全断面开挖) ~ 0.25m/s(分部开挖),风流为湍流。隧道内风流流动为三维紊流流场,控制方程包括质量守恒方程、动量守恒方程、能量守恒方程等。根据基本假设,风流在隧道中流动过程满足质量守恒和动量守恒。计算数学模型设定见表11-1。

风速计算数学模型设定　　　　　　表11-1

数 学 模 型	模 型 设 定
求解器	耦合求解
质量守恒	不含源项的连续性方程
动量守恒	N-S 方程
能量守恒	关闭能量方程
湍流模型	Realiziable k-ε 方程

物理模型的建立以第一阶段2号斜井掘进过程为依托,选取掌子面200m范围内为物理模型建模范围,模型含隧道、两条风筒,不考虑射流风机的影响。风筒距离掌子面50m,风筒直径1.5m。模型的网格化应用非结构化六面体网格进行划分,网格总数量约200万。正常通风状态下的模拟基本参数见表11-2。物理模型及网络划分如图11-8所示。

正常通风下模拟参数设置　　　　　　表11-2

	风速(m/s)	水力直径(m)	黏性系数(m^2/s)
风筒	9.32	1.5	14.4×10^{-6}
隧道	出口压力($\times 10^5 Pa$)	水力直径(m)	湍流强度(%)
	1.01	6.37	5

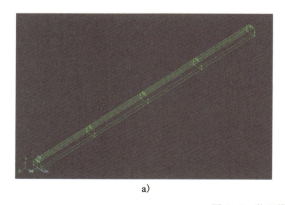
a)

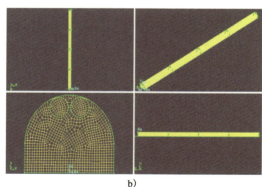
b)

图11-8 物理模型及网格划分

2) 风速分布状态分析

正常通风状态下,隧道及作业面区域风流分布情况如图 11-9 所示。风速分布状态如下:

(1) 风筒出口至掌子面区间内,风流流动分为射流扩张阶段、射流收缩阶段、涡流区域、回流区域四部分。

(2) 射流核心区长度约为 9m。新鲜风流射出风筒后,随着距离增加,由于壁面及下层气体的阻碍作用,形成附壁射流,动量减少,速度不断下降,断面不断扩大。当风流接近掌子面时,风流方向发生改变,先向下运动,然后折向隧道口方向回流。

(3) 在靠近射流扩展阶段与回流区之间的垂向区域,射流与回流存在明显的涡流,涡流下方的回流风速增加,涡流区的存在不利于粉尘和有害气体的有效排出。

(4) 两条风筒之间区域、靠近掌子面上方边角处及风筒上方区域,风速比其他区域低,这些区域有利于有害气体积聚。

(5) 回流风流受风筒风流射流扩张段的影响,从掌子面至风筒出口断面上,风速分布不均匀。越过风筒出口后,随着接近隧道出口方向,风流分布逐渐稳定,到达离掌子面约 100m 区域,断面风速分布不再发生变化,隧道中心区域速度高,靠近壁面区域稍有降低。

(6) 掌子面区域最低风速约为 0.2m/s,回流风流核心区风速约为 1.1m/s,回风流靠近壁面区域风速约为 0.5m/s。

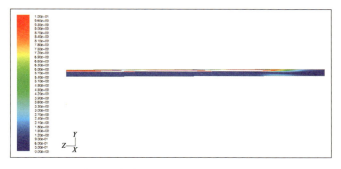

a) X=0.85m 断面(风筒中线垂直断面)上隧道内部风速分布云图

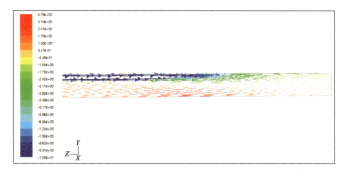

b) X=0.85m 断面(风筒中线垂直断面)上风筒出口-隧道掌子面区间风流矢量图

图 11-9

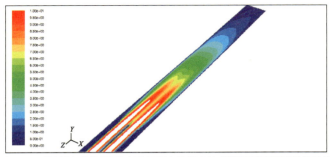

c) $y=4.9m$（风筒中线横截面）水平切面上风筒出口-隧道掌子面区间风速云图

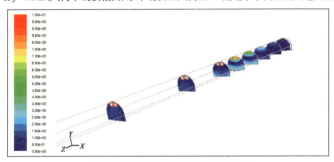

d) 距掌子面不同位置处的断面风速云图

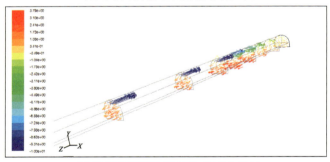

e) 距掌子面不同位置处的断面风速矢量图

图 11-9　正常通风状态下隧道内风流分布情况及流动特征

11.3.2　通风量满足人员需氧量

1) 需氧量模型及参数设置

物理模型的建立同前。数学模型中除需要满足基本的能量守恒、动量守恒方程、湍流方程外，还涉及组分输运方程及人体呼吸产生的 CO_2 源及 O_2 消耗汇。其中 CO_2 源和 O_2 汇按 50 人同时在工作状态下的生成和消耗量计算。数学模型见表 11-3，模拟参数设置见表 11-4。

计算数学模型设定　　　　　　　　　　　表 11-3

数 学 模 型	模 型 设 定
求解器	耦合求解
质量守恒	含源项的连续性方程
动量守恒	N-S 方程

续上表

数 学 模 型	模 型 设 定
能量守恒	开启能量方程
湍流模型	Realiziable k-ε 方程
组分方程	组分输运方程

模 拟 参 数 设 置　　　　表 11-4

风筒	风速(m/s)	水力直径(m)	黏性系数(m^2/s)	O_2 浓度(%)
	9.32	1.5	14.4×10^{-6}	21
隧道	出口压力($\times 10^5$ Pa)	水力直径(m)	湍流强度(%)	O_2 浓度(%)
	1.01	6.37	5	21
源项	CO_2($g/m^3 \cdot s$)	O_2($g/m^3 \cdot s$)		
	0.0177	-0.003		

2) 隧道内及作业面区域 CO_2、O_2 分布状态

考虑工作人员呼吸需求时,隧道内 CO_2 和 O_2 浓度分布特征如下(图 11-10):

(1) 风筒出口-掌子面区域,隧道下半部区域 CO_2 浓度较高,最高可达 0.1043%。隧道出口—风筒出口范围的隧道内,CO_2 浓度分布较为均匀,平均约为 0.05%。

(2) 风筒出口-掌子面区域,靠近掌子面 10m 范围内,O_2 浓度稍有降低,约为 20.90%。随着回风流进入隧道主流区,O_2 浓度接近新鲜风流中 O_2 浓度,约为 20.91%。

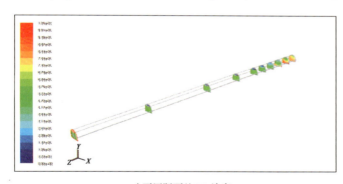

a) 不同断面处 CO_2 浓度

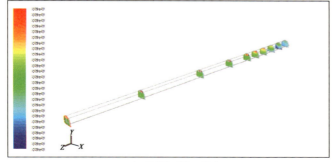

b) 不同断面处 O_2 浓度

图 11-10　隧道内人员呼吸作用产生的 CO_2 和 O_2 浓度分布云图

11.3.3 压入式通风爆破排烟能力

1）爆破排烟能力模型及参数设置

按全断面爆破进行模拟计算,断面爆破每次用药量为645kg,岩石乳化炸药,含碳量按4.12%计算。假设所有的碳全部转化为CO_2和CO,质量比为9∶1。那么全部炸药量每次爆破共产生CO_2为87.6942kg、CO为6.19845kg。模型设定见表11-5,参数设置见表11-6。

计算数学模型设定   表11-5

数 学 模 型	模 型 设 定
求解器	耦合求解
质量守恒	连续性方程
动量守恒	N-S方程
能量守恒	开启能量方程
湍流模型	Realiziablek-ε方程
组分方程	组分输运方程

模拟参数设置   表11-6

	风速(m/s)	水力直径(m)	黏性系数(m^2/s)	O_2浓度(%)
风筒	9.32	1.5	14.4×10^{-6}	21
	出口压力($\times 10^5$Pa)	水力直径(m)	湍流强度(%)	O_2浓度(%)
隧道	1.01	6.37	5	21
	CO_2(kg)	CO(kg)		
1次爆破废气产生量	87.6942	6.19845		

2）隧道内CO_2、CO排出状态及O_2浓度分析

隧道内有害气体排出规律和O_2浓度特征如下(图11-11~图11-13):

(1)高浓度爆破烟气由爆源点生成后,由于掌子面的限制和风筒通风形成的涡流联合影响,会迅速向隧道出口方向蔓延扩散,前锋到达出口时间(隧道长200m)约为3min;后随着新鲜风不断通过风筒进入掌子面,推动烟气逐渐离开隧道。

(2)排烟时间为8min时,隧道内CO_2浓度各地点均低于0.5%。

(3)排烟时间为12min时,隧道内CO浓度各地点均低于30mg/m^3(体积浓度0.002%)。

(4)排烟时间为10min时,隧道内O_2浓度各地点均高于20%。

(5)由于模拟过程中,采用的隧道长度为200m,2号斜井设计最长为599m,在不考虑射流风机增加隧道风速的影响下,根据模拟结果,爆破烟气全部排出,隧道内气体浓度符合规范要求所需要的时间为:CO_2浓度需要24min全部达标、CO浓度需要36min全部达标、O_2浓度需要30min全部达标。

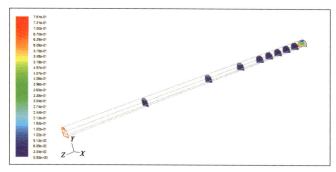

a) 爆破后10s

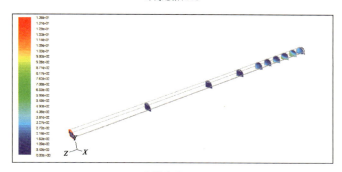

b) 爆破后1min

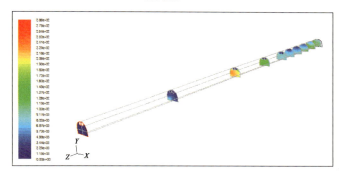

c) 爆破后2min

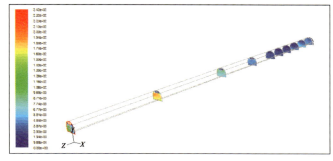

d) 爆破后3min

图 11-11

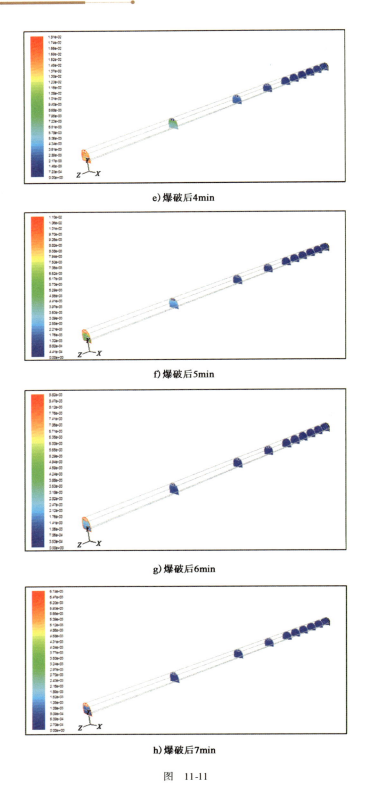

e) 爆破后4min

f) 爆破后5min

g) 爆破后6min

h) 爆破后7min

图 11-11

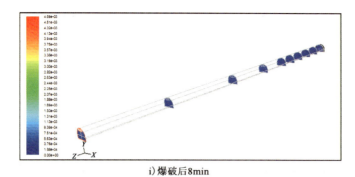

i) 爆破后8min

图 11-11　爆破后不同时刻 CO_2 浓度分布云图

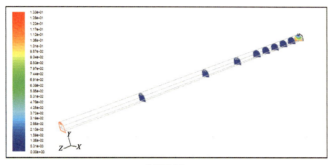

a) 爆破后10s

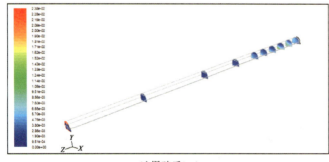

b) 爆破后1min

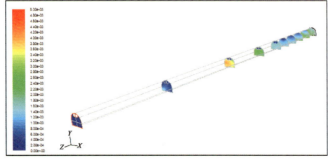

c) 爆破后2min

图 11-12

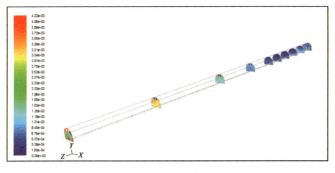

d) 爆破后3min

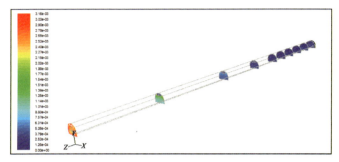

e) 爆破后4min

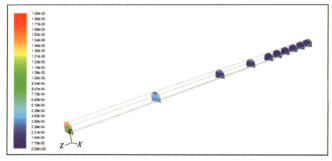

f) 爆破后5min

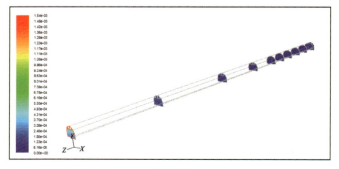

g) 爆破后6min

图 11-12

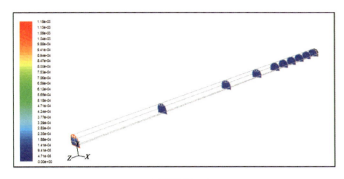

h) 爆破后7min

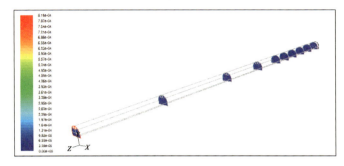

i) 爆破后8min

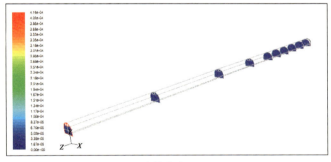

j) 爆破后9min

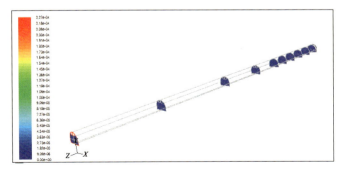

k) 爆破后10min

图 11-12

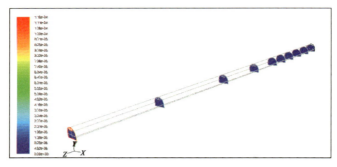

l) 爆破后11min

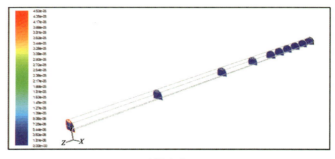

m) 爆破后12min

图 11-12　爆破后不同时刻 CO 浓度分布云图

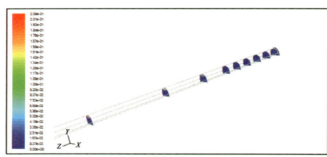

a) 爆破后10s

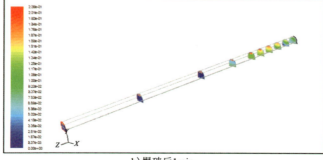

b) 爆破后1min

图　11-13

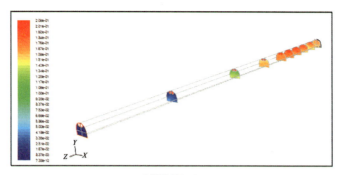

c) 爆破后2min

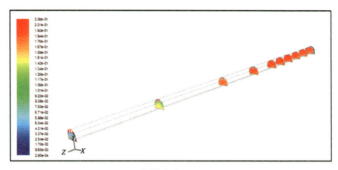

d) 爆破后3min

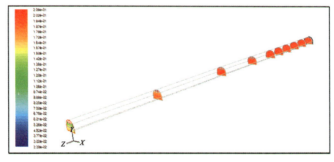

e) 爆破后4min

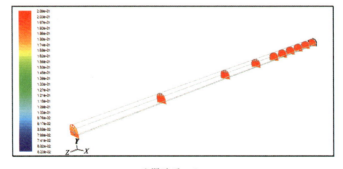

f) 爆破后5min

图 11-13

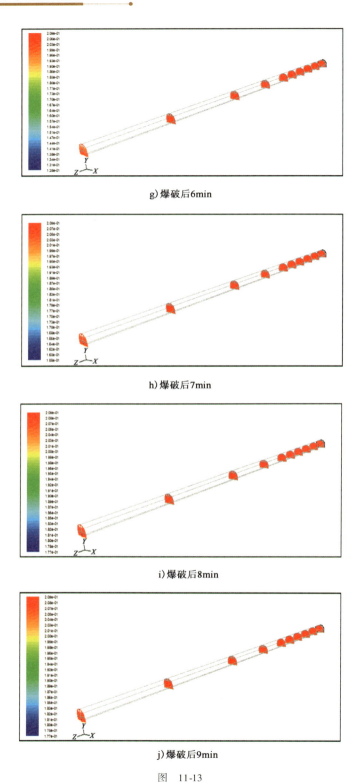

g) 爆破后6min

h) 爆破后7min

i) 爆破后8min

j) 爆破后9min

图 11-13

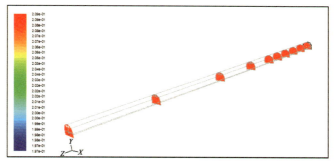

k)爆破后10min

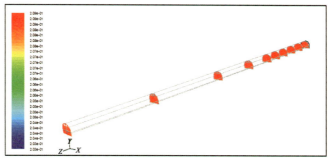

l)爆破后11min

图 11-13 爆破后不同时刻 O_2 浓度分布云图

11.3.4 压入式通风废气排放能力

1)废气排放能力模型及参数设置

每个作业面按 1 台挖机(110kW)、1 台装载机(194kW)、2 台自卸汽车(2×250kW)。设定柴油机的油耗率为 200g/kw·h,每个作业面耗油量为 0.0447kg/s。燃烧效率设定为 80%,则实际燃烧量为 0.03576kg/s。柴油以十六烷为主,则含碳量约为 85%,假设正常情况下所有的 C 都转化为 CO_2。那么耗油产生的 CO_2 为 0.1115kg/s,耗氧量为 0.081kg/s。模型设定见表 11-7,参数设置见表 11-8。

计算数学模型设定　　表 11-7

数 学 模 型	模 型 设 定
求解器	耦合求解
质量守恒	有源项的连续性方程
动量守恒	N-S 方程
能量守恒	开启能量方程
湍流模型	Realiziablek-ε 方程
组分方程	组分输运方程

模 拟 参 数 设 置　　　　　　　表 11-8

风筒	风速(m/s)	水力直径(m)	黏性系数(m^2/s)	O_2 浓度(%)
	9.32	1.5	14.4×10^{-6}	21
隧道	出口压力($\times 10^5$Pa)	水力直径(m)	湍流强度(%)	回流 O_2 浓度(%)
	1.01	6.37	5	21
源量	CO_2(kg/s)	O_2(kg/s)		
	0.1115	-0.081		

2）隧道内及掌子面区域 CO_2、O_2 分布状态

柴油设备主要工作区域为掌子面附近，通过模拟可看出考虑柴油设备工作时，隧道内气体分布状态如下(图 11-14)：

(1) 掌子面区域 CO_2 浓度较高，最高值出现在距离掌子面 10m 范围附近，浓度值可达 0.35%。远离掌子面 50m 以外的隧道内，CO_2 浓度分布较为均匀，平均浓度为 0.18%～0.19% 之间。

(2) 紧邻掌子面附近，氧气浓度有所下降，O_2 浓度约为 20.59%。远离掌子面一定距离后，隧道主流区域内，氧气浓度接近新鲜风流 O_2 浓度，最高达 20.91%。

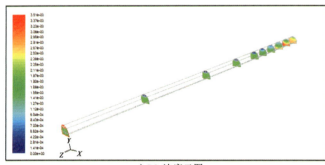

a) CO_2 浓度云图

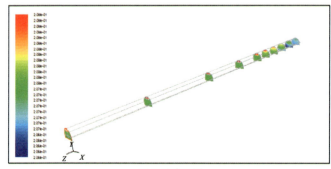

b) O_2 浓度云图

图 11-14　不同断面处 CO_2 和 O_2 浓度云图

11.3.5　压入式通风稀释粉尘能力

1) 稀释粉尘能力模型及参数设置

隧道施工过程中,爆破产尘和工艺产尘是粉尘的主要来源。模拟掌子面钻孔、弃渣装运等过程中受摩擦、碰撞、挤压等作用而产生的工艺粉尘,模拟粉尘来源位于掌子面距离底板 4m 以下范围。数学模型设定见表 11-9,模拟参数设置见表 11-10。

计算数学模型设定　　　　　　　　　　表 11-9

数 学 模 型	模 型 设 定
求解器	耦合求解
质量守恒	连续性方程
动量守恒	N-S 方程
能量守恒	开启能量方程
湍流模型	Realiziablek-ε 方程
两相流	DPM 模型

模 拟 参 数 设 置　　　　　　　　　　表 11-10

风筒	风速(m/s)	水力直径(m)	黏性系数(m^2/s)	O_2浓度(%)
	9.32	1.5	14.4×10^{-6}	21
隧道	出口压力($\times 10^5 Pa$)	水力直径(m)	湍流强度(%)	O_2浓度(%)
	1.01	6.37	5	21
粉尘	喷射源	颗粒流数量	粒径分布	最小粒径
	Group	30	Rosin-Rammer	1.9×10^{-6}
	最大粒径	分布指数	初始速度(m/s)	
	1×10^{-4}	1.93	0.1	
离散项	壁面处	壁面处剪切条件	扩散类型	阻力特征
	捕捉	无滑移	随机轨迹	球形颗粒

2) 粉尘分布状态

在掌子面区域进行工艺作业过程中,产生的粉尘运移特征如下(图 11-15):

(1) 受风流的影响,产生的粉尘迅速向隧道角落移动,同时向地板沉降,并沿角落向出口方向运移。

(2) 如表 11-11 所示。掌子面附近的粉尘经过约 7min 的时间,部分粉尘运移至风筒出口以外隧道内。风筒出口—掌子面范围的隧道内,粉尘浓度最终稳定在 $2 \times 10^{-4} kg/m^3$。风筒出口以外隧道内的粉尘,平均浓度从 7min 的 $3.4 \times 10^{-7} kg/m^3$ 增加至 20min 的 $1.16 \times 10^{-4} kg/m^3$,增速大于掌子面附近区域。19min 后,隧道风筒出口以外区域粉尘浓度数量级接近掌子面区域。

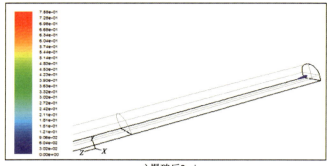

a) 爆破后2min

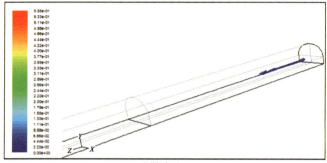

b) 爆破后5min

图 11-15　隧道内粉尘浓度分布图

隧道内粉尘浓度变化表　　　　　　　　表 11-11

爆破后时间 (min)	风筒出口-掌子面粉尘浓度 (kg/m³)	风筒出口以外粉尘浓度 (kg/m³)	爆破后时间 (min)	风筒出口-掌子面粉尘浓度 (kg/m³)	风筒出口以外粉尘浓度 (kg/m³)
2	1.30×10^{-4}	0	14	1.96×10^{-4}	6.23×10^{-5}
5	1.30×10^{-4}	0	15	2.00×10^{-4}	7.04×10^{-5}
6	1.56×10^{-4}	0	16	2.00×10^{-4}	8.04×10^{-5}
7	1.82×10^{-4}	3.44×10^{-7}	17	2.01×10^{-4}	8.90×10^{-5}
10	1.93×10^{-4}	2.49×10^{-5}	18	2.04×10^{-4}	9.75×10^{-5}
12	1.94×10^{-4}	4.49×10^{-5}	19	2.05×10^{-4}	1.07×10^{-4}
13	1.95×10^{-4}	5.28×10^{-5}	20	2.05×10^{-4}	1.16×10^{-4}

11.4　施工通风方案优化

11.4.1　压入式通风方案

1) 风机选择

3 号通风竖井井筒直径为 2.3m、断面面积为 4.2m²。上口（地面）主通风机风量为 137.3m³/s（8240m³/min）、风压（静压）为 1097.6Pa。主通风机型号、规格及运行工况（风量、风压）应能满足 2 号左斜井（1 号支洞）共 4 个掌子面的需风要求，能够达到 2 号左斜井内通风除尘（排出、稀释）的良好目的。电机功率按下式计算：

$$N_e = K\frac{N_s}{1000\eta} = K\frac{H_s \cdot Q_j}{1000\eta} \tag{11-1}$$

式中：N_e——电动机功率（kW）；

N_s——主通风机装置输出功率，即通风功耗（W）；

H_s——风机风压，即静压（Pa）；

Q_j——风机风量（m³/s）；

η——风机运行效率；

K——电机容量备用系数，取 1.1~1.2。

已知 $H_s = 1097.6$Pa、$Q_j = 137.3$m³/s、$N_s = 150.7$kW，η 取 0.6，K 取 1.15，计算得：$N_e = 288.8$kW。

考虑到地面主通风机场地受限、输配电力困难、最大限度地控制环境污染（噪声、粉尘）等实际情况，进一步设定上述方案中的主通风机安设于 3 号通风竖井下口，从而形成 2 号左斜井进风、3 号通风竖井排风的主贯穿风流隧道，且下口主通风机作为长抽短压式、现有（局部）风机作为压入式的通风方式和方法。

3 号通风竖井出口速压按下式计算：

$$h_v = v^2 \times \frac{\rho}{2} \tag{11-2}$$

式中：h_v——速压（Pa）；

v——风速（m/s）；

ρ——空气密度（kg/m³）。

已知 $H_s = 1097.6$Pa、$Q_j = 137.3$m³/s，3 号通风竖井 $v = 137.3/4.2 = 32.7$m/s，实测 $\rho = 1.153$kg/m³。计算得到：3 号通风竖井出口速压 $h_v = 616.1$Pa，主通风机全压 $H_t = H_s + h_v = 1713.7$Pa，相应的通风功耗 $N_s = 235.3$kW，从而得到电动机功率 $N_e = 451.0$kW。

2）通风风量计算

八达岭地下车站隧道施工的 2 号斜井共有 12 个掌子面，其中左斜井有 7 个掌子面、右斜井有 5 个掌子面。地面共安装 4 台风机，分别担负 2 号左、右斜井的掌子面供风任务。左、右斜井井口分别安设 2 台不同型号的风机，即 SFD（B）No13、2×ZVN1-14-132/4。其中 SFD（B）No13 型风机标称风量为 1695~3300m³/min、风压为 5920~930Pa、额定功率为 2×132kW、额定电压为 380V、额定电流为 240A、额定转速为 1480r/min。2×ZVN1-14-132/4 型风机标称风量为 3000m³/min、风压为 5600Pa、额定功率为 2×132kW、额定电压为 380V、额定转速为 1500r/min 等。

作业场所空气中粉尘浓度标准（每立方米空气中粉尘容许浓度）为：含有 10% 以上游离二氧化硅的粉尘不得大于 2mg；含有 10% 以下游离二氧化硅的粉尘不得大于 4mg。设定以总粉尘最高允许浓度≤2mg/m³、通风除尘技术条件下的最优排尘风速 0.4~0.7m/s 等作为条件，计算通风除尘需要风量。

2017 年 3 月 5 日，实测三洞分离左洞掌子面爆破后的掌子面风速为 0.21m/s，掌子面面积约为 60m²，风量约为 756m³/min，粉尘浓度为 2.75mg/m³。将掌子面粉尘浓度降至设定范围内所需风量约为 1040m³/min。按掌子面最优排尘风速 0.5m/s 计算，所需风量约为 1700m³/min。

2017 年 5 月 2 日，实测 4 号分通道掌子面爆破后的掌子面风速为 0.13m/s，掌子面面积约

为 $60m^2$,风量约为 $470m^3/min$,粉尘浓度为 $4.58mg/m^3$。将掌子面粉尘浓度降至设定范围内所需风量约为 $1076m^3/min$。按掌子面最优排尘风速 $0.5m/s$ 计算,所需风量约为 $1700m^3/min$。

通过对掌子面诸如凿(钻)岩、爆破、装岩、支护等各道工序期间的粉尘浓度连续监测显示,出现粉尘浓度最高时段的工序为爆破作业。

综合上述,如将掌子面爆破作业时产生的最大粉尘量浓度降至符合相关标准,计算每个掌子面的通风除尘需要风量应不小于 $1700m^3/min$。

3)1 号和 2 号通风竖井建成前的 2 号右斜井(2 号支洞)通风除尘技术方案

根据 2017 年 4 月 27 日至 5 月 2 日现场实测数据,设定右斜井井口至掌子面最远距离为 1000m,掌子面需风量为 $1700m^3/min$。施工通风主要技术参数按下式计算。

风管漏风率:

$$K = \frac{Q_A - Q_B}{Q_A} \times 100\% \tag{11-3}$$

风管百米漏风率:

$$K_{100} = \frac{Q_A - Q_B}{Q_A \times L_{AB}/100} \times 100\% = \frac{100K}{L_{AB}} \times 100\% \tag{11-4}$$

风管风阻:

$$R_{AB} = \frac{h}{Q_A Q_B} \tag{11-5}$$

风管百米风阻:

$$R_{100} = \frac{100 R_{AB}}{L_{AB}} \tag{11-6}$$

式中:K——风管漏风率(%);

K_{100}——风管百米漏风率(%);

R_{100}——风管百米风阻($N \cdot s^2/m^8$);

Q_A——测量断面 A 处的风量(m^3/s),$Q_A = v_A \cdot S$;

Q_B——测量断面 B 处的风量(m^3/s),$Q_B = v_B \cdot S$;

S——风管断面积(m^2);

v_A、v_B——测量断面 A、B 处的平均风速(m/s);

L_{AB}——测量断面 A、B 之间的风管长度(m);

h——测量断面 A、B 之间的风管通风阻力(Pa);

R_{AB}——测量断面 A、B 之间的风管风阻($N \cdot s^2/m^8$)。

(1)采用 $\phi1200$ 风管

$\phi1200$ 风管百米漏风率为 3.57%、平均百米风阻为 $1.054438 N \cdot s^2/m^8$。

风机出口风量为:$Q_f = 1700/(1 - 0.0357 \times 1000/100) = 2644(m^3/min)$。

风机风压(静压)为:$H_f = 1.054438 \times 1000/100 \times 2644/60 \times 1700/60 = 13165(Pa)$。

(2)采用 $\phi1500$ 风管

$\phi1500$ 风管百米漏风率为 3.57%、平均百米风阻为 $0.345518 N \cdot s^2/m^8$。

风机出口风量为:$Q_f = 1700/(1-0.0357 \times 1000/100) = 2644 (m^3/min)$。
风机风压(静压)为:$H_f = 0.345518 \times 1000/100 \times 2644/60 \times 1700/60 = 4314 (Pa)$。
(3) 采用 $\phi 1700$ 风管

$\phi 1700$ 风管百米漏风率为 3.57%、平均百米风阻为 $0.184792 N \cdot s^2/m^8$。
风机出口风量为:$Q_f = 1700/(1-0.0357 \times 1000/100) = 2644 (m^3/min)$。
风机风压(静压)为:$H_f = 0.184792 \times 1000/100 \times 2644/60 \times 1700/60 = 2307 (Pa)$。

综合以上数值计算与分析,1 号、2 号通风竖井施工建成前,2 号右斜井具有送风距离长、风管阻力大、风机风压高、掌子面需要风量(排尘风速)大等特点,因此通风除尘技术方案为:①现有单台风机与单列 $\phi 1700$ 风管联合作业的压入式通风方式和方法为首选方案;②现有 2 台同型号风机与采用单列 $\phi 1500$ 风管使其间隔(如 500m/段)串联、联合作业的压入式通风方式和方法为第二方案;③现有 3 台甚至 3 台以上同型号风机与采用现有单列 $\phi 1200$ 风管使其间隔串联、联合作业的压入式通风方式和方法为第三方案。风管末端至掌子面的距离应严格控制在 $(4 \sim 5)\sqrt{S}$ 范围内(S 为掌子面断面面积)。

4) 3 号和 4 号通风竖井建成时的 2 号左斜井通风除尘技术方案

3 号、4 号通风竖井建成时,它将与 8 号分通道、6 号分通道等区域连通。设定 3 号竖井上口(地面)安装主通风机作为抽出式通风,同时将现有(局部)风机(SFD(B)№13 型、$2 \times ZVN1-14-132/4$ 型等)移至 2 号左斜井井底隧道内作为压入式通风,共同担负着大跨、左到发线、右到发线、救援通道等掌子面的供风任务。

(1) 计算机解网条件

设定左斜井井底隧道内的(局部)风机至掌子面最远距离为 300m,风管百米漏风率为 3.57%,掌子面需风量为 1700m³/min,共 4 个掌子面。(局部)风机出口风量为:

$$Q_f = 1700/(1 - 0.0357 \times 300/100) = 1904 (m^3/min)$$

每台(局部)风机安装地点处的隧道风量取 2000m³/min,共 4 个掌子面,2 号左斜井总需进风量为 8000m³/min,则主通风机风量为:

$$Q_j = 8000 \times 1.03 = 8240 (m^3/min)$$

(2) 模拟解网结果

采用通风系统运行状态预测模拟软件,模拟解网结果的 3 号通风竖井主通风机运行工况如下:

①竖井井筒直径为 1.4m 时,风量为 137.3m³/s(8240m³/min)、风压为 9323.1Pa、自然风压为 -12.9Pa、通风功耗为 1280.4kW。

②竖井井筒直径为 2.3m 时,风量为 137.3m³/s(8240m³/min)、风压为 1097.6Pa、自然风压为 -12.9Pa、通风功耗为 150.7kW。

③竖井井筒直径为 5.8m 时,风量为 137.3m³/s(8240m³/min)、风压为 375.7Pa、自然风压为 -12.9Pa、通风功耗为 51.6kW。

从模拟结果可以看出:

①竖井井筒断面直径为 1.4m 时,阻力和风速过高(预测阻力为 8977.2Pa、占比约为 96%;过风量为 7900m³/min 时风速≥87m/s)、通风功耗过大(约为 1280kW),因而导致整个 3 号竖井通风系统阻力过大、主通风机风压过高。

②将竖井井筒扩挖为直径 2.3m 或 5.8m,阻力、风速、通风功耗值等将会急剧降低、变小,使得整个 3 号竖井通风系统阻力不大、主通风机风压不高。

综合上述模拟解网与预测分析,3 号和 4 号通风竖井建成时的通风除尘技术方案为:采用 2 号左斜井进风、3 号通风竖井回风的主贯穿风流隧道,且地面主通风机作为抽出式、现有(局部)风机作为压入式的通风方式和方法。

11.4.2　车站左洞(左到发线)贯通后通风方案

4 号、6 号分通道之间左洞(左到发线)贯通,具备了形成隧道式通风的基本条件。通过实测与计算表明,由 2 号左斜井、2 号右斜井、4 号分通道、6 号分通道和左洞等形成的自然风压值很小,其压能远不足以达到通风除尘效果。因此,在左洞适当位置安装主通风机作为抽压式通风,以形成由 2 号左斜井、2 号右斜井、4 号分通道、6 号分通道和左洞等构成的主贯穿风流隧道的隧道式全风压通风系统。

将负压一侧的斜井井口现有风机移至其斜井井底隧道内,安设于 4 号分通道或 6 号分通道的外交岔口处,而正压一侧的斜井井口现有风机则位置不变,作为压入式通风,共同担负着隧道内的各个掌子面的供风任务。

综上所述,采用 2 号左斜井进风、2 号右斜井回风或 2 号右斜井进风、2 号左斜井回风的主贯穿风流隧道,且左洞内主通风机作为抽压式、现有风机作为压入式的通风方式和方法。

设定 2 号右斜井进风、2 号左斜井回风,即 2 号右斜井为抽压式负压通风、2 号左斜井为抽压式正压通风。2 号右斜井井口的现有风机移至斜井井底隧道内的 4 号分通道的外交岔口处。

设定每台风机安装地点处的隧道风量取为 2000m³/min,共 4 个掌子面,则主通风机风量为 8000m³/min,主通风机风压为 1020.6Pa,通风功耗为 136.1kW。η 取 0.6、K 取 1.15 时,计算得主通风机配套的电动机功率为 260.8kW。

为了加速掌子面上的污浊风流排出,在正压通风的斜井与通往掌子面的独头隧道交叉口处增设引射流风机来加以解决,导流排污。

斜井洞口通风照片如图 11-16 所示。

图 11-16　斜井洞口通风照片

11.4.3 车站右洞(右到发线)贯通后通风方案

1)风机选择

3号和4号通风竖井上口主通风机工况优选的风机风量分别为97.5m³/s(5850m³/min)、95.4m³/s(5724m³/min),风压分别为1352.9Pa、1352.9Pa。确定主通风机型号、规格、风量、风压应能满足2号左、右斜井内共6个掌子面的需风要求,能够达到2号左、右斜井内通风除尘效果。

根据风机风量和风压,η取0.6、K取1.15时,计算电动机功率为250kW。

2)计算条件

设定2号左、右斜井井底隧道内的风机至掌子面最远距离为300m,风管百米漏风率为3.57%,掌子面需风量为1700m³/min,共6个掌子面。计算风机出口风量:

$$Q_f = 1700/(1 - 0.0357 \times 300/100) = 1904(m^3/min)$$

2号左、右斜井总需进风量为11400m³/min,因此2台主通风机总风量应大于等于11400m³/min。

设定3号和4号通风竖井摩擦阻力系数为0.005585N·s²/m⁴,部分隧道百米风阻典型值见表11-12。

部分隧道百米风阻典型值　　表11-12

序号	隧道名称	断面积(m²)	隧道形状	典型值(kg/m⁷)	摩擦阻力系数(kg/m³)
1	2号右斜井	56	拱形	0.002291	0.139843
2	2号左斜井	56	拱形	0.002289	0.139843
3	左洞	105	拱形	0.000475	0.139843
4	右洞	105	拱形	0.000475	0.139843
5	竖井	26.4、1.5	圆形	—	0.005585
6	分通道	45	拱形	0.003953	0.139843

3)模拟解网结果

3号通风竖井主通风机运行工况:风量为97.5m³/s(5850m³/min)、风压为1352.9Pa、自然风压为-6.4Pa、通风功耗为131.9kW。

4号通风竖井主通风机运行工况:风量为95.4m³/s(5724m³/min)、风压为1352.9Pa、自然风压为-6.5Pa、通风功耗为129.1kW。

4)预测分析

从模拟结果可以看出:

(1)由于3号和4号通风竖井井筒下段断面面积过小(长度为19m、直径为1.4m、断面面积为1.5m²),其必然是阻力和风速过高(预测阻力为1168Pa,占比约为86%;当过风量5800m³/min时井筒下段风速≥64m/s)、通风功耗过大(分别为114kW、111kW,总功耗225kW)。

（2）部分主要隧道风量分配、风速和阻力见表11-13。

部分主要隧道风量分配、风量和阻力　　　表11-13

分　支　号	隧 道 名 称	断面面积（m²）	风量（m³/min）	风速（m/s）	阻力（Pa）
1-14	1号主斜井（上部）	56	5352	1.6	103.8
16-17	1号主斜井（下部）	56	780	0.23	1.0
1-3	2号主斜井（上部）	56	6168	1.8	124.6
25-26	左洞	105	3798	0.6	2.1
12-22	右洞	105	3930	0.6	4.5
22-23	正洞	78	2856	0.6	33.9
7-8	4号通风竖井	26.4	5724	3.6	1168.9

5）改进措施

综合上述模拟解网与预测分析，3号和4号通风竖井建成时的通风除尘技术方案为：采用2号左、右斜井进风，3号、4号竖井回风的主贯穿风流隧道，且地面主通风机作为抽出式、现有风机作为压入式的通风方式和方法。3号和4号通风竖井通风照片如图11-17所示。

图11-17　3号和4号通风竖井通风照片

11.5　施工通风效果监测

结合现场施工进展，对施工通风效果进行了阶段性监测。以第三、第四、第六阶段为例。

11.5.1　第三阶段

2017年3月8日，对第三阶段施工通风效果进行了现场实测。施工通风效果监测点布置如图11-18所示，监测结果见表11-14。

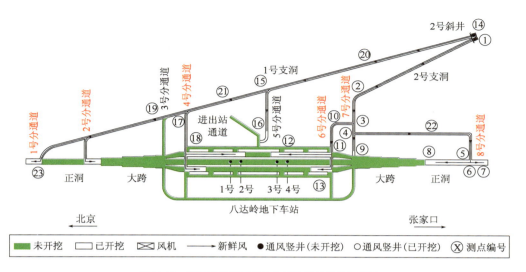

图 11-18 第三阶段施工通风效果监测点布置示意图

第三阶段施工通风效果监测部分数据　　表 11-14

测点编号	监测位置	温度（℃）		湿度（%rh）		风速（m/s）		绝压（hPa）		粉尘浓度（mg/m³）	
		爆前	爆后	爆前	爆后	爆前	爆后	爆前	爆后	爆前	爆后
12	三洞分离左洞掌子面		17.1		58.8		0.205		945.2		2.75
14	2号斜井入口	11.4		66.8		0.77		938.3		1.06	
15	1号通道与5号分通道交叉口	13.1		72.2		0.035		942.8		0.8915	
16	5号分通道工作面	13.8		41.6		0.275		943		0.734	
17	1号通道与4号分通道交叉口	12.6		65.4		0.22		943.8		0.7655	
18	4号分通道工作面	13		76		0.19		944.2		0.8395	
19	1号通道与3号分通道交叉口	12.6		63.8		0.15		943.4		0.7825	
20	2号斜井1号通道之间第1点	11.7		68		0.46		942.1		0.798	
21	2号斜井1号通道之间第2点	12.5		73.8		0.235		943.2		0.869	
22	8号分通道拐角处	18		51.9		0.19		943		4.045	

11.5.2 第四阶段

2017年8月15日和23日，分别对第四阶段施工通风效果进行了现场实测。施工通风效果监测点布置如图 11-19 所示，监测结果见表 11-15。

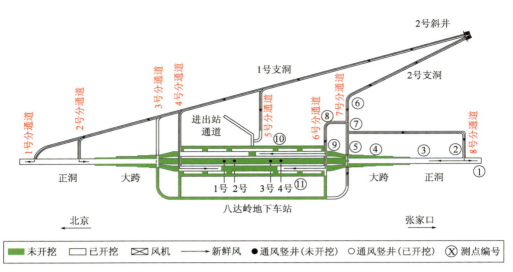

图 11-19 第四阶段施工通风效果监测点布置示意图

第四阶段施工通风效果监测数据　　　　　表 11-15

测点编号	监测位置	8月15日（水幕墙使用前）			8月23日（水幕墙使用后）		
		风速（m/s）	粉尘浓度（mg/m³）	CO（ppm）	风速（m/s）	粉尘浓度（mg/m³）	CO（ppm）
	标准	0.15	2	24	0.15	2	24
1	8号掌子面	0.13	2.9358	18	0.12	2.5466	15
2	8号与正洞交叉口	0.19	1.4883	17	0.18	1.1943	14
3	8号中间段	0.07	1.265	15	0.08	1.167	14
4	大跨中间	0.3	1.7378	15	0.4	1.5469	13
5	大跨与7号交叉口	0.27	2.3578	24	0.17	2.0737	23
6	7号中间	0.16	2.197	24	0.13	2.097	23
7	8号与7号交叉口	0.23	1.9106	22	0.19	1.9106	22
8	6号拐角处	0.4	1.9234	22	0.4	1.8106	21
9	左洞与6号交叉口	0.24	1.9276	18	0.22	1.8174	17
10	左洞掌子面	0.23	1.97896	15	0.22	1.8106	13
11	右洞掌子面	0.22	1.864	23	0.24	1.664	21

11.5.3　第六阶段

2018年7月16日，对第六阶段施工通风效果进行了现场实测。施工通风效果监测点布置如图 11-20 所示，监测结果见表 11-16。

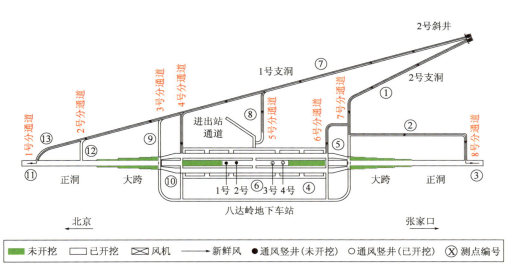

图 11-20　第六阶段施工通风效果监测点布置示意图

第六阶段施工通风效果监测数据　　　　　　　　表 11-16

测点编号	风速（m/s）	粉尘浓度（mg/m³）	测点编号	风速（m/s）	粉尘浓度（mg/m³）
1	0.61	0.6	8	0.25	0.3
2	0.45	0.7	9	0.08	1.0
3	0.12	1.5	10	0.07	1.5
4	0.15	1.1	11	0.1	0.6
5	0.14	1.0	12	0.1	0.9
6	0.52	0.9	13	0.3	0.7
7	0.56	0.2			

11.5.4　小结

根据现场实测的数据与数值模型计算的结果进行对比验证，现场实测的多次风速基本上都大于指标要求 0.15m/s，粉尘浓度基本上都小于指标要求 2mg，各阶段通风模式下的风速能满足现场施工要求。

第 12 章
八达岭地下车站修建中的中国汉字元素

汉字又称中国字、中文字、方块字,是世界上最古老的文字之一,已有四千多年的历史。仓颉造字是中国古代神话传说之一。仓颉,复姓侯刚,号史皇氏,被后人尊为"造字圣人"。据《说文解字》记载,上古时期,担任黄帝左史官的仓颉见鸟兽的足迹受到启发,分门别类,加以搜集、整理和使用,创造了汉字。汉字是"形、音、义"的结合体,汉字的发明为中华民族的繁衍和昌盛做出了不朽的功绩。

京张高铁八达岭地下车站是目前世界上建筑规模最大、埋深最大、开挖跨度和断面面积最大、建筑结构最复杂的地下工程,"三大一复杂"的工程特点十分显著,同时,它将"长城""奥运会""高铁"这三个极具世界级影响力的、代表人类历史文明和聪明智慧的事件联系在一起,潜意识告诉我们,在京张高铁八达岭地下车站的修建中一定有一些"艺术"藏于其中,需要挖掘。不经意间,发现在该工程的设计与施工中吸收了一点"汉字"文化和艺术,在此写出来,希望能与枯燥乏味的土木工程师们共同分享。

12.1 "中""国"设计艺术

八达岭地下车站的设计,充分融入中国文化元素,采用"中""国"两个经典汉字,对车站的线路形式和车站运营期间的救援疏散方式进行解析。

12.1.1 "中"字形车站线路形式

八达岭地下车站为四线车站,由三个相对平行独立的隧道组成。车站通过大跨段与两端正线相连通。中间隧道列车可以上、下行直接通过,两边隧道为侧式车站隧道,用于停靠列车,供旅客上、下车使用。整个车站线路形式设计形同"中"字,如图 12-1 所示。八达岭地下车站总过站车辆近期为 100 对、远期为 150 对,其中停靠车辆近期为 30 对、远期为 40 对。

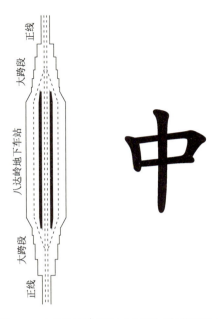

图 12-1　八达岭地下车站"中"字形车站线路形式

12.1.2　"国"字形救援疏散方式

八达岭地下车站为三层地下结构,进、出站通道采用上下叠层设计,实现了进、出站旅客的完全分离和进、出站口的均衡布置。为了满足了旅客的快速、便捷进出,八达岭地下车站使用了一次提升高度为 62m 的长大扶梯和斜行电梯。

八达岭地下车站位于风景名胜区,客流量大,旅客集中。对运营期防灾救援疏散的设计,通过在车站两侧均设置救援通道,结合施工期间的 2 号斜井,连接后形成"国"字环向廊道,满足了紧急情况下救援与疏散的快速、无死角和全方位功能。运营期救援疏散方式如图 11-2 所示。

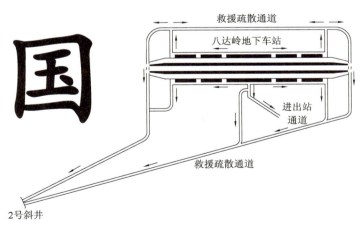

图 12-2　八达岭地下车站"国"字形救援疏散方式

12.2 "人""品"施工风格

八达岭地下车站及新八达岭隧道工程量大,工期紧;大跨段开挖跨度大、断面大,安全风险高。为确保工期及施工安全,八达岭地下车站的施工,采用"人""品"两个经典汉字对施工辅助坑道设置和大跨段开挖方法进行解析。

12.2.1 "人"字形辅助坑道设置

八达岭地下车站采用了目前世界上最复杂的辅助坑道设置来解决工期压力。考虑到车站位于世界风景名胜区,环保要求高,采用了"一洞双开口"的"人"字形设计。并充分考虑到车站主体、车站大跨,以及车站两端部分正线工程,采取了分叉支洞方式,从而形成了车站区域"中部分割包围、两端向正线延伸"的施工模式。如图12-3所示,车站区域通过2号斜井组织施工,斜井分叉为1号和2号支洞,支洞又分叉为8条分通道,辅助坑道总长度2440m。通过2号斜井施工总开挖土石方92.6万 m^3,使用混凝土22.8万 m^3、钢材1.2万t,简称为"121"工程(即开挖土石方约100万 m^3,使用混凝土约20万 m^3、钢材约1万t)。

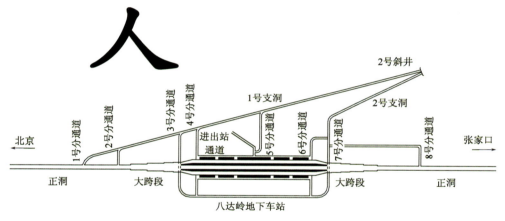

图12-3 八达岭地下车站"人"字形辅助坑道设置

车站区域施工组织安排为:①2号、3号分通道夹击施工北京端大跨;②4号、5号、6号分通道夹击施工车站及救援疏散通道;③7号、8号分通道夹击施工张家口端大跨;④1号、8号分通道向两端分别施工部分正线工程。施工高峰期共有13个工作面同时作业,物流组织复杂,通风要求高,施工组织困难。

12.2.2 "品"字形分部开挖方法

八达岭地下车站两端大跨过渡段最大开挖跨度32.7m,开挖面积494.4 m^2,采用传统的三台阶法开挖安全风险大;而采用CRD或双侧壁导坑法开挖则工序多、工艺复杂,不利于机械化施工,因此,通过建模计算,首次提出了"品"字形分部开挖新方法,如图12-4所示。

"品"字形开挖方法按照横、竖向基本均匀的原则,将大断面隧道划分为三层十一部。施工时,首先开挖顶洞,以超前探明地质并采用必要的加固措施;然后按照"预留核心、自上而下、先两边后中间"的方式进行分层、分步开挖;最后逐步开挖核心土及仰拱,形成支护体系的封闭。该方法支护体系由超前支护、格栅钢架及喷射混凝土支护、预应力锚杆和预应力锚索四部分组成,承担全部围岩荷载。该方法的技术核心为"顶洞超前、预留核心、分层开挖、重点锁定",具有"工法简洁、工序转换少、施工安全可靠、机械化程度高"的特点,从而实现了大跨度隧道的安全快速施工。

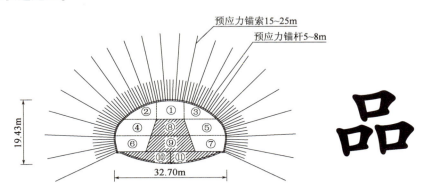

图12-4 八达岭地下车站"品"字形分部开挖方法

12.3 结论与体会

八达岭地下车站是目前世界上规模最大、埋深最大、开挖跨度和断面面积最大、结构最复杂的高铁地下车站,是中国高铁发展战略的代表性工程之一。采用"中"字车站线路形式、"国"字救援疏散方式、"人"字形辅助坑道设置、"品"字形分部开挖方法,将传统的汉字艺术应用于车站的设计与施工中,充分展现了中国设计和施工人员的智慧与才华。

参 考 文 献

[1] 中国铁路总公司.高速铁路隧道工程施工技术规范:Q/CR 9604—2015[S].北京:中国铁道出版社,2015.
[2] 中国铁路总公司.铁路黄土隧道技术规范:Q/CR 9511—2014[S].北京:中国铁道出版社,2014.
[3] 中国铁路总公司.铁路隧道监控量测技术规程:Q/CR 9218—2015[S].北京:中国铁道出版社,2015.
[4] 中华人民共和国住房城乡建设部.岩土锚杆与喷射混凝土支护工程技术规范:GB 50086—2015[S].北京:中国计划出版社,2015.
[5] 关宝树,赵勇.软弱围岩隧道施工技术[M].北京:人民交通出版社,2011.
[6] 赵勇.隧道设计理论与方法[M].北京:人民交通出版社股份有限公司,2019.
[7] 赵建明.高性能混凝土配合比及其性能研究[D].南昌:华东交通大学,2007.
[8] 王永海.隧道二次衬砌粉煤灰防水混凝土的配制技术研究[D].武汉:武汉理工大学,2009.
[9] 黄波.铁路隧道衬砌混凝土抗硫酸盐侵蚀的技术措施研究[D].长沙:中南大学,2010.
[10] 张宁宁.高速铁路隧道二次衬砌力学特性研究[D].北京:北京交通大学,2015.
[11] 王云.基于 Ansys 的隧道衬砌台车结构的分析及优化[D].长沙:中南林业科技大学,2016.
[12] 闫鹏飞.黔张常铁路黄家台隧道工程混凝土配合比设计及应用研究[D].石家庄:石家庄铁道大学,2017.
[13] 梁爽.隧道衬砌台车轻型化研究与应用[D].昆明:昆明理工大学,2017.
[14] Asakura Toshihiro, Kojima Yoshiyuki, Ando Toyohiro, et al. Analysis on the Behavior of Tunnel Lining ~ Experiment and Simulation on Double Track Tunnel Lining[J]. Quarterly Report of RTRI,1992(4):266-273.
[15] Nakano Kenichiro, Okada Shigeru, Furukawa Kohei, et al. Vibration and Cracking of Tunnel Lining due to Adjacent Blasting[J]. Doboku Gakkai Rombun – Hokokushu/Proceedings of the Japan Society of Civil Engineers,1993(6):53-62.
[16] Didry Olivier, Gray Malcolm N, Cournut Andre, et al. Modelling the Early Age Behaviour of a Low Heat Concrete Bulkhead Sealing an Underground Tunnel[J]. Canadian Journal of Civil Engineering,2000(1):112-124.
[17] 白光忠.高性能混凝土在阳宗隧道二次衬砌中的应用[J].岩土工程界,2002(11):17-18.
[18] 崔金平.粉煤灰高性能混凝土在公路隧道二次衬砌中的应用[J].河北建筑科技学院学报,2005(1):43-45.
[19] 姜福香,赵铁军,苏卿,等.海底隧道衬砌混凝土耐久性研究[J].混凝土,2007(12):19-22.
[20] 宋治,王新东,王刚,等.客运专线大断面的黄土隧道施工监测技术[J].铁道工程学报,

2010(1):52-58.

[21] 李峰,高桂军.变截面钢模板衬砌台车设计与应用[J].机械管理开发,2010(5):82-83/85.

[22] 陈鹰.青岛胶州湾隧道超大断面变截面隧道二次衬砌台车结构受力分析[A].中国土木工程学会第十五届年会暨隧道及地下工程分会第十七届年会论文集.2012.

[23] 苏文德.隧道工程二次衬砌高性能混凝土抗裂性能研究[A].第十二届混凝土外加剂专业委员会年会暨混凝土外加剂新技术及其应用交流会论文集.2014.

[24] 梅志荣.成兰铁路隧道纳米细颗粒复合掺合料混凝土试验研究[A].中国隧道与地下工程大会·(CTUC)暨中国土木工程学会隧道及地下工程分会第十八届年会论文集.2014.

[25] 林海波.京张铁路八达岭越岭方案研究[J].铁道勘察,2014(6):89-92.

[26] 黄玉萍.海底隧道二衬混凝土耐久性设计[J].福建建材,2014(10):6-8.

[27] 程伟,何勇,王保民,等.衬砌钢模台车变截面结构的设计[J].机械工程师,2015(1):23-25.

[28] 余杉.隧道二次衬砌防水混凝土的配合比设计思路研究[J].铁道建筑技术,2015(1):67-69/83.

[29] 程伟,何勇,王保民,等.三变钢模台车的结构设计与分析[J].煤矿机械,2015(4):54-56.

[30] 徐子振.变截面衬砌台车在电气化铁路隧道衬砌施工中的应用[J].石家庄铁路职业技术学院学报,2016(2):65-67.

[31] 段海龙.京张铁路隧道修建技术探析[J].广西民族大学学报(自然科学版),2016(3).

[32] 刘顺成.杭黄铁路三阳乡隧道变截面隧道衬砌台车设计[J].铁道建筑技术,2016(7):114-117.

[33] 孙星.低价二次衬砌抗渗混凝土配合比研究[J].交通世界,2016(12).

[34] 刘云珠.老尖山隧道可变截面衬砌台车设计[J].铁道建筑技术,2016(12):81-85.

[35] 齐界夷,吴海涛,贺明武.大型地下硐室锚索施工关键技术研究与应用[J].施工技术,2017(1):116-118.

[36] 王小元,施晓文,胡继华.某核电厂边坡锚索预应力损失影响因素及对策分析[J].工程地质学报,2017(增刊1):261-265.

[37] 刘国庆,肖明,周浩.地下洞室预应力锚索锚固机制及受力特性分析[J].岩土力学,2017(增刊1):439-446.

[38] 李海燕,张红军,李术才.新型高预应力锚索及锚注联合支护技术研究与应用[J].煤炭学报,2017(3):582-589.

[39] 赵前进.变截面二衬台车"一车多用"施工技术[J].铁道建筑技术,2017(4):70-73.

[40] 白瑞生.杨家溪隧道紧急停车带变截面段施工二次衬砌台车改造方案比选[J].工程建设,2017(3):75-77.

[41] 张凯,叶浪.浅谈变截面节段梁预制模板的设计与应用[J].中国设备工程,2018(1):154-155.

[42] 张民庆,吕刚,何志军,等.八达岭长城站超大跨度隧道设计施工技术研究[J].隧道建设,2018(3):372-382.
[43] 张民庆,吕刚,刘建友,等.汉字艺术在京张高铁八达岭长城站设计施工中的应用[J].现代隧道技术,2018(3):6-9.
[44] 刘凡民.边顶拱式全液压变截面衬砌台车的设计与应用[J].工程建设与设计,2018(4):127-128.
[45] 卢海龙,高龙.变截面钢模板衬砌台车设计研究及分析[J].中国新技术新产品,2018(10):108-109.
[46] 张民庆,吕刚,焦云洲,等.高性能快速张拉预应力锚索新技术[J].铁道工程学报,2018(11):72-76.
[47] 孙崔源,张民庆,郭云龙,等.小间距并行隧道施工爆破振动控制技术试验研究[J].铁道建筑,2019(1):51-54.
[48] 赵勇,田四明.截至2018年底中国铁路隧道情况统计[J].隧道建设,2019(2):158-169.
[49] 刘顺成.单线铁路隧道变截面衬砌台车设计[J].交通世界,2019(Z2):136-139.
[50] 赵宇.隧道变截面衬砌台车优化设计方案研究[J].设备管理与维修,2019(7):135-136.